流沙河先生（1931.11.11—2019.11.23），四川金堂人，诗人，作家，学者，著有《故园别》《十二象》《锯齿啮痕录》《庄子现代版》《Y先生语录》《书鱼知小》《文字侦探》《白鱼解字》《正体字回家》《字看我一生》等。

手稿珍藏本

白鱼解字

流沙河 著

新星出版社 NEW STAR PRESS

图书在版编目（CIP）数据

流沙河解字三书．2，白鱼解字／流沙河著．－－ 北京：新星出版社，2020.11
ISBN 978-7-5133-3508-9

Ⅰ．①流… Ⅱ．①流… Ⅲ．①汉字-古文字学-研究 Ⅳ．① H12

中国版本图书馆 CIP 数据核字 (2020) 第 197297 号

流沙河解字三书．2，白鱼解字
流沙河　著

责任编辑：高晓岩
责任印制：李珊珊
装帧设计：冷暖儿

出版发行	新星出版社
出 版 人	马汝军
社　　址	北京市西城区车公庄大街丙3号楼　　100044
网　　址	www.newstarpress.com
电　　话	010-88310888
传　　真	010-65270449
法律顾问	北京市岳成律师事务所
读者服务	010-88310811　　service@newstarpress.com
邮购地址	北京市西城区车公庄大街丙3号楼　　100044
印　　刷	北京美图印务有限公司
开　　本	889mm×1230mm　　1/16
印　　张	26.75
字　　数	200千字
版　　次	2020年11月第一版　　2020年11月第一次印刷
书　　号	ISBN 978-7-5133-3508-9
定　　价	420.00元（套装）

版权专有，侵权必究； 如有质量问题，请与印刷厂联系调换。

自序

事情因缘于六十八年前，我国抗日战争末期，小子坐在泥地茅盖的教室里（那时刚上初中一期）。成都来的国文老师刘兰坡先生手持一炷香，快步走进来，登上讲台去，向我们一鞠躬，轻声说："我是燃香而来，望诸君努力。"

刘老师自作主张，要教初中娃娃古文字学。课本乃清代王筠著《字学蒙求》。这本书很薄。到此我才知道，有一部书《说文解字》，东汉许慎著的。刘老师说太深，娃娃读不懂（现代大学生都读不懂），所以只好读《字学蒙求》。那时我在班上算是小毛头，坐前面第二排，不敢不老老实实听课。这一听，竟觉得太有趣。原来一个汉字就像一台机器，能拆解成零件二三。零件组装配搭各异，造出许多不相同的汉字，正如小孩玩拼凑七巧板。这本薄薄的蒙求书，是年暑假期间自学读完。从此播种心田，数十年萌芽，结了一枚瘪果《流沙河认字》，报答恩师的一炷香。"薪尽火传"这回说到自己身上来了。

《流沙河认字》排印本错讹之处不少，惜无机会订正，实在抱憾。所以想把手稿原件拿去扫描，影印出版，以求无错讹，而减少遗憾。更有一层好处，手稿上的古文字插图都嵌在相关的正文内。阅读正文，不必移目两旁，旋去寻找插图，免得挫伤读者兴趣。现今《流沙河认字》，不论简化字本繁体字本，插图都置放在页面的或左旁或右旁，使我亲爱的读者左顾右盼不停。勤磨颈椎，要说好处也有，免得骨质增生。第三，还有一层好处，手稿软笔书法，小字楷书，尚称秀气（秀美秀丽都不敢当）。当兹e时代，还有几个老朽，像鄙人这样冥顽不灵呢。你买回去，哪怕不读，收藏也好。

到于书名，不好照旧，改成《白鱼解字》出版。白鱼又名蠹鱼，蛀书虫也。劳我一生，博得书虫之名。前面是终点站，下车无遗憾了。

流沙河
2012年7月13日

目录

- 001 · 一二三最古老
- 002 · 四五六皆借字
- 003 · 七八九亦借字
- 004 · 十百千回到一
- 005 · 万是一只蝎子
- 006 · 春夏秋冬
- 007 · 东南西北
- 008 · 太阳之子
- 009 · 月亮之脸
- 010 · 月下之事
- 011 · 星与晨星
- 012 · 参商以及木星
- 013 · 天上雨云雷电
- 014 · 求雨和扫雪
- 015 · 凤凰本一字
- 016 · 山之多态
- 017 · 到山坡上去
- 018 · 石之器用
- 019 · 石之兵用
- 020 · 土地崇拜
- 021 · 土田劳作
- 022 · 封土划疆
- 023 · 尘土遮天
- 024 · 江河海瀚洋
- 025 · 川与水灾
- 026 · 源泉流演成派
- 027 · 渊回沱淮湢洄
- 028 · 大小水凶凶
- 029 · 水边妙喻
- 030 · 浮沉千古事
- 031 · 津渡与荞菜
- 032 · 洪涤深浅溺
- 033 · 家常用水
- 034 · 一碗汤说起
- 035 · 水梁与水法
- 036 · 彝族火把节
- 037 · 香火与灯火
- 038 · 从烤人到烤肉
- 039 · 火种不能熄灭
- 040 · 火星和灸疗

目录

001 · 一二三最古老 / 001
002 · 四五六皆借字 / 003
003 · 七八九亦借字 / 005
004 · 十百千回到一 / 007
005 · 万是一只蝎子 / 009
006 · 春夏秋冬 / 011
007 · 东南西北 / 014
008 · 太阳之子 / 016
009 · 月亮之脸 / 018
010 · 月下之事 / 020
011 · 星与晨星 / 022
012 · 参商以及木星 / 025
013 · 天上雨云雷电 / 028
014 · 求雨和扫雷 / 031
015 · 风凤本一字 / 034
016 · 山之多态 / 037
017 · 到山坡上去 / 040
018 · 石之器用 / 043
019 · 石之兵用 / 046
020 · 土地崇拜 / 049
021 · 土田劳作 / 052
022 · 封土划疆 / 055
023 · 尘土遮天 / 058
024 · 江河海瀚洋 / 061
025 · 川与水灾 / 064
026 · 源泉流演成派 / 067
027 · 渊回沱淮温洹 / 070
028 · 大小水凼凼 / 073
029 · 水边妙喻 / 076
030 · 浮沉千古事 / 079
031 · 津渡与荠菜 / 082
032 · 洪泽深浅溺 / 085
033 · 家常用水 / 088
034 · 一碗汤说起 / 091
035 · 水梁与水法 / 094

目录

041·人体内也有火
042·猎火与灶火
043·有火隐藏字中
044·从木与非从木
045·人与木的互动
046·劈柴与锯板
047·树名丛说
048·桑树构树漆树
049·从根部到枝端
050·树上多热闹
051·木之器用
052·小草一二三四株
053·各种蔬菜取名
054·茶荼蓬蓝麻
055·药字的解释
056·猎获与稼获
057·草之为用大矣
058·请细察一朵花
059·误从草头的字
060·苟苟之辨
061·禾黍稷秫稻谷
062·禾穗落花之美
063·公私香臭辨
064·从季弟到禾镰
065·糠中有疑问
066·米怎样变粮
067·米酒的酿造
068·米之异化
069·近似米而非米
070·麦从天上来
071·此豆非彼豆
072·围绕酒器造字
073·饮酒讲规矩
074·吃饭问题多
075·进餐的慢镜头
076·碗上造出字来
077·餐具和炊具
078·玉和玉璧
079·璞与仆不相干
080·从玉的一些字

- 036·彝族火把节 / 097
- 037·香火与灯火 / 100
- 038·从烤人到烤肉 / 103
- 039·火种不能熄灭 / 106
- 040·火星和灸疗 / 109
- 041·人体内也有火 / 112
- 042·猎火与灶火 / 115
- 043·有火隐藏字中 / 118
- 044·从木与非从木 / 121
- 045·人与木的互动 / 124
- 046·劈柴与锓板 / 127
- 047·树名丛说 / 130
- 048·桑树构树漆树 / 133
- 049·从根部到枝端 / 136
- 050·树上多热闹 / 139
- 051·木之器用 / 142
- 052·小草一二三四株 / 145
- 053·各种蔬菜取名 / 148
- 054·茶菸蔗蓝麻 / 151
- 055·药字的解释 / 154
- 056·猎获与稼获 / 157
- 057·草之为用大矣 / 160
- 058·请细察一朵花 / 163
- 059·误从草头的字 / 166
- 060·苟苟之辨 / 169
- 061·禾黍稷秫稻谷 / 172
- 062·禾穗落花之美 / 175
- 063·公私香臭辨 / 178
- 064·从季弟到禾镰 / 181
- 065·糠中有疑问 / 184
- 066·米怎样变粮 / 187
- 067·米酒的酿造 / 190
- 068·米之异化 / 193
- 069·近似米而非米 / 196
- 070·麦从天上来 / 199

目录

081·金与铜的冶炼
082·钟与锺不同
083·捕兽钳与牛刀
084·尖锐的金属物
085·贝赏贤贯贝贮
086·贝币与贝饰
087·风和虹都是虫
088·蛙和大腹虫
089·令人敬畏的虫
090·令人恐惧的虫
091·螳螂与螺蠃
092·六种虫的取名
093·捕鱼和养鱼
094·大鱼和小虾
095·鱼名探源
096·鸟隹之辨
097·鸿雁和鹰
098·雀雉翟隼鹳鹫
099·鸥鸦与鹊雀
100·从隹的一些字
101·子规鸟及其他
102·羊与从羊诸字
103·牛与从牛诸字
104·马与从马诸字
105·犬与从犬诸字
106·猫科猛兽及其他
（犬移豕后）107·小鼠到大象
108·屋盖下面有事
109·建筑物种种
110·
111·衣被天下人
112·葛巾麻布丝帛
113·从丝省之字　丝系索牵和乳卵
114·君子动口诸字
115·二三四五只手
116·双手万能
117·好歹都是手
118·投矛提笔摇铃
119·
120·见德觅相眼蒙胧

目录

071·此豆非彼豆 / 202
072·围绕酒器造字 / 205
073·饮酒讲规矩 / 208
074·吃饭问题多 / 211
075·进餐的慢镜头 / 214
076·碗上造出字来 / 217
077·餐具和炊具 / 220
078·玉和玉璧 / 223
079·璞与仆不相干 / 226
080·从玉的一些字 / 229
081·金与铜的冶炼 / 232
082·鐘与錘不同 / 235
083·捕兽钳与牛刀 / 238
084·尖锐的金属物 / 241
085·贝赏贤贯负贮 / 244
086·贝币与贝饰 / 247
087·风和虹都是虫 / 250
088·蛙和大腹虫 / 253
089·令人敬畏的虫 / 256
090·令人恐惧的虫 / 259
091·螳螂与蜾蠃 / 262
092·六种虫的取名 / 265
093·捕鱼和养鱼 / 268
094·大鱼和小虾 / 271
095·鱼名探源 / 274
096·鸟隹之辨 / 277
097·鸿雁和鹰 / 280
098·雀雉翟隼鹤莺 / 283
099·鸥鸮与鹳雀 / 286
100·从隹的一些字 / 289
101·子规鸟及其他 / 292
102·羊与从羊诸字 / 295
103·牛与从牛诸字 / 298
104·马与从马诸字 / 301
105·豕与从豕诸字 / 304

目录

121 · 眼睛多种表现
122 · 一口到四口
123 · 口之多用途
124 · 听至声藏聪耳
125 · 人头与鬼头
126 · 头上毛最长
127 · 从囟门到鼻子
128 · 送礼和找饭碗
129 · 心思喻象之妙
130 · 悔忧悦惊惕
131 · 怡息恶惶恭
132 · 从肩到尾
133 · 从胯到胯间
134 · 膝与屈膝
135 · 从足三组连绵词
136 · 一直走下去
137 · 行走在路上
138 · 男女好眠孕
139 · 毓育幺幼乳
140 · 家庭成员与考老

- 106 · 犬与从犬诸字 / 307
- 107 · 猫科猛兽及其他 / 310
- 108 · 小鼠到大象 / 313
- 109 · 屋盖下面有事 / 316
- 110 · 建筑物种种 / 319
- 111 · 衣被天下人 / 322
- 112 · 葛巾麻布丝帛 / 325
- 113 · 丝系索牵和虫卵 / 328
- 114 · 从丝省之字 / 331
- 115 · 君子动口诸字 / 334
- 116 · 二三四五只手 / 337
- 117 · 双手万能 / 340
- 118 · 好歹都是手 / 343
- 119 · 投矛握笔摇铃 / 346
- 120 · 见德觅相眼蒙眬 / 349
- 121 · 眼睛多种表现 / 352
- 122 · 一口到四口 / 355
- 123 · 口之多用途 / 358
- 124 · 听圣声馘联职 / 361
- 125 · 人头与鬼头 / 364
- 126 · 头上毛最长 / 367
- 127 · 从囟门到鼻子 / 370
- 128 · 送礼和找饭碗 / 373
- 129 · 心思喻象之妙 / 376
- 130 · 悔忧悦惊惕 / 379
- 131 · 怡怠恶惶恭 / 382
- 132 · 从肩到尾 / 385
- 133 · 从胯到胯间 / 388
- 134 · 膝与屈膝 / 391
- 135 · 从足三组连绵词 / 394
- 136 · 一直走下去 / 397
- 137 · 行走在路上 / 400
- 138 · 男女好昵孕 / 403
- 139 · 毓育幺幼乳 / 406
- 140 · 家庭成员与考老 / 409

001·一二三最古老

流沙河
中国作家协会四川分会

原始人类■■■■■■■采集狩猎，群体出动，必须公平分配果品肉类，所以需要计数。如果真有仓颉夫子，他一定会先造■一二三。怎样造？据说是"近取诸身，远取诸物"。那好吧，仿照■手指，画一杠，画两杠，画三杠，字就造出来了。这该是最简单也最古老的三个汉字。设想我们的手指不是条状，而是圈状，一二三很可能就写成〇一〇〇一〇〇〇了。

一字简单之极，东汉许慎《说文解字》，此书距今已有一千九百余年之久，这样解说一字："惟初太始，道立于一。造分天地，化成万物。"一是宇宙之始，万物之源，大道之根。能把最简单说得最伟大，也不容易。许慎又拈出弌字，说是一的古文。此说欠妥。弌字分解开来，从一，弋声，资格怎能比一更老？皆因后世巧诈日出，偷添笔画，改一成二成三成五成七，才造弌字代替一字，用于会计账簿，运算什么古文。后来又用壹顶替弌，等同写别字。

二字上短下长，求美观也。古代二字读li，音与丽同。三千余年前商代甲骨文丽字是两只鹿，其后古文简化近似今丽，意为二鹿。古代送礼品两张珍贵兽皮，谓之丽皮。丽即二也。二字用于会计，防人偷改，便在弌下加一，成弍。还不放心，人民币又加贝，作贰。贝壳在古代曾经是货币。从贝的字多与财富有关。

　　三字古代读shēn，音与人参的参同。篆文参字是三颗星，其下是声符。参是古代白虎七宿中的参宿，即猎户座中的三星，冬夜可见，很亮。《诗经》的"三星在户"就指参宿冬夜出现于正南方天空上。参即三也。古人最初只叫三星，后来造出参字，专指三星。三字用于会计，稍改参字成叁。

　　有文盲学了一二三，大喜说："就这样简单。好，我能写十百千万了。"说对了一点点，甲骨文四的确横画四杠。四杠的那个四，被后来的篆文废除了。

甲骨文丽　　古文丽

篆文参

002·四五六皆借字

流沙河
中国作家协会四川分会

甲骨文四，横画四杠，这样用了千年，终觉不妥。允许四杠，就有五杠六杠七杠直至N杠登场，文盲都能写十百千万了，那还像文字吗。俗话"事不过三"，到三而止，四就另找替代。于是三加一写成四。四的本义是鼻涕，与数目字无关系，是借来用的。古文四字，两条清鼻涕左右孔流下，诙谐有趣。借作数目字用以后，四的本义遂隐。于是另造泗字，代表双龙出洞。《诗经·陈风·泽陂》荷塘遇美女，想她睡不着，"寤寐无为，涕泗滂沱"。涕是泪水，泗是鼻涕。大男人家哪能哭成这样，可能这是编来搞笑的诗，被多情种子误读了。

解字好比侦探破案，事属科学，切勿意识形态挂帅。否则难免瞎说。许慎《说文解字》："五，五行也。从二（象天与地），阴阳在天地间交午也。"也不想想，水火木金土相生相克的学说，即五行学说，产生于春秋战国时，比五字的出现至少晚了千年，怎能用五行去解说呢。请看甲骨文三个五，最老的那个五只有两杠交叉，并无象天地的两横，便知许慎之说落空了。不过我们应原谅他，因为他未见过甲骨文。他身后又过了一千八百年，甲骨文才出土于殷墟（今河南安阳小屯村）。

两杠交叉的这个五，我想或为远古巫术符号，表示有

（请注意：不是二）

所禁止。这个符号至今仍用，例如教师批改作业。我见池边竖牌，牌上画鱼，打个红叉，表示禁钓，文盲都懂。五被借去作数目字，所以另造毋字，表示禁止。小孩行为越轨，大人发出鼻音很重的毋声，以制止之。这种毋声狗都会发，虽然不识五字。由此侦知五的本义应是禁止，难怪古人迷信五月五日为恶月恶日（恶音wù）或忤月忤日（忤音wǔ）。孟尝君五月五日呱呱堕地，其父王厌恶说："丢到野外去！"端午节室内洒雄黄驱毒蛇，河上划彩船驱恶龙，都与迷信五有关系，初无涉于屈原。

甲骨文六，象棚屋形。《诗经·小雅·信南山》："中田有庐，疆埸有瓜。"六借去作数目字，棚屋一义就交给后起的庐字去管。田中棚屋，夏秋入住，为守瓜也。

旧时四五六有所谓大写就是肆伍陆，用于会计账簿。这是故意写笔画繁多的别字，以防偷改。

（请注意：不是场）

（，又如道路禁止通行）

古文四　　甲骨文三个五　　篆文六　　甲骨文六

白鱼解字稿本

第〇〇四面

003·七八九亦借字

流沙河
中国作家协会四川分会

今之十字在甲骨文乃是七字，仅仅用于计数。七字本义，后人猜测，应是割刀。看篆文有些像横刀割庄稼，如秋收之刈禾。如果猜测不错，这个七就该是许慎定义的指事字。读者或以为横杠既象刀，立柱又象禾，应属象形字。非也。物有形，方可象，所以象形字所指的必须是名词，是一件物。而割刀是动词，是做一件事，用形象表达出来，就是指事字。这是象形与指事之区别。指事和会意字，今人通称象意字。

七就是切。切乃后起之字，从刀，七声。七字借作数目字用，所以后人造出切字，管领切割一义。

七的大写是柒，乃漆字的异体。漆与七有关系。漆树取漆必须，须用刀割切口，缓缓泌出液汁，滴注桶内。因为要切，所以名漆。

八字好解，就是扒字。甲骨文八联想到扒树皮（可以盖屋）。《说文解字》："八，别也。象分别相背之形。"八是象意字，应该说"象分别相背之意"，免滋误会，以为是象形字。八的大写是捌，意近于掰，音bāi。

说起扒树皮，忽想到皮字。籀文皮字很像在剥树皮。请没想从空中俯看下面，那个圆圈便是树干，右手正在撕剥树皮。最早皮乃动词，音义或同剥吧。这与扒的音义也相近。皮后来变名词，转成今音pí。

九这个字，诸家聚讼，各说不一。其间有说九乃肘字，最合鄙意。甲骨文九，我猜想是钓钩。后来见到比殷墟甲骨文晚数百年的周代金文，才知绝非钓钩。丁山说，金文九上面的又字是右手（以三指表五指），下面弯屈者乃臂肘。九肘古音相同。九字借作数目字用，所以后人造出肘字，管领臂肘一义。九的大写是玖，一种黑色玉石。

篆文七　甲骨文八　籀文皮　　　金文九　甲骨文九

004·十百千回到一

流沙河
中国作家协会四川分会

　　手有十指，所以数字序列十进位。横一指，横二指，横三指，表示一，二，三。竖一指便是十，暗示回归到一，这就是十进位。甲骨文十字正是竖一指。这个画一竖杠的十，如果自转90°，就会被误认作一字了，所以终觉不好，便在杠腰加一圆点。圆点■刻■费工，■改为横刻一杠，■■■最后定型。这就是十，至今不改。

　　数字到十，已是巨额，所以广大深厚的博，多人出力的协，字皆从十得义。今人多误作所谓竖心旁，其故在不通文字学常识。十的大写是拾，义为拾取。

　　十十为百。先有白字，后造百字。百字是一白二字合成的。甲骨文白字象母指■之形，就是今之擘字。人手五指，母指最壮。数字到十十，堪称为壮了，比拟于母指，乃用白称之。一个十十就是一个白，合写成百。看甲骨文就知道白与百的关系。一个白是百，二个白是二百，三个白是三百。

　　白既有壮大的意思，所以大哥称伯，春秋五霸■称五伯。今人谈起某人可敬，竖母指以称之■。商民族■尊■素色，■■叫作白色。于是白又成了一种色名。许慎未见过甲■骨文，所以《说文解字》■认为白这个字是专门造来表示素色的。我们比许先生幸运多。

　　十百为千。千，■从一，人声。数字由999到1000，又回到 𝟏，所以千字从一。古音千人二字同韵。或许最早造出千字的某族人，在其土语方音，千人二音同读，所以用人作千字的声符。远古渺茫，只能推测。

　　百和千的大写是佰和仟，义为百夫长和千夫长。

甲骨十　金文十　篆文十

甲骨文白　一百　二百　三百　甲骨文千

005·万是一只蝎子

流沙河

十千为万。万这个字最早原非数字，与十千不相干。看甲骨文万字，原是一只厉害的蝎子，举双钳，翘尾刺，作临战的姿势。蝎尾毒针刺人，通夜惨痛，哭爹叫娘，据闻疼到天亮稍可缓解。旧时华北民居患蝎，也就是患那种名叫万的毒虫，所以檐下有万便是厉害的厉。这种造字方法，旧称会意字，今已归入象意字。

随着周朝取代商朝，甲骨文式微了，被青铜器上的金文以及在竹简木牍上书写的籀文和古文取代。到秦朝篆文又兴起，至汉代甲骨文终于被历史掩埋。东汉许慎未见过甲骨文，固不足奇。他见到的万字已经是看来看去篆文，非甲骨文，不能断言那是一只蝎子，所以《说文解字》只好说那是虫，不能落实是哪种虫。

令人迷惑的是甲骨文万字固然是蝎子，但是在甲骨文文本里竟无一处作蝎子解，例皆借指十千为万之万。猜想起来，早在甲骨文时代商朝前，夏朝已有象蝎子之形的万字。距今四千年前，夏人造来专指蝎子。夏被商取代后，文明日臻，事务日繁，计数日巨，十百千这三个数量级已嫌不够用了，于是向蝎子借万字管领十千一义。久借不还，就在万字下面添虫成虿（chài），专指蝎子，而且读音也改变了，不读wàn了。

为何十千叫万？在下猜想，万满古音或同。计数到了十千，古人觉得已经满了爆，不可以加了，故谓之万。

万是一只蝎子

第○○九面

甲骨文万，尾上加一，便是一万。有加三的算是三万，在甲骨文已是最高纪录。

周朝宴聚娱宾，节目有万舞，就是蝎子舞。蝎子遇敌，高举双钳，曲翘尾刺，行进踏着节拍，威仪逼人。武舞曰万名之，良有以也。

蝎是简体。繁体作蠆，从虫，歇声。旧称形声字，今称象声字。至此，象形、象意、象声三种字造字方法（我都举过例）了。汉字以象声字数量最多，象意字次之，部分象形字最少。说汉字是象形字，这样就准确了。

繁体万　篆文万　甲骨文万　一万　三万

006·春夏秋冬

流沙河

中国作家协会四川分会

华夏先民生息在地球的北温带，能感知春夏秋冬四季的明显差异。在漫长而寂寥的寒冬里，忽见河冰解冻，草木萌芽，万物苏醒，自然界的一切都动起来，生机蓬勃，就说这是春季到了。春的意思就是蠢动，于是农夫也动手春耕了。蠢字的本义是虫动，不是愚蠢。古诗云："春动草萌芽。"看篆文春，草之下，日之上，是个屯字。屯字正是画的一茎小草（中音cè）以其嫩芽穿透地平线●冒出来。屯音chūn，也是春字的声符。篆文春变成隶书，谓之隶变。隶变后，春字上部的草和中部的屯都变形了，只有下部的日还在。甲骨文春字有许多写法，兹录其最简者。此春字左●日右●屯。草（艸）被拆开组装在日之上下，求美观，无深意。

　　夏字首见金文，从日表示事属季节，正如春之从日。更早在甲骨文尚未发现夏字，不知何故。篆文夏字《说文解字》："中国之人也。从夊，从页，从臼。臼，两手。夊，两足也。"不解释为季节之名。金文夏字有日旁，那才是表示季节的夏字。许慎说的"中国"亦即中原，夏禹治水，建立夏朝，奄有中原之地，故称中国人也。看那篆文夏字，脸部甚大（很有面子），双手捅腰，两腿架叠，感觉良好。《尔雅·释诂》："夏，大也。"扬雄调查方言，发现"自关而西，秦晋之间，凡物之壮大者而爱伟之，谓之夏"。至今大楼称厦，从夏得义。说者或云，夏季长养万物，所以为大，而称为夏。此说终嫌勉强扯拢。

　　蟋蟀年年准时鸣秋。古人闻虫声而知秋节至，上海至今呼为秋虫。请看甲骨文，头有须，背有翅，身有环节纹，明显是蟋蟀。前人认作龟字，竟不考虑头须背翅身纹非龟所有。籀文晚出，用龟替代蟋蟀，也有道理。龟古音qiū，放在右边做了声符。篆文省掉笔画繁难的龟。《说文解字》："秋，禾谷熟也。"从火，因为古人以大火（天蝎座阿尔发星）天黑后出现于正南天作为秋季之始。甲骨文秋字本义为蟋蟀。因其鸣声qiūqiū，古人以为"其名自呼"，所以此虫名秋。今称蛐蛐，秋蛐双声可对转也。商代人说秋季，意思是蟋蟀的季节。

　　古人认为冬是秋之延长，不宜当作一个季节看待。甲骨文和金文虽然有冬字，但作终字解。那时终字尚未造出，就借榛声表之。甲骨文和金文的冬字象两粒榛子挂在榛枝上。到了古文，嫌画两粒榛子太繁，以一横杠代之。枝间又添个日，终于成了冬季的冬。篆文枝下再添冰字（仌），寒冷可知，也更像冬季了。

白鱼解字稿本

第〇一二面

中国作家协会四川分会

篆文春　金文春　甲骨文春

篆文夏　金文夏

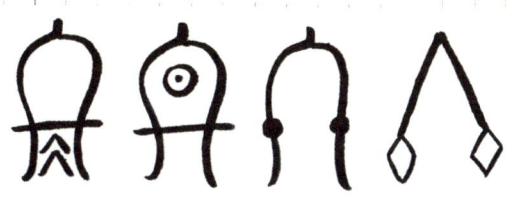
篆文秋　籀文秋　甲骨文三个秋

篆文冬　古文冬　金文冬　甲骨文冬

春夏秋冬

007·东南西北

流沙河

中国作家协会四川分会

　　四方观念晚出，所以当初并无专字代表四个方位，东西南北四字都是借来用的。

　　东字的繁体和篆文，两千年来都说"日在木中"，牵合太阳从东海旸谷升上扶桑的神话，又满足了汉代五行学说东方木、南方火、西方金、北方水、中央土的意识形态要求。待到甲骨文出，真象大白。原来是一只胀鼓鼓的口袋。口袋有底，一端捆束，曰囊。口袋无底，两端捆束，曰橐。这是一只橐（tuó），借作方位用东。东橐双声对转。日文保留古音，至今东芝读Toshba。许慎以动释东。日出打破黎明前的平静，东方就是动方。

　　华北平原观察大树，树冠向南部分因光照好，枝叶特别茂盛。"南枝向暖北枝寒"。"向阳花木早逢春"。先民观察大树而知南方之所在，由此造出篆文南字。南字从㦰（市）音pèi，又为木之茂盛，用在这里特指树冠最茂盛的部分。市字易误作市字。沛芾肺皆以市为声符。篆文南字中间的¥像人民币符号，音rén，是南字的声符。树冠最茂盛的一方就是南方。似乎南字是专门造来代表方位的了。其实不然。看金文南，已走样了。看篆文南，全变形了。前人说是一种陶制钟形乐器，悬在架上，敲击发声。甲骨文南在卜辞里已借用来指方位了。后人不满意

注意：不是市字

白鱼解字稿本

第〇一四面

，改造其字形，遂成篆文南。（赋以新内容）

西也是这样。本义是鸟巢，而不是方位。先民发现鸟类筑巢总在森林西边，对着落日，借斜晖以照亮归程。所谓西方意即鸟巢之方。用作表示方位之后，鸟巢本义被人遗忘，另造栖字（简作栖）暂领鸟巢一义。篆文鸟伏巢上，籀文鸟头出巢内。甲骨文三只小鸟伸嘴加待哺。试看巢字，下木，中窠，上面也是三只小鸟。上面若不加点笔画表示鸟的存在，谁知那是鸟巢。

人背部很难画，所以背字无法象形。画二人背向背坐着（这是象意），就是北字。北就是后起的背字，本与方位无关。北半球高纬度地区，筑屋为了采光采暖，必须向阳，坐北朝南。所谓北方意即背向之方。用作表示方位之后，背部本义被人遗忘，另造背字递补。背字下面是个肉字，象猪腿形，泛指一切肉体。肉字隶变作⺼，今多混同月字。

篆文南　金文南　甲骨南　　繁体东　篆文东　甲骨文东

篆文西　籀文西　甲骨文西　　篆文北　篆文背

008·太阳之子

流沙河
中国作家协会四川分会

　　今称太阳古称日。古人说日是"太阳之精"。甲骨文日字不圆，弧线不好刻，多作方形菱形甚至五角形。到金文始有圆日。日中有圆点，太阳黑子也。风沙天肉眼能看见，所以《汉书》有记载"日中有黑气如钱"。

　　太阳与地平线结合，孳生出旦■。金文旦字日下有大气折射形成的虚像，知先民观察之精细。

　　太阳与木结合，孳生出东的繁体以及杲和杳。（日在木上）（日在木下，已解过）杲，明也。杳，暗也。太阳与草木结合，孳生出朝，朝朝暮暮的朝。■这个朝字看■甲骨文■，日出草中，月还未落，是早（晨）也。如果太阳■舍月■取水，便是金文潮了。臣拜君，有定时，如潮水，所以去掉水旁，又是朝廷的朝和朝拜的朝■。

　　太阳■之子还有冥字，幽暗也。甲骨文冥，双手持巾覆盖物上，就是晚造的幂字。■物被覆盖，就幽暗了。后来有■■■■■篆文冥字，原有持巾的双手被改造成六■，于义无取，徒滋困扰。■

　　太阳之子还有暮字，与朝对■。暮字初作莫，已（二草之间）有日■，又加日在下面（相），于理不通。篆文暮字，日在二草之（间）。其实这二草是一个茻字，音义皆同草莽之莽，作为声符使用。莽暮双声，可对转也。与暮义近，还有昏字。昏上面是氏省。氏，低也。日低为昏，今呼黄昏。古时娶妻之礼，都在黄昏举行，所以造出婚字。《诗经·陈风·东门之杨》："东门之杨，其叶牂牂。昏以为期，明星煌煌。"

太阳之子还有显字。繁体作顯，头上的装饰品。引申义为明显。篆文显是日下看丝（繁体作絲），微秒毕现，乃知太阳可显微也。

太阳之子还有曝字。日旁是乃蛇脚。《孟子》："一日暴之，十日寒之。"比喻人无恒心。此暴即今之曝。上为日出二字。下为双手搬米，到日下晒。此暴音pù同曝。若读bào，便是暴君之暴，另一字了。

金文旦　甲骨文朝　金文潮

篆文冥　甲骨文冥

篆文暮　篆文显　篆文曝

太阳之子
第○一七面

009·月亮之脸

流沙河　中国作家协会四川分会

月，圆时少，缺时多，所以造字为弯月。古人观察月相，发现月有四相，谓之朔弦望晦，据此以订历法。于是有了旧历，或称夏历农历阴历。先有历法之制订，后有历史之记载，其重要可知矣。旧历每月初一无月为朔之始，十五圆月为望之始。朔望之间，初七初八见上弦月为弦之始，二十三二十四见下弦月为晦之始。算来一个月分四段，每段七八日，与古犹太人每月四个星期之制相同。

晦日将尽，必在月底。你若前到黎明起床，能见残月挂在东方地平线上，被红霞成待到反衬惨白色。晦尽朔来，已是下月钩初一，此时残月也消失了。其原因是地月这三球走成一条近似直线，月亮以其照不到阳光的黑面向着地球，我们当然看不见她了。此为朔之始日，古代许多祭祀典礼都在这天举行。第二天是初二，日落西方地平线时，能在日旁乍见一钩新月，转瞬即入地平线下。到了初三初四天黑以后，新月由钩形逐夜变船形。原来黑面之月最是复明先亮先从脚下，逐夜向上扩展域，最后才变成尚圆满光面的。商朝的甲骨文无朔字，可能是由于天象学落后，尚未完善朔的概念。篆文朔字从月，左旁是甲骨文的逆字。因为新月诞生脚先出来，所以造字从逆（顺产都是头先出来）。朔字义为逆行，所以逆黄河而上的河套地区

白鱼解字稿本

第〇一八面

古称朔方，■西北风也跟着叫朔风了。

初一过完半月就是十五，月圆，曰望。简体望把繁体下部的壬改造成王，作为声符。可能是嫌左上角作声符的亡不显著，怕劳动人民学文化时忽略了，才改壬作王吧。壬音tíng，是廷字的声符。字从人从土，人立土上。这个字不应该被废除。壬是停的古写。篆文望左上角非亡字，乃臣字。臣的本义是瞠chēng，瞠大眼睛，象眼球突出形。一个人站立在土地上瞠目看■圆月亮，这就是望。月圆时，月面上的阴影，古之所谓嫦娥玉兔，今之所谓静海梦海，最挑逗■先民的好奇心，所以要"举头望明月"。金文望字脚下以地平线代替土。甲骨文土作㐃，■无月，应是望的初文。

篆文月　甲骨文月或夕　　　篆文朔　甲骨文逆

望的繁体　篆文　金文　甲骨文

020·月下之事

流沙河
中国作家协会四川分会

旧历每月初一朔日以后，黑月开始复明，明亮域面逐夜扩大，到十五而扩大成圆月亮。明亮域面在古籍里称之为霸，音pò而不音bà。从月，䨩声。䨩即川人造的炮字。皮革坚硬，雨渍浸则炮软。古籍说月相分五种：哉生霸指一钩新月，生霸指上弦月，既生霸指圆月，死霸指下弦月，既死霸指黑月。霸为古梵文Paksa之译音，义为一半，指月之一半明一半暗。

圆月明亮，通夜在天。清辉入室，倍觉皎皎。古人造字，请看篆文和甲骨文，用窗前之月，象明亮之意，何其富有诗意。再看那两个古老的窗字，象形。其样式居然如此之典雅，那该有三千年上下了，古人不俗。

甲骨文的月夕二字在卜辞中可以通用。画┃月形，既可以是月字，也可以是夕字，视上下文而定。夜字右旁是月字，配个亦字做声符就成了。黄河流域昼夜多晴，夜晚例可见月，故造夜字如此。顺便点醒，亦即腋之古字。大即人，两点指向腋下，好像在说："就是那里。"

多字二(夕)重叠，(形在此)月历是夕字。天黑后为夕，也常作夜字(重多的)用。系许慎说法。王国维说是二肉堆叠表示多。卜辞每见多臣多父多老多寇多尹多君词组，知在商朝多有众义。然《诗经》有"如何如何，忘我实多"之句，多指时间长久，则二夕叠加之说亦通。

白鱼解字稿本
第〇二〇面

外行被人嘲讽，盖自古而然矣。《说文解字》解此外字："卜尚平旦。今若夕卜，于事外矣。"语含讥诮。请容细细分说。先说卜字，象龟板之侧视，铜钻亦孔〇上。孔成，再以灼红的铜钻尖插入，致使龟板受热不均，卜卜有声而裂纹乍现了。卜师视裂纹之走向以断定吉凶，这就是商王的龟卜。后世不用龟了，仍叫占卜。君子在神明前卜以决疑，必须早晨举行。你若夜晚举行，肯定不灵。夜卜召鬼，乱判吉凶，足见你是外行。川人嘲讽劣质商品曰外货，生手驾车曰外司机，外在这里音wǎi。

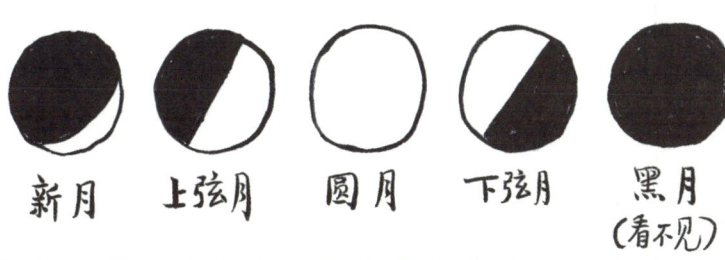

新月　上弦月　圆月　下弦月　黑月（看不见）

篆文明　甲骨文明

篆文亦　篆文夜　篆文多

月下之事

第〇二一面

011·星与晨星

流沙河

古人不懂计数，一■二分■（尚能 晓），■三以上就糊涂■，笼统名之曰多。三就是多，所以山上树多曰森，原上草多曰莘，家中财多曰鑫，头上发多曰参，夜天上亮点多曰星。森，莘，鑫，参，星，语源都是三，读音自然也近乎三。星字见于三千数百年前的甲骨文，那是一条记录天象极佳的卜辞："七日己巳陡有新大星并火。"说是七日己巳夜晚观天，忽然看见一颗大的新星逼近心宿二。心宿二即"七月流火"的火，又名大火，今之天蝎座阿耳发星是也。心宿二在夏夜南天之内苍龙七宿，为龙之心，象征帝王。忽有客星来犯，侵害当今帝王。天象如此险恶，商王惊悚，令卜吉凶。卜师在龟甲上刻录此事（是为卜辞），然后存档。用科学眼光看，这可能是一次超新星大爆发，或是一颗过路的彗星，原不足怪。

品 ⊙⊙⊙ ⚹ ⚹口

甲骨文星四种写法

星字在甲骨文有四种写法。第一种三个方形（但）不是品。品是三只同样的碗，表示同一品类。而此处的三个方形表示众星罗列（方而不圆便于刀刻），是象形。第二种三个日字￼不是晶，也是罗列众星，象形。第三种第四种则是形声字。夹在众星间的是生字省一横，这就叫生省声，表示此字读音。到后来的篆文就好认了。用生表音。生音近三，表示多也。其实生乃生长，字形是草从土中生长出来，不涉天上众星。或人喜作新解，说宇宙中不断生长出星体来，所以星字从生。须知先民并不具有现代天文观测设施，怎知宇宙中的星体正在不断生长。新解成了甚解，仅供娱乐戏说可也。

  《说文解字》用东汉人的观念解说星字："万物之精，上为列星。从晶，生声。"与古希腊的星空神话不同，华夏星空乃是人间事物的天上版，绝少神话。星皆￼有世俗名称，例如帝座、三垣、市场、监狱、厨、库、车、弓、箕、狼，甚至屎、棒、积尸气，总之缺乏趣味，￼于古希腊。人间万事万物￼华夏星空。吾先民重实用，轻想象，盖￼自古而然矣。

  《说文解字》在整理古文字的时候，把象众星罗列之形的三个日字独立成晶字，赋以"精光"￼义，拿来￼圆他的￼星为"万物之精"￼说￼。晶字独立，不再是星，改音￼精。晶体闪光，就叫"精光"，古人认为神秘有灵。由

星与晨星

第〇二三面

晶字去统领星字，星体就闪烁神秘的灵光来，哪怕是一堆屎，一条棒，一团积尸气。

　　晨字也归晶字统领。晨为星名，早晨乃后起是的衍生义。正如星字是形声字，从晶生声一样，晨字也是形声字，从晶辰声。前面提到南天苍龙七宿之内有红亮星名心宿二，为龙之心。龙心之西有四颗星竖排成行，便是房宿，为龙之胸房。古代中原农夫呼房宿四星为农祥星或晨星。春季天亮时见晨星出现于正南方天空，便知道春耕时节来到了，该忙了。晨本星名，因为春季天亮时看见，便把天亮时叫作早晨了。

晨 晨
篆文晨

012·参商以及木星

流沙河
中国作家协会四川分会

"人生不相见，动如参与商。"此句杜诗。参音shēn，白虎七宿之一。参宿三颗星，密排成行，很亮，冬末春初天黑时出现于正南天。至于商星，乃是前面说到的苍龙七宿之一的心宿。心宿也是三颗星，同样密排成行，只有中间那颗很亮，此即"七月流火"之火（不要混同太阳系的火星），夏末秋初天黑时出现于正南天。参与商，亦即白虎三星与青龙三星。前者乃冬夜星，夏夜看不到。后者乃夏夜星，冬夜看不到。彼此在天穹上相距180°，所以永"不相见"。参东升起时，商早已西落。商东升起时，参早已西落。不学一点天文常识，不但不懂《诗经》的"七月流火"所指为何，也不懂"互为参商"是何意思。

参的繁体，上面象众星形，下面是声符。篆文同。金文比篆文早，透露真相，使人恍然大悟。原来下面不是声符，而是人跪星下，手置膝上，正在礼拜。他为何要跪拜参宿三星？试从《诗经·唐风·绸缪》找答案吧。诗曰："绸缪束薪，三星在天。今夕何夕，见此良人。子兮子兮，如此良人何？"诗写冬末春初，黄昏贺婚者唱歌，请举行婚礼。参宿三星见证人间爱情。顺便逗笑新娘，问她对新郎满

参的繁体　篆文　金文

意不满意。三星赐福(祈求),所以跪拜。直到二十世纪五十年代之前,民间春联还贴"三星在户"和"五福临门"呢。

前已提到,商即心宿三星。商字原作地名,即今河南商丘。卜辞多见"王入于商""大邑商""在商"皆商丘。不过商字本义却是开店使用经商。商字上为章字头部,所谓章省声。开店,是必须彰显亮出货色,给顾客看。这就和章字拉上了关系。商字下为挂货物的桁架,中间有一张店主的谝嘴。这

甲骨文商

不叫象形,应叫象事。甲骨文商有在左右添各一星的,表示偶也作星名使用。心宿三星,特别是居中那颗红色亮星名曰火的,原系商朝国王的保护神,所以又名商星。商星夜见,便知秋至,所以秋风又叫商飙。

参商都是恒星,即遥远的太阳。木星则是我们太阳系最大的行星定,自己不发光,反射太阳光。木星古名品曰岁。造此岁字绝非为了纪年,而是为了命名此星。古人从观察中知悉,日月五星(和金木水火土)都在天穹黄道上缓缓移行。古人等分黄道为十二宫。每一宫占30°,周天十二宫占360°,在天穹上连成一圈。木星一年走完一宫,十二年走

岁的繁体　篆文

白鱼解字稿本

第〇二六面

完十二宫亦即一周天，■回到■起点宫来。木星名岁，古人就把木星走完一宫称为一岁。繁体岁字是由步戌二字组合而成■，从步戌声。从步，■是说■此星在黄道上行走，一年一宫，缓缓跨步。这个步字上面是止，下面不是少■，也是止（反写）。上止是先出左脚，下止是■后出右脚。左脚一跨，右脚又一跨，这样才算一步。

篆文步字上面的止就是左脚，下面的止正好相反，当然是右脚了。脚五趾而省其二，只画老大老三老幺三个。老大有旁逸而突出的态势，因为伯时农夫赤脚，所以如此。

步的篆文 金文 甲骨文

今人文明臻进，尖头皮鞋夹紧，五弟兄皆向前看矣。

参商以及木星

第〇二七面

013・天上雨云雷电

流沙河

古人认为日月五星（各以金木水火土名）不可能悬空存在，一定是附丽⬛圆形⬛天穹⬛，并在⬛上移行⬛，如走棋子似的。天字难造，总不能画个圆说这是天，所以从人身上想办法。人身上最高处曰颠，古音同天。脑顶骨俗犹称天灵盖，彝族头上椎髻称天菩萨，可证。头顶既然称天，头顶之上的一厘米，二厘米，三厘米，直到无穷厘米，抵达想象中的圆穹，都可以称之为天。天字被借用到天穹上⬛，⬛又造一个形声字，从页真声，今之颠字，⬛人身上最高处。⬛甲骨文三个天由繁而简，皆指颠为天。金文天亦如此。不同者，刀刻甲骨易方难圆，铸造铜器就易圆了。后出篆文⬛天字，《说文解字》："天，颠也。至高无上。从一大。"大象人形。一为人所顶戴，天在人上。

甲骨文天　　金文天

天⬛要下雨。名词的雨难画。动词的雨就是下雨，易画。甲骨文雨正是作动词用，上面的拱桥形或球门形就是天穹，其下的短⬛或长⬛竖是雨滴。球门上加横杠，趋繁而已，并无深意。

甲骨文雨　　篆文天

白鱼解字稿本

第〇二八面

下雨或要打雷。打雷先亮闪电，后闻雷声。甲骨文雷的折线象闪电形，而四点或二圆形或二菱形或二田象球雷形（俗称滚雷）

雷的甲骨文　　金文　篆文

。其实常见闪电为树枝形，折线作之字形的较少见，而更具霎慑性。今人用之字形闪电作符号，表示高压电有危险，以警闲人。到了金文，折线闪电和球雷之上加雨。到了篆文，球雷四减一。今网)仅剩球雷一矣。看其形是田字，溯其源为球雷，非田也。姓雷取名雨田，终觉不妥。

　闪电形的折线后来变形，独立成字，就是申字。申字放在雨下，就是电的繁体。申字本义就是闪电。不，闪电应作申电，才算申写无误。因为闪字本义是指人在门内探头窥看门外，不涉雷电。申字读音一转，误写成闪。别字用久转正，自然堂堂。

电的繁体　篆文　古文

先民穴居野处，不惧雨雪，但怕雷电，尊为雷公电母，塑像跪拜。怕申（闪电）而跪拜，造出了神字。最早的神就是要命的闪电之神。先有自然神（如日月闪电山川之类），人格的神都是后来才出现的。

雲 雲 ☁ 云

云的繁体　篆文　古　甲骨文

甲骨文卜辞有云雨二字连用者(繁使),如"今兹云雨"为问卜之词,即"现今将有云雨吗"。农业靠天吃饭,商王忧心于旱(害怕),禾稼无收,乃有此问。那时也有气象学家对云很有研究,在卜辞中使用"三云""四云""六云""帝云"这类专业术语,令人费解。据说三四六指云色种数(云有青赤白黑黄紫是为六色)。"帝云"可能指最高空的冰晶云,俗呼瓦子云,预示天放晴也有。久雨亦伤农,所以卜问天晴的。

繁体的云上面有雨,承接篆文。简体的云返回到最古老的甲骨文。此字上面似二非二,象云乃层,下面绕圈,乃象云气旋升。云字在今为简化字,义为天上气团之可见者。云字在昔非简化字,义为言说。举凡"诗云""孔子云""古人有云"不能写成上面有雨的云。

014. 求雨和扫雪

流沙河
中國作家協會四川分會

少时目睹巫师"打雕求雨",心甚鄙之。后读古籍,方知习俗古老,盖自农耕艺稼以来就兴祭祀求雨了。商朝的甲骨文卜辞常见"雩(吅/呼)祀"记载,雩(请)就是歌舞号呼老天爷快下雨。雩字从雨于声。注意雨字下面是于,不是吃亏的亏。于字在特殊(情况)下可以写成亏(但),仍读作于。于本(吹奏的)是乐器竽,因(为)发声似人(叫)尖(所以)生出呼吁一义。求(祈)甘霖救禾稼,只能(音mai)吁天,故字从于得声,亦兼得义。

篆文雩

现今预报天气,见用霾字,古色斑斓,心中窃喜。《尔雅·释天》:"风而雨土为霾。"(雨土就是)刮黄沙,(今名沙尘暴)。雨土的雨作动词用,音yù,意思是从天(如雨之)洒落(上面是)。霾字(雨),下面那个(自身)字是声符。造霾字时拿它来做声符,可知它一定是音mái。但(唯剩)它被简化成狸字已经很久,早就改音lí了。霾字下面不(简),高抬贵手,留下一点消息,让我们由此而知它就是最早的猫字。原指山猫,又叫豹猫,(体)长一公尺,(被视为)猛兽,非家猫也(家猫(指)汉以后从(代)印度传来)。

篆文霾

兽名带豸旁者,其体型多瘦长,例如豹、貂貉(狸)、猫。它们有未被简化的(的偏旁),有已被(如豹字和貌)

貓 貍
猫的繁体 古体

简化为反爪旁即犬旁的如猫等。待遇不同，双重标准，读者惑焉。

　　狸猫和相类多有掩盖粪便的习性，川人叫"猫盖屎"。所以刨土掩盖曰埋，音义具源于古体的狸字。风沙遮天蔽日，事近刨土掩盖，所以霾音义同埋。《说文解字》埋字这样写：“埋，出掩盖也。从土狸省声。”常用埋伏一词亦静自狸猫之伺猎物。

　　与雨相关，尚有霡霂一词。《说文解字》霡下云："霡霂，小雨也。从雨脉声。"霂下云："霡霂也。从雨沐声。"霡霂一词见于《诗经·小雅·信南山》："益之以霡霂，既优既渥，既霑既足，生我百谷。"又见于《尔雅·释天》："小雨谓之霡霂。"旨指"润物细无声"为农夫喜其"贵如油"的春雨，也是诗人的"沾衣欲湿杏花雨"。霡霂与溟蒙、迷茫、渺漫同类，皆双声连绵词，不可以拆开讲，只能以音求义。霡霂细雨飘飞，不成点滴。烟雨一词或可状其景况。今所谓毛毛雨恐之，即霡霂音讹读。

　　下雨和下雪统称为降水。雨字既造，再造雪字，就必须同雨字拉开距离，另我思路，免得互相混淆。华北雪大，断路堵门，早起必须执彗扫雪。彗即扫帚，古音sui，字形是右手拿着扫帚。好，那就把满天飞扬的

雪
篆文雪

冰晶六出花■彗■，再添个雨头■。篆文雪就这样造出来。后来又简化成今■。其字读 xuě，尚接近彗的古音■。所以篆文雪字■许慎■说它从雨彗声。由于多数人错读音，把彗读成 huì，今之字书从"彗"如流，与时俱进，也改读了。些年有前把彗星叫作■ huì 星，写成慧星的，似乎也有一些道理了。

蜀中扫帚供家用者两种。一种用高粱秆扎制，短且扁，室内用。一种用篾竹等扎制，长而圆，庭院用。中原旧时扫帚用王彗扎制。王彗见于《尔雅·释草》，郭璞注云："王帚也。似藜，其树可以为扫彗。江东呼之曰落帚。"今名地肤，俗呼扫帚菜，一年生草本植物，夏天开花黄绿色。嫩苗可食。老了可用来扎制扫帚。太阳系内彗星受热蒸发，从彗核散射出物质微粒，形成明亮的彗尾，长可径天，状似扫雪的大扫帚，民间呼扫帚星。

求雨和扫雪

第○三三面

015·风凤本一字

流沙河
中国作家协会四川分会

池水涟漪，柳枝摇摆，是风留下脚印。风自身是何模样，却画不出来。所以日月云雨有象形字，风不可能象形。要造风字，须乞灵于神话。古人认为天上神鸟振翅飞过，拍搧空气，人间就吹大风。孩时春夜大风，屋瓦有声，家慈低声警告说："天上过九头鸟啦。"神话深入人心，承传至今。风虽无形，神鸟名凤有形。于是画一只神鸟凤，尊为风神，代理风字。甲骨文多见凤字，然通读卜辞，绝无某处飞来一凤之类的记载。原来那些凤字全都当作风字使用。例如"其遘大凤"绝非遇见一只神鸟，而是卜问"会有大风吗"，的向神灵探问未来天气而已。甲骨文凤画神鸟侧身像，正在飞。商朝人最讲究戴漂亮的帽子，或系给凤也戴一顶，以强化其神性。何况此鸟原型孔雀（孔者大也），宜有羽冠。看神生，在甲骨文和凤样也戴帽子

甲骨文凤

凤鳳
凤的繁体 篆文

甲骨文凤是象形字，后来的篆文凤就是形声字了。其字从鸟凡声。凡古音feng。这个凤只能作鸟名用，不能像在卜辞里那样代理风字了。因为专指空气流动的风字已经造出来，不必有劳神鸟做代理了。可以推断的是这个风字比凤字晚出甲骨文。其字从虫凡声。为何从虫？虫与

繁体

白鱼解字稿本
第〇三四面

风有啥关系?《说文解字》答以是"风动虫生",所以从虫。这朝许慎用汉人的观念勉强牵合说事。那个虫在古代泛指多种动物,不仅限于昆虫。兽类叫毛虫,鸟类叫羽虫,人类叫裸虫,鱼类叫鳞虫,贝类叫介虫。民间至今有蛇叫长虫的,虎叫大虫的。蜀人九头鸟正叫九头虫。风的繁体从虫,我看是神话传说中的九头鸟,因为传说这种令人恐惧的鸟带来大风天气灾害。《淮南子》记载说,帝尧命令后羿射杀"大风"的妖鸟,以救风灾,而安百姓。"大风"即大凤,又和凤鸟扯到一起了。屈原《天问》提到的"雄虺九首"却又扯回到九头虫身上来。

　　九头鸟古书上又名鬼车鸟。鬼言其性恶,车言其身圆。传说其身扁圆(想起飞碟),九头环列,各向一方。吾国古代星图,南宫朱鸟七宿中的鬼宿,又名舆鬼五星,我看就对应着传说的鬼车鸟。舆,车也。舆鬼倒读就是鬼车。舆鬼五星在巨蟹座,四星成四角形,中间一星叫鬼星团。四星围着一星,可想象成四头共一圆身,亦近似九头鸟。

　　回头再说风的繁体,其字从虫。虫究竟象的是啥虫之形?篆文的虫看似三条蚯蚓在爬,其实不是。只因为书写时

风凤本一字
第〇三五面

太离谱，变了形，把蛇头画成看似蚯蚓了。虫字与它字在甲古文里原为一个字，都是画的眼镜蛇的头部。其一变形既久，分化成另一字，这就是虫。请看篆文，虫与它字形上仍有相似之处。字形分歧后，读音亦变异，然所指皆蛇（指那种长虫）。蛇字的出现正表明左虫右它本为一物。蛇字出现以前，它字就指那种长虫，不音tā而音shá。《说文解字》："它，虫也。上古草居患它，故相问无它乎。"居住丛莽间，最怕毒蛇，所以见面问："没蛇吧？"甲骨文它（蛇）四种写法，都是头呈三角形的毒蛇。有在蛇的头上加左脚的，犹保存误踩蛇被啮咬的记忆。左脚就是止字，或有警告止步之意。甲骨文卜辞"亡它""不它"意为平安无事，直译则为"无蛇"。今人说"没啥"表示无事故，正是古人说的"无它""亡它""不它"。啥就是蛇，蛇就是啥。蛇在吾蜀乡下称蛇老三，而蛇音suó，缓读则成"什么"两音。（龙为老大）

篆文虫　它

甲骨文它四种写法

白鱼解字稿本

第〇三六面

016. 山之多态

流沙河

汉字之古今不变者，一二三除外，该是山字了。山画三座，概括千山万山。请看甲骨文山丘岳三个字，都是画山成字。画三座山必指大山。画两座山绝非正好两座，而是指的小山。山之大小没法画，不得不用数量的多少转示体积的大小。这是先民的巧思，虽然不"科学"。

没者在山上加置一个丘，就变成岳了。顺便说说许慎怎样区分文与字。凡属单元符号，例如山和丘，都是无法再拆卸开来的，它们好比零件，这就叫文。两个彼此以上的文结合，像零件用组装起来，那就叫字了。文，可直接说明白。字，必须分说解开。他著的书不叫"说字解文"而是《说文解字》，其故在此。

岳由山和丘组装两个文而成，岳就应该是指字。山上加丘，岳当然时高山。旧东岳泰山、西岳华山、南岳衡山、北岳恒山、中岳嵩山，谓之五岳。岳的异体字上面从山，在此下面狱声。狱纯粹是声符，只起注音作用，并不参与字义。现在单说与高山无关的这个狱字。狱字二犬监押着一罪人，指意牢狱。牢狱古名犴狴，或与二犬有关。旧时称猫猫监，狱门上画虎头，犹存古意。被监押者乃一言

山 丘 岳

嶽
篆文异体岳

字。言有何罪？原来言字篆文，口上是辛。辛乃镜刻罪人额上黥印所用刀具，借指罪人自身。非谓其以言获罪也。（古文多见言字作辛字用）

峰的字晚出。下面丰字象植物茎刺形。茎刺之上是一只向下踩的右脚（反止），表示踩不得。（这是刺）脚只起作用，有脚是丰字，不要脚也是丰字。金文丰字刺芒明显，且加四点象血滴以怵目。山峰上小下大，植物茎刺似之，所以字从丰，丰亦声。古代战争，燃烟（的）报警，台筑在山峰的最高处，所以叫烽火台。峰的繁体山置顶上。

篆文峰

岩字繁体有二。一为从山严声，指高峻的山崖。山崖俗呼山边。另一为从山，品象石块，指山上的岩石。二字意义各异，前者谓山之体，后者谓山之石。后者的三口，其意为多石块，不是品类的品字。品字也非三张嘴巴，而是三件同类容器（杯或碗），自成品类。岩字后一繁体加病旁便是癌。所谓病旁其实是一张床，亦即床字。病字从床丙声。用岩字后一繁体取代丙的位置，癌字就造成了。癌字当

岩的繁体　篆文

也是岩的繁体　篆文

篆文病

然晚出，所以篆文不见癌字。癌字既然从岩得声，就该音yán。现行普通话却音ái。恶性肿瘤，包块磊然，若山之多石，故字从岩，亦参与字义也。

岸字从山，原指山岸。临壑的高崖就是山岸。临水道的高地就是水岸。岸字中间的厂，今为工厂之厂，原为岸的初文，音àn。其字左侧陡立，上面平坦，象岸之形。岸字下面干声，实属多馀。只是为了字形受看，才让干字尸位素餐。

还有晚出的岚，意为山中云雾。予曾在庐山"纵览云飞"处，近观云涛奔驰，此即岚也。字从风者，谓风动岚飞也。

还有晚出的炭，从山从灰。旧时厨灶烧柴。柴火馀烬曰灰。虽无明火腾焰，但仍赤炽能灼物者，谓之活灰。活灰铲入烘笼，寒冬烤手。篆文灰以烤手象事，暗指活灰。火灭烬冷，则为死灰。乃知所谓灰者就是木炭。炭字从山，伐薪烧炭总在山中。

蜀人木炭又叫灰渣

篆文灰

017. 到山坡上去

流沙河

阜是土山。以音求之，阜字就是今之坡。坡如何象形？画山坡级的层。篆文、金文、古文、甲骨文的阜都是画坡级（古文坡上多石头）的层层级而三，言其多。今之阜字尚存两级。阜字和其他字相结合，就写成左包耳。例如陵、陟、降、阴、阳、陷、陈、隙。兹分说之。

阜的篆文　金文　古文　甲骨文

陵，丘陵或山陵。看甲骨文陵字，大就是人，正拾级在登坡。我们在下仰望他的背影，见他左脚升级（走路先出左腿脚），右跟上提起。右胫脚下加反止（即右脚），强调正在走路。到了金文，大与反止变形，已难认出。到了篆文，变得太厉害，只好当作形声字来解说。本是丘陵或山陵，动词化出陵越一义而改用凌，如凌空、凌辱、凭凌、侵凌。

陵的篆文　金文　甲骨文

陟降二字相反。陟是爬上坡去，降是走下坡来。看甲骨文便知古人心细，不论上去下来，都是先出左脚，右脚在后。陟字从阜从步。先跨出左脚（止），后跨出右脚（反止），这样两跨才算一步。降字从阜从倒步。但是篆文降的右旁已经看不出倒步的样子了。幸好百年前发现甲骨文，不然我们到

陟的篆文　甲骨文

降的篆文　甲骨文

死也不明白陵阳降三个字的右旁究竟是在做啥。

　　阴阳本属地理概念。山北水南曰阴，山南水北曰阳。字从阜是因为与山有关系。北半球高纬度地区，先民筑屋，为采光取暖计，多在山南觅址，所谓门朝南开，向阳。临江而居者，亦首选北岸，以便坐北朝南，门窗向阳。

　　繁体和篆文阴的，右旁从云今声，不要左旁的阜，也能独立成字。这就是阴天和阴气的阴之本字。繁体和篆文阳，右旁也能独立成字。这就是太阳的阳之本字。此字上面是日，中间一横并非地平线，下面地画勿字，而是象夏日平地上空气受热扰动所见，古人谓之"野马""阳焰"之形。

　　山中偶有溶洞竖穴，形成陷阱。陷字从阜臽声。右旁也能独立成字，从人从臼。臼，石臼，旧时舂糕用之。蜀人呼作碓窝。篆文臼内四点便是碎粒。人落入臼中，岂有此理，这不过是象喻陷落之意而已。当然，也可以设想那不是石臼，而是捕兽陷阱，行人有失脚陷身会其中者。果如此，那四点就该是具有戳刺力的竹尖了。

　　陈，俗谓之包东陈。深究之，左旁阜，山坡也，非包耳，右旁按照篆文乃是从木从申，亦非东。若看金文，又非从木从申，很可能是车字。战车摆在坡上，该是战阵的阵。古代战阵布置，车为核心力量，所以造字如此。但是陈列张王李刘诸大姓后，又是舜的苗裔，世居宛丘（河南陈州），所以许慎只认陈作地名，不作别的解释。金文陈加土，是强调地名。

陳 陳 陳 阵
陈的繁体　篆文　金文　阵的繁体

隙这个字可能也和战阵有关。或指战阵布置不够严密，存在缺，被敌军钻空子，乘隙而入了。不然为啥字从阜呢？甲骨文这个字没有阜旁，只剩右旁，乃指墙壁隙孔。坐暗室之中，观壁上隙孔，明亮异常，光辉四射。此种观感印象，留在甲骨文中。察其由繁渐简，便知孔洞上下均非大小之小，只是光辉象形而已。而中间亦非日，自不待言。

隙
篆文隙

甲骨文四个桑

018·石之器用

流沙河

山岸下,水岸下,多石头。石字从厂（岸）。下一个方形而似古,乃石头的象形。磊字一石置放二石之上,象堆垒意。石重,曾被当作重量单位。一百二十斤为一石。后来又被当作容量单位。十斗为一石,今音 dàn。旧时为了与石头区分开,便加一点在石中。

人类曾经石器时代。石器之沿用至今者,有碑、碓、磨、碾。今已不用者,有磨字。兹分说之。

碑,从石卑声。篆文卑字甲草二字组成。甲为豆科植物萌芽。甲就是早期的芽字,象形,嫩叶两片尚未舒展开来,还顶着豆壳帽。旁边有一茎小草依附着。卑字原义就是依附,所以加女旁就是婢,依附人的女仆。加石旁而成碑,依附墓葬。古墓四隅竖立柱状木碑（字或作楎）,上端凿孔穿绳。人立四隅缓缓放绳,降巨棺到墓底。宫庙也竖石碑,当作日晷,视日影以计时。

碓,石凹。川人叫作碓窝。旧时村庄供置大石凹,舂粟。各家自有小石凹,舂杂物用。篆文凹字象形,其内四点为粟米和粟壳。舂字双手执午,正在舂粟。午字不作杵讲,用在此处作为杵字简写,权当作杵而已。碓虽还凹,但特指然指用脚踏

石的篆文　甲骨文

篆文碑

篆文凹　舂

的大石臼。这种大石臼可沿用数百年,多为村庄中的高龄古物。先民口语所以用臼形容某物古老有年,于是有了新旧的旧。看其繁体,下面是臼,上面是鸟戴有毛角。原属鸟名,借作新旧的旧。甚至舅舅语源也要追查到大石臼。远古以母系定血统,子女跟着妈姓,亦即与母亲的弟兄同一个姓。母系社会进化成父系社会后,母亲的娘家就不再被视为现行的家,只认作旧家了。于是造出舅字专指旧家,进而称呼舅父舅爷,意即旧父旧爷。

舊 / 舊
旧的繁体 / 篆文

磨,从石麻声。麻古音mó。问我怎知麻的古音,古人没有录音留存下来呀。《诗经·陈风·东门之池》首章:"东门之池,可以沤麻。彼美淑姬,可与晤歌。"麻在这里读古音mó,池也读作沱,才押脚韵。由此而知悉二千五百年前的读音,何必听古人的录音呢。磨音mó,磨面磨刀磨时间,作动词用。若作名词磨子磨床,则音mò。磨字不见于《说文解字》,当属晚出。许慎书中此字从石靡声,左石右靡,今已废隐。

碾字属晚出。西蜀乡村常见水碾。成都地名有水碾河、双水碾、罗家碾。利用落差,水推轮转,转轴带动楼上石盘滚动于铁槽内,成日夜运转,碾稻成米。成本低廉，不添温室气体，非常绿色环保。水碾所在，树木茂密，鸟雀聚集，河水线流，石桥横架，为旧时难忘之乡村景观。碾字也不见于《说文解字》。许慎书中此字作研，解释为动词磨mó。研yán是用石磨他物，例如研药。至于研墨，被墨研的石就叫砚yàn了。凡物性质不明，往往研碎成末，再考究之。这就叫研究。

古器乐有弦乐，有管乐，还有石乐。磬属石乐。古磬皆制石。那种可以磨成片有清音的石，就叫乐石。石磬多作矩尺形状，似人折腰。深度鞠躬谓之磬折，可想象出磬的形状。磬篆文从石。左象磬形，上象磬今绳悬系。

磬的 篆文　籀文　甲骨文

右象手执小锤敲之。籀文尚未加石。甲骨文更接近看图识字，最富趣味。石质再佳，总不如青铜好，所以石磬终被淘汰。

声的 繁体　篆文

磬为什么名磬？答曰，其声qīng qīng，所以名磬。此亦"其名自呼"。

馨和磬有关系吗？答曰，有。铜磬腹内必空，盛物就敲不响。所以缶（陶钵）内无存物谓之馨。又，磬下之石若换成耳，那就是声的繁体了。说到这里，忽然想起，简体的这个声，正是磬的形符。

石之器用

第〇四五面

019·石之兵用

流沙河
中国作家协会四川分会

用于作战首先想到"滚木擂石"。何谓擂石？打鼓曰擂鼓。擂，打也。用石打人谓之擂石。交战时投小石以打敌，有《水浒传》张清"飞石打英雄"，人呼"没羽箭"。守关隘推巨石击刺仰攻之敌，旧小说中全靠设器械之力，就有好戏看了。缓说如下。

远古《弹歌》只此四句："断竹，续竹。飞土，逐肉。"是二言诗。添字改成三言诗吧："刀断竹，弦续竹。飞土丸，逐鸟肉。"这是在说弓弹。前两句说怎样做一张弓。第三句说搓泥土做弹丸。第四句说用来打鸟。弹字的甲骨文，一张弓，正拉开，一颗弹，已上弦。你会说，

彈 弹
弹的繁体 篆文 甲骨文

明明这是土丸，与石之猎用无关。确实无关。那我们就把弹字的弓旁去掉，看单是何物，就会明白确实有关。

文字专家纷纷说，单很像盾牌。晚年的陈独秀说，单是古代的投石器，猎战皆可使用。我很服膺陈氏之说，且愿从中调和，补充说明。看甲骨文，下部方形有柄是盾字作声符，上部一绳二石是单的器形。单盾

單 單 單 单
单的繁体 篆文 金文 甲骨文

双声，古音相近，所以盾可作为单的声符。单是形声字，

白鱼解字稿本
第○四六面

不是整体象形。一绳二石之投石器,未曾目睹,不好妄说。然而,一绳中段缀小布兜,内置卵石,紧握绳之两端,高举回旋加速,忽放一端,卵石即沿圆周切线飞出,这种投石玩具,我却见过。《圣经·旧约》曾提到大卫投石器,想必类此。甲骨文撢字,加一只右手,表示正在投石。撢dǎn今有用速扫意,如鸡毛帚撢桌上尘,一挥而过,犹令人想起远古的投石。如果去掉那只右手,换成一条犬,那就是兽字,意思是狩猎。投石器单,代表武器,配一条更狗,象狩猎意。

獸 獸 戩
兽的繁体 篆文 甲骨文

嘼文 撢

可知兽即动词狩。后来猎物叫兽,又后来一切走兽都叫兽了。正如动词禽字,原为擒获,后来一切飞禽都叫禽了。如果甲骨文单,右旁加使用戈,便是两件武器配合,一击远,一杀近,于是有了进战字,终成石之兵用。

投石器单后演成因加弓而弓弹,变得复杂回头来看,单就获得简单、单一、单独诸义。须知今之枪弹、炮弹、炸弹、导弹皆从石来。

戰 戩
战的繁体 金文

石之兵用最威猛者为发石车。大木构架,下装四轮,可以动推移行。车上两端立柱,柱顶横梁中间活动高竿。竿一端大盛石,多人急牵高竿猛起,大石飞向敌营,所向披靡。射程可达半

石之兵用

第〇四七面

公里外。《后汉书·袁绍传》记载，曹操用发石车打袁绍营中的了望楼，真是"彻底砸烂"。又呼为霹雳车，亦名抛车。抛字用得传神。吾人抛掷石头，必展臂肘划弧线急投出，方能致远。发石车之高竿正似臂肘活动。抛字篆文象形，从手从九从力。九字就是肘字，后借作数目字三三得九。抛字就是手持物件，伸肘用力投出。取名抛车，准确。

篆文抛　九(肘)

炮从火，火炮指。从前此字从石，指发石车。炮者，抛也。因为炮弹是沿抛物线抛出的，所以名炮。

苏轼诗有"愁看江云起炮车"，谓大雨之将至。夏日天际黑云陡立，俗呼为"炮车云"。事过千年，今不闻此呼矣。

020. 土地崇拜

流沙河

土字三笔，一横象地表，二象地下，三象有物自土中出。待到见了甲骨文土，才明白那是地面上一个土块。掘土成块，已入农耕社会。古人说土，不说土地。地字晚出。天地的地最初都用队字代替，后来又在队下加土，亦即坠字。西汉《淮南子》内"地形"还作"坠形"。当然，这是个别著书人的守旧。篆文地字从土也声。也声与地字，发音不近，怎么能牵合？原来最初也字和它字本属一家人，彼此可以通用。虽然同一字，可通用，却由于地区不同，发音互异，有读 she 的，有读 yí 的。地字的也声，就那时读 yí，与地发音近，所以作声符。后来也字和它字分家了，在篆文里各据其形，各读其音，各秉其义，不再通用。细看篆文，察其笔划走向，也它二字仍然形似，都象有颗窝的眼镜蛇头。有以异者，也字蛇头吐出的舌尖而已。不过许慎认为也字象女阴形，亦有所据。后面还要详说。总之，地即土，土即地。倒退到三千数百年前，土字发音不但完全同地匠 yí，而且由 yí 通 she，这样就与土字今音 tǔ 相去遥远了。土古音 she，所以甲骨文卜辞内记载某次祭社典礼用燎（就是后来的焚香燃烛）杀三羊二牛，沉河十牛。卜辞内的社字就写成土字。那时左示旁的社字尚未造出，可知土字曾经音 she。

，土社二字尚未分家。土，那时的不但是地面一土块，而且是地方一尊社神。难怪乡间社祠土地公公又呼社公，至今如是。社是土地之神，村村有低矮的土地庙供奉着。庙内居然夫妻二神，并肩而坐。先民认为禾稼结籽正如夫妻生子，而耕种可比于性交。社公社婆同在现场，可致禾稼丰收。每逢节日，社庙演戏娱神，会聚村民，谓之社会。日本拿去翻译society一词，致使概念放大。今则愈放愈大，跨出家门校门，便已入社会矣。

块 凷
块的繁体 篆文

甲骨文土，画地面上一个土块。块的繁体从土鬼声，纯形声字，只取鬼声，不取鬼义。凷的篆文，土被包裹，表示成块，不是散土，所以有"块然独存"的说法。大地，《庄子》书中叫作"大块"，李白也说"大块假我以文章"。块在今日作量词用。香皂以块计，钱也可以若干块。

里，从田从土。里指聚居地。凡是聚居处，其地必有田，所以里从田。古书上说二十五家为里。富贵还乡，所谓荣归故里。乡里风俗谓之里俗，里添人旁作俚俗。城市小巷也叫里，此即古之闾里。里后来借去作计程单位，三百步算一里。古之所谓步，乃左脚一跨，加右脚一跨，共两跨。三百步即六百跨。鄙人一跨0.84公尺，六百乘之，已略超今里的五百公尺。现行公制，两里等于一公里。

里字嵌入衣字，又组合成一个字，里声，指夹衣的内层（外层叫面子）。这个字被五十年前宣布是繁体，已经斥退，无脸拜见亲爱的读者。上面指定叫里作简体字代为见客。里本是正体字，又兼任简体字，好不尴尬。在何处为正体，在何处为简体，不容易弄清楚，致使写繁体者则里加衣，大闹笑话。

裹 衺
里的繁体 篆文

从土之字还有朝廷的廷。廷的意思是走着走着就停下来。廷也就是停。朝会仪式严肃，不许随意走动。虽说是停下来，也与行走有关。所以廷字篆文，左旁借用半边行字，廷伸其末笔绕到下面去。廷字右旁，人多误那作壬字。其实是从人从土，人立土上，并那样篆文行非中横长的壬字。人立土上，已具停义，不要左旁半边行字，如甲骨文所书那样，也能独立成字。远望的望，下面本来就是那个字。司掌文字者将其撤职，以王代之，毫无道理。被撤职者四划，王也四划，这叫简吗？望字左上已有亡作声符，又添王再作声符，不嫌繁吗？

廷 廷 廷
廷的篆文 金文 甲骨文

土地崇拜
第〇五一面

021. 土田劳作

流沙河

聖 圣

圣的繁体 篆文

简体字圣，土上一只右手。繁体从耳从口，表示上面圣人耳通口通，而下面是声符。能听取能辨别谓之耳通。能施教能弘道谓之口通。简体圣人能做啥？捏泥巴吗？

圣字从前是正体字。现在说说正体字圣。圣字作为怪之声符（怪字从心圣声），音kuai。《说文解字》："汝颍之间谓致力于地曰圣。"这个动词至今活在北人之口，用手掘土，说成圣土。正体的圣被迫消失，汉语又损失一个鲜活的动词，可惜可叹。（其躯壳被拿去做圣人的圣）

中 十 才 在
甲骨文才 金文才 篆文才 篆文在

栽苗，最初掘土用手。土掘开，然后栽苗。此为远古农业之始。文字初创时，笔划简单的这个才字就是后来的栽字。才字象苗初栽之形。怕不明白，右旁加土，这就造成在字了。才与在本一字，音和义都相同，都是后来的栽字。一个人在某地生存，亦如一株苗在某地生长，各有根基，不能随便移动。这样，本义为栽的在就演变为取得存在新义，而苗栽某地顺流而也可以说成苗在某地。下，苗在某地生长，茁壮，成熟，收割，就叫一茬。以后又栽，再栽，就叫二茬，三茬。

栽字晚出，是从才字变成的。请看篆文，才字戈字组

第一页

成另一个字，从戈才声，其原义为兵器■伤害，古书借作灾字■，我们勉强将其视为灾字。后来又加入一个木也就是一棵树，终于造成栽树的栽。栽字应用范围扩大，不但植苗艺圃，便是筑墙树版立夹，乃至移赃陷害他人，皆可谓之栽矣。■有不少农作物一年栽品种一次，所以一年叫作一载。"夏曰载。商曰祀。周曰年。"载本车载，这里借作栽字。某农作物算来已栽十次，那就是十载了。

才 栈 栽
篆文才 灾 栽

《新华字典》今有垈■字。其正体字被■废，无法印出。姑且这样说吧，垈字提手换成土旁。原指一锄土之量词，今被此字指犁翻耕起来的土块，川人谓之土巴。秋耕在华北叫秋垈。秋垈地的土块总要曝晒才好，叫作晒垈，川人叫作炕田，即晒土巴(垈)。

坺 垈
垈的正体 篆文

《诗经·豳风·七月》说"九月筑场圃"。秋收时节，先要备好一片空场，用夯筑平。场圃就是川人说的场坝。圃坝双声对转，圃是借音来卖，非用本义。圃本是菜园哪，能筑挪用作场，更不能把土夯死就没望了。圃在此诗中应该渡成坝，这样好与下句"十月纳禾稼"押脚韵。从前是稼音gū，与圃韵。

場 场
场的繁体 篆文

土田劳作
第〇五三面

同场的繁体形近致误的是埸字。从土易声，义为*疆*界。古称疆埸，浅人误作疆场（场写繁体）。二十世纪吾国抗日战争八年，报章赞美壮■士战死疆埸，从此不可改正。

■秋收既完，北风转寒，《诗经·豳风·七月》说该"塞向（堇户）"了。豳地早寒，农家筑屋向阳采光取暖。以利北墙的通风窗古名■向，必须砌砖堵塞，才好■避西北风，度过严冬。先说塞向。看篆文便知晓，是在室内双手砌砖字。四个工形符号是砖缝。事属土作（泥工），所以其字从土。那时民用未经火的泥砖，又名土墼jī。再说堇户。

塞的篆文　甲骨文

堇的篆文　金文　甲骨文

《诗经》堇有土旁，字已废，印不出。好在堇字自身下面带土，本指黄色死粘土。用粘土抹门扇，填缝隙，谓之堇户。堇字甲骨文不带土，画人颈脖因鼓气胀圆了，大口正在喊天。想是啼饥叫苦之，所以加食旁而成饥馑，所以加草头而成苦菜。饥馑严酷，衍出紧张一义。又延伸为■使■紧严，不留空隙。于是堇户当读为堇加土旁，作动词用，谓抹粘土以填缝隙。

白鱼解字稿本
第〇五四面

022·封土划疆

流沙河
中国作家协会四川分会

最早的疆字没有弓旁和土旁，只有两块田和三道界，意指农田划界。后来加弓旁，指硬弓。即强字的异体。后来又加土旁，回到原义，仍指农田划界。田界乃私有制的保障，不划清楚，易致诉讼。封乃周朝天子给下面的公、侯、伯、子、男五等爵位分封领土，允其建旗。封土建旗就是封建二字本义。秦始皇大一统，废封建制，行郡县制。在秦以前，封从之从土从寸。据说，之土就是此土，而寸表示按照制度分封领土。较早的籀文封从土丰声，简明多了。更早的甲骨文是右手（又）在土上栽树（木），用树作分界线。远古族群各部落都有自己的疆界林，以免互相误入。这比封土建旗早数千年。甲骨文封有时简写成丰，既不要土，亦不要手。如此说来丰就是栽树。旧时农家栽棘成篱，以防贼入。甲骨文和金文丰象棘刺形。

地域的域字，金文里已有。其字从土或声，专指国土。邦国的国字，金文里也有，同域字相似。其字左旁画方形领土，四边有国界，右旁

疆 疆
篆文疆（强） 篆文疆

土是另一回事

封 牡 栽
封的篆文 籀文 甲骨文

國 国 啓 可
国的繁体 篆文 金文 甲骨文

戈字做声符。更老的甲骨文(国字)更简单，竟用口字充当方形领土，其右旁竖一枝平头戟(┳)就是戈，也做声符。甲骨文国，金文国，既可以被视为国字，也可以被视为域字，一身而二任焉。域字又是或字的异体。或左旁小方形不是口而是领土。已经有土，又加土旁成域，岂不多事。这样说来，或国为古今字。请看金文国，抹掉(东西两)边国界，不就是或字吗。不过在卜辞内出现的这个或并非都当作国字讲，往往仅具"或有"的意思。

金文国 金文或

　　篆文国在或字周边下个大包围做国界，而让其内的小方形做国都，又以戈守卫之。(繁体)国字到此完善，一用就三千年。(其间有)唐代武则天篡位做皇帝，乃新造国字，以八方二字取代大包围圈内原有之或字。八方向外拓开，可以到无(限)远，而大包围圈无论画多大总是有限的。她老人家也不觉得这很矛盾。(此举)实在不通，而(且)可厌，八字像挎眼角，所以她一死就被取消了。后来又有清代太平军造反打江山，再造新国字。考虑到(政权)军封王(达)多(人)一千六百(多人)，必须强调国以王为本，所以大包围圈内赫赫然唯一王，便充当新国字。到了二十世纪中期，宣布汉字简

圀　囯
武则天造　太平军造

化，在王身边增加一点，代表六亿群众（当时）（代表十三亿人），一直用到今天（近）。

邦国的邦字与封土的封字其古文字的也很相似。请看前面籀文封字，左丰右土。再看甲骨文邦字，上丰下田。土即田也，田即土也。这两个字不但形似，而且古音也差不远，可能同源于疆界（林）。

甲骨文邦

领土封了，疆界划了，就要建都城了。甲骨文无城字，有墉字。《说文解字》："墉，城垣也。从土庸声。"墉就是后来的城，城也就是垣。像皿之盛物，城盛人，故曰城。像圆圈，故曰垣。古人以音释义，说如此。

甲骨文墉三种写法　金文墉　篆文墉

甲骨文墉，中方为城。有东南西北四门的是大城，而只有南北二门的是小城。城门上有楼（高），用于瞭敌。门楼很重要，便于防守之外，尤其（其）有观瞻作用，若缺此物岂不降格为土围子小国了吗？甲骨文亳（商朝都城之一）和京（大城）

甲骨文亳　京　高　篆文亭

以及高，还有篆文亭，皆画高楼以壮观瞻。亭字以丁为声符。京字下面似Y之字音guan，也是声符。guan转为jing。

后来

封土划疆

023. 尘土遮天

流沙河
中国作家协会四川分会

城筑好了，还要修官署。官署古称寺。汉明帝时，白马驮经再来入洛阳，住鸿胪寺（相当于礼宾司加国宾馆）。后改名白马寺。从此也佛院名寺了。寺上面是之字做声符，不是土字。下面是寸字。篆文寸画右手，手下一寸处就是中医摸脉的寸口，一横指示寸口所在。寸又用作长度单位。十发为一程。十程为一分。十分为一寸。十寸为一尺。这就叫制度，非遵守不可。官署亦各有其制度，所以寺字从寸。篆文演变成隶书，谓之隶变。隶变时篆文寺上面的之字，为书写方便计，被改成土字了。篆文之象草木孳生形。之，孳也。之字少用本义，常作虚词使用。

早期在城内有车道、马道、人行道，而无街道。今之所谓街本里巷之门。守门谓之"当街"，防盗贼入里巷。城内房屋连成某某片区称坊，例如宋代成都有碧鸡坊，有金马坊。宋代长卷《清明上河图》画汴京城的清明坊和上河坊这两个片区。相邻两坊留下之间空处，作为通道，跑车马，走行人，不叫街道。近代城市商业发达，通道两旁挤满商店，这才形成今之街道，一一命名，而坊名遂谢幕。雅人念旧，街上叫他"坊间"，指两坊之间也。坊字从土方声。

宫殿二字不从土，暂不说。不过殿字和从土的堂有关

白鱼解字稿本
第○五八面

系，不说还不行。说说吧。殿字左上是尸，尸非死尸，只是人字仰躺上身，腿脚着地罢了。尸即人。其下一横，腰带。腰带下之臀部两块肥肉，蜀人叫尻墩子。又在其下置放凳子，使你确信无疑。原来这左旁已经是臀字。再看右旁是殳shū。手持一种竹制兵器。殿乃象声字，击声。既是打击声，就不能读dian音，而宜音tún，与臀读音相同。原来殿非宫殿字，乃是象声词，类似啪哒、哗啦、咚、轰隆而已。宫殿的殿，其下还须加土才是到。奈何人嫌麻烦，都用与建筑物无关的缺土之殿字。《说文解字》以殿释堂，也未采用加土之殿，承认了此即殿堂字。篆文堂从土尚声。金文堂下面是土字变形（变成大一），上面则是从殿字左下借来的。腰带一横向下移了，臀部两墩各向左右移了，而下置放的凳子又扩大了。金文堂用臀的象形字做声符，应是从土臀省声。

原来宫殿地基比平地高，其下必须垫土。土垫厚了高了，好似臀部肥肉堆墩，故居曰殿。堂也必须垫土，所谓"高堂"，而平地称"堂下"，与殿相同。秦以前无论官民皆可称堂，秦以后皇帝的堂更称殿，唐以后佛亦称殿了。又，竞技有冠军、亚军、殿军。殿军在后，取义于臀部在身体之后也。

建筑必须先有地基，盖自远古而然。基字从土其声。其即箕，川人叫撮箕，象形。甲骨文基土在箕内，当指垃圾。金文和篆文箕放在几案上。竹箕原非宝器，随地置之可也，奈何箕形入字之后，为了结构美观，便塞一具几案跟着入字，也就不管是否讲得通了。

墙，繁体不从土，而是爿声。《新华字典》爿音pán，意思是劈开的竹木片。而这里的爿音同床，是床的象形字，用作声符。右旁从来从廪省。来是来麦（小麦）象形，廪是仓廪象形。粮仓非有围墙不可。请看篆文，右下似回者，两堵围墙也。

自入农耕文明，垦荒未已。自然沙尘之外，遂添人为尘垢。城市出现以后，更加尘土滚滚。踵以工业尘埃，竟至蔽天蔽日。古人目睹鹿群奔跑，蹄下扬尘，而造尘字如此直观。终以笔划太繁，简为一鹿。今人仍嫌麻烦，一减再减，竟成小土为尘。鄙人临池习字，始觉鹿土之尘字形美观，而小土终觉得不耐看。设想仓颉夫子今日醒来，定当另造尘字，而以汽车取代那三只鹿。

白鱼解字稿本

024·江河海澥洋

流沙河
中国作家协会四川分会

尧舜(在位时,中原突发)大洪水,那是四千三百年前的事了。吾国之有历史记载(距今),始于此。此时水字应该(造出来)了。先民造此水字,见于甲骨文者,非常智慧(非常美)。不是一碗水一盆水一池水,而是(观察)动态的河流(画),把握水之意象,所以造型活泼,灵气盎然。河心主流水急,一笔拉通。(左右)侧流水缓,断为(三)笔。到篆文而简化,断三变成断二,(尽)形态更美,显(出)阴柔。

水的篆文 甲骨文

三点水做偏旁,(一大批)形声字(首举)江河(是)。江,工(杠)声。河,可(柯)声。江河都是"其名自呼"。江(长)冲击川峡,(水)声gāng然,所以名江。黄河(跌)落壶口,(水)声kē然,所以名河。江的声符工(形)象独木桥(古名(叫)杠)。《孟子》说"十月徒杠成",意思是天寒水冷了,政府要搭好独木桥,使百姓免受涉水之苦。河

河的篆文 金文 甲骨文

的声符可,象斧柄形(古名柯)。《诗经·豳风·伐柯》说"伐柯如何?匪斧不克。"毛传云:"柯,斧柄也。"甲骨文河(其),可(尚未加)口,(正是)斧柄(端),(之侧视)上为斧头。斧柄向内(微)弯(而柄),利砍斫也。人多(记得)柯为(树)枝柯(之义),而(都)忘记其斧柄初义。甲骨文河更古老的写法是水旁移右边,而且

第一页

江河海澥洋
第〇六一面

笔划简为一线两弯，左边的斧柄和斧头更为神似。

海是从水每声吗？江工声，河可声，音尚近，能接受。海hǎi 每měi各以今音读之，相去甚远，就难以接受了。

要能搬船过渡，还须搭：每—悔—海。悔既然从每得声，而悔海以对双声又可转。如此渡向彼岸，就可以说海每声了。历来说法就是这样。不过我想补充几句。每的篆文金文甲骨文都以女坐姿势出现（两点在胸者母），而皆显示头发茂盛。

海的篆文 金文

从前说每字上面是植物，茂盛就叫每，因为《诗经》有"周原每每"句。其实不是植物，而是头发，每字原指女性头发茂盛。植物茂盛已是借义。如果借指水盛，加个三点水旁，就是海字了。所以应该说，海，从水从每，每亦声才完善。

每的篆文 金文 甲骨文

怎样说与大海相连属，而又有所隔离，自成一片水域者，古名勃瀣，今称海湾。勃谓彼此对立，瀣谓水被划历。勃，取义于孛（二小子打架）。瀣，取义于解（一条牛割开）。如此说来，凡海湾皆勃瀣，不仅渤海湾也。渤海之名，取自勃瀣无疑。

瀣的篆文

洋，最初只是水名。两条，一条在山东，一条在陕西，都叫洋河。洋洋则属于形容词。伯牙弹琴，志在流水。钟子期知音赞美说："洋洋乎若江河。"《诗经》有"河水洋洋"形容黄河，更有"牧野洋洋"形容陆地。《论语》欣赏音乐都可以说"洋洋盈耳"。到宋代称外海为洋，如黑水洋、白水洋、零丁洋。明代有了"西洋"，清代又有"东洋"，近代更有太平洋、印度洋、大西洋，洋越来越大了，终与海组成复词海洋。

成语"望洋兴叹"易生误解，以为"望洋"就是望着海洋，叹其浩渺无际。不知"望洋"为连绵形容词，义寓声内，不可扣着字讲，所以也允许作"望羊"或"望阳"。望也不是望视。以音求之，当即惘也。望洋者，迷惘之貌也，既非非用目视不可，亦与海洋无涉。

江河海澥洋

第〇六三面

025·川与水灾

流沙河

古称河水。长江古称江水。 亦 中國作家協會四川分會

黄河●●其他江河，例以水名，如洛水、汉水、汝水、淇水、泗水●。水体也叫水。古人●嫌不便，又造川字概称一切水道，而不包括水体在内。造川字者绝顶聪明，只在甲骨文水字的左右各添一笔，●画成两岸，表示此乃水道，而非某江某河某水，亦非水体。到了篆文，中间四点也省掉了。精打细算如此！

川的篆文　甲骨文

水中可居者曰洲，本指江河湖池中的小岛，非今之世界五大洲。洲原作州，没有水旁。川本身已是水，用不着加水旁●。只因借用古代九州，所以水中小岛的洲●加上三点水旁，以便区别。这也是不得已而为之。《说文解字》紧扣笔划，说篆文州"从重川"即●两个川。若●字义讲，从两个川●反而不通。明明是川中三小岛，何来两个川呢。

州的篆文　甲骨文

省名四川，非谓此省有四条川●。长江三峡，古称川峡。元代分为川峡东路、川峡西路、川峡南路、川峡北路，共四个行政区，合称川峡四路，简称四川，而建行省。

孔子在川上说："逝者如斯夫，不舍昼夜。"俗语"川流不息"出此。水道不能堵塞，只可疏通。一堵塞，水位必抬高。抬得太高，蓄积势能，应力超过临界，堤岸必

崩，导致水灾。今行简体灾，看字形便知是房屋失火。繁体災兼水火。古体灾则专指川被堵塞必致水灾。那一横杠断川，象堵塞意。古体灾显然是篆文灾的翻版。

古人眼里，火烧不过数家，洪水却能漂没整个村镇，厉害百倍。灾字首指水灾，而字从川，便可以理解了。甲骨文第一灾，两横断川，篆文所出。第二灾中为才，做声符，是形声字，是象意字显然晚出。第三灾象洪水横流，左冲右撞，是象形字，见于早期卜辞，最为古老。

水淹之淹，原属水名。淹水之四在今川青衣江上游。借作水淹，遂成动词，原义乃隐。《说文解字》："湮，没也。"可知当初湮是正字，淹是别字。后来别字扶正，正字投闲，莫可奈何。投闲之后，与水无关，亦称"湮没"，但是义同"埋没"，傍上土族。其实土族自有埋字，义为用土填塞。"鲧埋洪水"，治水失败，败在埋字上面。子禹继任，"干父之蛊"，改用疏导，终致成功。回头再说湮字，右边西土正是埋的古写。

川与水灾

第〇六五面

可知湮字应该是从水堙省声。愚以为真正字应是衍字。看篆文衍，水漫十字街头，象意，比属于形声字的湮字更能表意。

先民傍水而居。最早的城市总是建筑在江河利岸边，一则汲水利，二则航运。何况城市设防，高墙之外，还需深池，做护城河，没有水怎么行。古代所谓国就是城，又曰邑。邑上非口，那是方形的城。邑下非巴，那是人俯身跪坐着，也是另一种写法的人字。有城有人，就是邑了。邑字在楷书中有时候变形为右包耳，例如邦郡都郭郊部诸字，皆从邑得义也。邑上加川为邕。东南西北四城门外都有河流来水灌池，这就叫邕。江南水网地区，堪称为邕之城甚多。固然利于防守，但是洪灾亦随之矣。邕通壅，有以异者,壅是以土堵塞水道，邕是水堵割城市。其为堵塞则一，故可互通。人堵塞叫拥挤，脂肪堵塞叫臃肿，化脓堵塞叫痈疮，以音求之，都能溯及这个邕字。

026·源泉流演成派

流沙河
中国作家协会四川分会

江河溯源，终有一泉，广不盈尺，深或数寸，仅可"滥觞"（起浮一只酒杯）。泉字不是白水二字组成。只有某些不通文字学常识的古人，才把泉货叫作"白水真人"。汉代称货币为泉货，取其流布四方中央出之意，纯属比喻。泉字篆文和甲骨文，你要腾空俯瞰，方知这是一眼泉水，流出成川。如果坐着平视，就可能误认为热气球正在升空。《说文解字》："泉，水原也。象水流出成川形。"许慎以原释泉。原又是啥？他说："原，水本也。从泉出厂下。"厂即岸，指山岸。山岸下之泉就叫原。泉原本无别，不过一在平陆一在山岸而已。后来原借作平原字，泉原字不得不加三点水成源字。其实原字厂下一泉已经有水，又加三点，反而不通。《孟子》书中"原泉混混"那时未加水旁作源字。泉原之原字，今广泛使用。原因、原来、原始、原理、原则、原型、原装、原配、原告、原籍、原子等等，皆从江河源头那一眼泉水引波出意义，组成新词汇，应用于无穷。噫，亦神矣！

泉水流出成川。川非预先挖好，等着水来。只缘泉水本着就下之性，顺着地势向低处流去，而川自然就流成了。川

（泉的篆文　甲骨文）

（原的篆文）

之所以被叫作川，正因为它顺。顺字从页是头是脸，从川是说脸上表情顺从。不然为何要从川，川亦声呢。明白顺之所以从川，就能明白篆文流字是从的为何也从川了。流从倒子上水乃游泳，从川表示顺水而下。前人不知小子头上是川字，误认作三毛了。

流的篆文　金文

水总是顺流的，所以流字从川示顺。金文流字小子头上的川变形成个只是，为了书写方便，别无他意。篆文游字同样是小子水上游泳，只是字不从川他，可以顺水而下，也可以逆水而上，还可以横游向彼岸。无川，他是曲的。

游的篆文　甲骨文

今之游字本原是旗帜的飘带，同旒一样，读音稍异配李被借作游泳，扶日欠正。其实从前游字正字是三点水旁一个子，见《石鼓文》。甲骨文游有水，而用左右河岸代替之。

江河源远流长，特造一个演字表之。《说文解字》："演，长流也。一曰水名。从水寅声。"许慎解说寅字，太棒拘于意识形态，使人糊涂，我就不介绍了。看甲骨文演字，水旁一矢，原来并非从水寅声，与篆文演字几乎不相干。水旁的那

演的篆文和三个甲骨文

一矢是画的箭杆符号，表示由此前进。学童野营，追踪游戏，至今仍画箭头符号。甲骨文的水旁一矢，是说河流由此前进，流程甚长。不视矢为自有其形音义的一个字，而把它当作箭杆符号用，日久终觉欠妥，所以硬把此矢改造成寅字（历数百年）。在古籍中，寅有进义，就是从箭杆符号继承而来的。这样，演就有了"长流"之义。一点意思拉长来讲，就叫演说。一段情节拉长来做，就叫演戏。一些内容拉长来写，就叫演义（义即内容，非义气也）。任何"长流"终有变异之日，斯为演变。

　　一水长流，分汊为派。派字水旁乃后添之蛇脚。篆文画水道之分派（派字），与金文和甲骨文同一。派字右旁笔划，可与篆文一一对应。正派、左派、右派、中间派、反动派、新派、党派诸词，莫不源出水流分汊。这些说来无趣。有趣的是先民拟血脉于江河流派，真可誉为奇思妙想。脉的繁体从肉从派（身体器官诸字从肉者多）。派为啥变成永？原来在甲骨文，派永本一字，所以简体写成肉旁一永，是亦有根据。

派的篆文　金文　甲骨文

脉的繁体　篆文

源泉流演成派

第〇六九面

027·渊回沱淮湿洹

流沙河

孔门弟子姓颜名回字子渊，所以颜回又叫颜渊。回与渊的关系呢？《说文解字》："渊，回水也。"取名字如此，似有"智者乐水"之意。江河傍岸，每有深处，出现回水，蜀人谓之回水沱沱，此即渊也。深渊聚鱼，垂钓佳处。上游溺水死者浮尸，遇回水而回旋不去。故知屈原赴渊，恋故土而不忍去也。汨罗江畔，地名屈潭，潭亦渊也。渊字象形，左右两岸，中为水流回旋之状。篆文金文，去图画已很远，所以看来看去，已不像了。我们只要晓得曾经很像，那就行了。甲骨文渊，反而简单，从川圆声，是形声字。回水就是转圆圈嘛。潭，从水覃声。请看篆文，右上盐罐，表示味厚，右下当然非早，而是厚字。水厚他就深，所以字从覃，覃亦声。潭也是水名，在湖南。

江河傍岸的渊潭有回水，水流到此，回旋不去。看这回字，正象回水之形。造这回字，正是用来指回水的。游子离乡去国，在外流浪一圈，终于归来此。他的行踪轨迹，好回水一般，所以说成归来回来，回就变成归的姊妹词。

渊的繁体　篆文　金文　甲骨文

潭的篆文

回的篆文　古文　金文　甲骨文

而遂回水义本被人遗忘。

古代认岷江为长江上游，所以岷江曾经也单名江。《诗经》说"江有沱"。《尔雅·释水》："水自江出为沱。"《尚书·禹贡》："岷山道江，东别为沱。"都是说的岷江分汊，派出沱江。本来是一条江，流到都江堰，被离堆分汊，从此两水互相隔开，我是我来它是它了。所以，在我（岷江）看来，它应该命名为它江，亦即沱江。沱江南流数百里后，终入长江。

沱的篆文

古代与长江黄河齐名流，且从中原入海的，有淮河。淮河源出桐柏山，向东横贯河南、安徽、江苏三省，在古代是沿途汇聚众多支流，直接入海。

淮的篆文 甲骨文

河以淮名，谓其汇聚众水。请看汇的繁体，筐中一淮。这个汇原本是盛杂物的筐子，而取音义于淮，可知淮有杂汇众水之义。淮以隹为声符。隹乃短尾鸟，音zhuī（锥）也可音wéi（唯），取后音，便近淮huái。甲骨文淮，水旁移到右边，而且从简，只画一条折线。

汇的繁体

同淮一样，温亦水名。淮为大水入海，温则小得可怜。《说文解字段注》以为温水即赤水河，可能弄错了。查地图见贵州北部有地名溫水者，乃一小水。有趣的是这条小水又名暖水。溫水暖水之名，怨与温泉有关系吧。温是简体字。繁体溫字右上为囚，人多忽略。右下为皿，容器，小可为碗，大可为盆。甲骨文皿，人可入内洗澡，其大可知。以沐浴表示温暖，当然是洗热水澡。可知不要水旁的甲骨文，正是温热的温。加水旁的溫便是水名了。

溫溼盗
温的繁体　篆文　甲骨文

　　还有一条在河南安阳北郊，绕小屯村而过的小河名洹水者，也值得介绍。小屯村为殷墟出土甲骨之地，甲骨文卜辞多次提到洹，就是这条小河。篆文洹字从水（因为是水名）从回（回水），两横象左右岸。甲骨文无两横，其字从水回声，更简单些。回huí转huán，非难事。洹水今称安阳河。《史记·项羽本纪》提到"洹水上之殷虚"是项羽和刘邦谈判的地方。如果那时有人在此发掘考古，甲骨文就会提前两千年被我们发现。

洹泪
洹的篆文　甲骨文

白鱼解字稿本

第○七二面

028. 大小水凼凼

流沙河

蜀中抬轿子，前路见水坑，大声警告道："天上亮晃晃。"后面会看不见，也会回答道："地下水凼凼。"免得失脚落水。凼是蜀人造字，音dàng，专指水坑。水坑大者，炎夏供水牛浴，曰牛滚凼。更大者仍音dàng而字作荡，如黄天荡、芦花荡，则指浅水湖。荡之原本义为倾荡动荡，以音近塘而被借用。凼不过是塘之微型罢了。不过若写成塘易致误会，何况又太小了，所以特造凼字供用。凼字若要自我作古，摆老资格，写成篆文，便该如此。还可以学许慎的口气，释曰："水坑也。从凵，水潴其中。"凵是坎字使古写，象形。从凵之字有凶，交叉符号即毋，表示制止，切勿陷身坎坑内。凼则表示坎坑潴水，而其读音实自塘来。塘本堤塘抵挡也。抵挡堤积水，不使流失，堤谓之塘，又称陂塘。陂bēi亦塘也。大陂曰湖，小陂曰池。湖是形声字，一看就明白。池则较麻烦，要多说几句。

池与沱在甲骨文里乃是同一个字。不过《说文解字》二字已经分立条目，形音义皆互异，绝不是一个字。一个字分化成两个字，该是文字演变趋势，理应接受。甲骨文里多有不识待认之字，如左所列，姑订为池字。

池的篆文 甲骨文

的甲骨文。篆文池字从也。也是啥？许慎说，是女阴之象形。人多迟疑，未敢遽信。若将篆文也（池字的左旁）同甲骨文池的左旁作比较，彼此近似，都有些像女阴。池具有蓄水功能，女阴亦有，池字从也，或以此故。俗呼女阴曰私。私字是借音，字当作也。也古音shī，可知池字以也作声符。池为水坑之凼即塘，所以又叫池塘。

深池为洼。洼污双声，洼亦污也。《孟子》："数罟不入污池，则鱼鳖不可胜食也。"污池即洼池。池浅不能养鱼，所以洼池水深。篆文洼字，从水圭声。不要质疑圭guī怎么会转成洼wā。你看蛙字也是从虫圭声，娃字也是从女圭声，便知古音因时而异，因地而异，一音多转之例，每每有之。甲骨文洼，折线为水道之两岸，其间为亚字。亚的繁体继承金文和甲骨文，表示四通之路被堵死。此为象意，就是遏止的遏。亚恶古时同音，与遏同。洼池水被堤遏，不得溢出，故字从亚（遏）。

《水浒》梁山水泊有蓼儿洼，水草丰茂，阮家三弟兄居于此，渔于此。阮小七唱："老爷生在蓼儿洼，不种桑来不种麻。"后两句说造反报国，就不引了。偶读宋

白鱼解字稿本

第○七四面

人笔记，知悉山东确实曾有过梁山泊，而字作梁山洛，洛音pō，与泊同。泺，从水乐声，本来音luò。此泺luò为古水名，在济南。请看泺的金文和甲骨文，不要水旁和两岸，作器乐讲，音yuè。此字丝在木上，是弦乐器。乐器弹响一曲，人人快乐，乐就转音yuè lè，与古泺水的泺luò音相近了。再看泺的繁体，不要水旁，快乐的乐。此字丝在木上，白声。白声既是又声，怎么会读成luò，这就怪了。原来泊pō缓读之分化为pō lō。lō独立出来又转成要乐lè和泺luò。回头一看，便能想通乐的繁体为何以白作声符了，而梁山泺即梁山泊也就不奇怪了。

大水凼除湖泊还有沼zhǎo。古称池沼，沼亦池也。今内蒙古称湖曰淖lào。与泊缓读为pō lō一样，沼亦缓读为zhǎo lào。lào独立出来，就夺取淖字（淖本指烂泥），赋以湖泊新义。湖泊浅者今称曰淀diàn，明显是从凼dàng变音而成的。淀凼双声，自可转也。

写到这里，见报载国家环保总局周局长宣布，由于盲目围垦，过度用水，我国这五十年来，已有上千湖泊湮竭消失，心甚忧之。来日茫茫，愿我中华水脉不枯，愿大小水凼凼康复有望。

029·水边妙喻

流沙河
中国作家协会四川分会

《说文解字》："沙，水散石也。从水少。水少沙见。楚东有沙水。"岩石被水冲散成沙，是许慎说沙的成因。水少则沙现，是许慎说从水少的理由。最后才说沙也是水名，在湖南。陈说秩序井然，许君不愧为文字科学家。

沙的篆文　金文

水少沙现，知沙非指沙粒，乃沙滩也。冬季水落，岸下便有沙滩出现。不过看金文沙，那是四粒沙组合成沙滩，象形，而不是篆文的少字。沙滩向陆地去，是涯。崖是山岸，涯是水岸。《庄子》："送君者皆至厓（涯）而反（返），君自此远矣。"涯是水陆交界之处，到此正似人生阶段，所以"送君南浦，伤如之何"。面临变异

浦就是涯。其字从水甫声。甫即圃，古今字。甫在这里是纯声符，不象形而以声参与意义。甫fǔ声含有从旁辅佐之义，颜面左右双颊曰辅，河流左右两涯也可以谓之浦。比较法解释字义，偶一用之可也，滥用必失。

浒也是涯。水浒一词，首见《诗经·大雅·绵》："率西水浒，至于岐下。"后代绝少用此词者。盗贼小说利用陌生效应，窃雅此词做书名，算动士以视听，扩展其影响，策划非常成功。《说文解字》不收浒

浒的繁体　古写　篆文

字，以从水午声字代替之。许本国名，浒▇会被人误为水名，故不收录。何况一个言字夹在中间，不好解说。从水午声之字，简明易解。午在这里也是纯声符，不以形而以声参与意义。午wǔ声含有交互之义，本加水旁，可▇指水陆交互之处，就是浒了。浒音hǔ，但也音xǔ，专用地名。

顺便说午。其字象形，就是杵臼的杵，蜀人叫作碓窝锤锤。鲁迅写阿Q舂米，若是手舂，当持此杵。蜀中旧时筑地亦用杵锤，其形状与金文午很相似，木制，上为横柄，双手执握，下为半球形之铁锤。日午概念起源于古人用子丑寅卯辰巳午未申酉戌亥十二支计时辰，恰好在午▇昼间▇12:00，实与杵无关系。当然，杵也与浒无关系，仅借午声而已。

午的篆文　金文二　甲骨文二

浒也是涯。其字从水脣声。脣是嘴脣，从肉辰声。你会好奇，水陆交界之处的浒与嘴脣有何关系呢。原来先民长于形象比喻，上下脣在口边，就好像左右岸在河边，彼此具相似性，故可借喻，将水岸叫作浒。浒字《诗经》两见，请求不要废除。

浒的篆文

顺便说脣。脣下不是日月的月，而是肉字。属身体▇▇器官，字多从肉。脣上的

辰的篆文　甲骨

水边妙喻

第〇七七面

海中大蜃、车螯、车渠之类，口三角形是其壳，伸出者是其体。辰，看甲骨文，象大蜃形。辰乃蜃的古写，辰就是蜃。嘴唇开合与蜃壳启闭具相似性，故可借喻，将嘴皮子两片叫作脣。这种命名方法非常艺术，非常有趣。

遗憾脣之被废，简化成唇。司其职者查过字书没有？知不知道唇是何物？唇字很早以前就存在了，是阴道口！上下颠倒一至于斯，还说什么！

临河岸上或有蕭葭蒲蘭丛丛而生，这就叫湄。《诗经·秦风·蕭葭》："蕭葭凄凄，白露未晞。所谓伊人，在水之湄。"许慎说："水草交为湄。"《释名·释水》："水草交为湄。湄，眉也，临水如眉临目也。"眼睛比作秋波，岸上丛丛芳草正似眉毛，湄之诗意内涵如此。造字之妙，流韵至今。

湄的篆文　甲骨文

030·浮沉千古事

流沙河
中国作家协会四川分会

最早的渡水方法是徒涉。篆文涉，步行在水中间。字从二水，不是说走过两条河，而是说在水中间走。也是多虑，造字者怕若仅一水读者误认为是在水边步行，所以字从二水。金文同样如此。甲骨文只一水，而将步字分成二止（脚），右脚前，左脚后，正在涉河——不严格。看图识字，这是跨河，不是涉河。金文和篆文从二水，正是为了补救甲骨文之欠准确。现代有桥有船，早就不涉水了，但是涉字仍然通用，例如"远涉重洋"。甚至无水亦用，例如"涉世"、"涉外"、"牵涉"、"交涉"。反恩古代，屈原《涉江》又何曾脱鞋下水去，渡船也可以说是涉。读者须知，文字只讲形式结构，涉只能是步行水域；语词却讲内涵演变，涉也可无关水域。

《诗经·邶风·匏有苦叶》："匏有苦叶，济有深涉。深则厉，浅则揭。"涉深水用腰舟。何物腰舟？古人就是匏páo名，俗名瓢葫芦，系在腰间，可以助浮。深秋匏叶落了，首句暗示瓢葫芦已坚固，可摘用了。"深则厉"，厉通"日月丽于天"的丽，意为附着。厉在这里是附着在水面上，亦即今人说的泅水。如果水浅，揭裳踩水而过，就不必泅水了。古代"浅则揭"，字书无洑有浮。漂行水上曰浮，就是洑水。浮水系鲍，"旱鸭子"也不沉，而且省力。浮古音páo，可知语源于鲍。蜀人呼钓具之浮子为páo筒，古音犹存。追溯下去，孚有时也音páo。例一，脬俗呼尿脬，脬音páo。例二，捕鸟的翻车网见于《诗经》，名罦fú，字又作罢，从网包声。例三，鼓槌曰桴，字又作枹。例四，孵蛋，蜀人谓之抱蛋。此外，《诗经·大雅·江汉》首章："江汉滔滔，武夫浮浮。"浮与滔韵，亦可助证浮古音páo，从鲍而来。

从前嘲人有勇无谋，曰暴虎冯河。空拳打虎，暴虎。无舟渡河，冯河。所谓无舟，包括不系腰舟。冯是马奔跑之状，从马冰声，音píng。后作姓用，音féng。冯河应作淜河。淜，从水朋声，音péng。打架冲上去，蜀人说淜上去。淜河是何模样，可想而知。从前某个时代，"淜河"之事天天在做，蠢极。胡撞数十年后，方才晓得"摸着石头过河"。

洑水曰浮曰游，皆可。游之本义为旗帜的飘带，借作浮游，也有至少两千载了。要返本已不可能了，将就用下去吧。不过游的本字仍应了然于胸。篆文小子下河游泳，古今皆然。

冯 淜 汜
冯的繁体 异体 异体的篆文

汓 㳺 㳺
游的本字 篆文 甲骨文

甲骨文用四点表示水（小子游在其中），简极。

与浮相反是沉。字本作沈。后来拿去做姓，不得不另造沉。经籍不喜无根据的俗字，所以仍用沈作沉没的沉。许慎未见过古老的甲骨文，他认为沈是指丘陵地带蓄雨水的潢池，而不知甲骨文早就有沉牛以祭于河的沉字了。两岸间一牛之字，象沉没之意。这个沉最古老，后来改用从水冘声的是沈。篆文沈亦如此，形声字。篆文又有湛字，沈的异体是，而意思全同。

沈的篆文　甲骨文二

沉入水下看不见了，就叫沉没。再引申之，没变成没有了。这都是后起之义。初义乃是潜水。《庄子·达生》篇提到的"没人"就是潜水夫。潜水的没音méi。蜀人泳叫"钻没头"。没的正体，右旁回水之下一只右手，这是摸字。沉物最初汇聚回水之下，打捞者用手摸。没字从水，摸声。

没的正体　篆文

古书上说"沉湎于酒"。湎没双声对转，湎即没也，没即湎也。

浮沉千古事
第〇八一面

031·津渡与荠菜

流沙河

《说文解字》："渡，济也。"《方言》："过度（渡）谓之涉济。"凡过水，涉也好，泳也好，船也好，桥也好，皆曰渡。济亦过水。不借他人之助，自渡亦即自济。受助而渡，斯为被济。由此衍出救济、济世、经济诸词。水浅好办，没石磴，踏脚而渡。成都东郊有跳磴河，想必曾经设置石磴，以济过客。跳蹬俗语，雅称曰砅，音lì。许慎解释说："履石渡水也。从水石。"这个砅字今已被废，不知何故。抹杀古代一种渡水方式，恐欠妥吧。

渡口曰津。津字右旁聿字，音yù，与津音不相干（殷不相干）。放在右旁做啥？此事稍繁，请绕说之。先说聿是何物。聿加竹头便是笔字繁体，可以猜到聿是刷子，被右手拿着。看看甲骨文尽字，那是化学实验刷试管的长柄刷子，正在洗刷大碗（皿）。这叫象意，象大碗内食物已经吃光之意。吃光了，就是尽。这样造字，太有趣了。可恼的是变成篆文妄添一个火字挤在中间，毫无道理可讲。火入繁体变成四点，害得简体不得不打对折保留两点，错到底，没改了。现在回头说津，其字从水尽省声（省掉大碗和火）。原来津也是

觐的形声字。（另是一番模样）

但是《说文解字》有古文津。先秦文字概称古文，而与篆文有别。古文津解开看，从舟在水上，渡口有船嘛。右旁一隹（短尾鸟类）是啥意思？是水津有鸟吗？不是。处处有鸟，何必水津。原来是繁体进省走之，作声符冊。古文津同样是形声字。字从舟在水上，须顺时针旋转90°方能看明白。古文津字笔划不好安排，动辄横向添肥，终被淘汰。顺便说说繁体进字为啥从隹。原来鱼能退游，兽能退走，而鸟不能退飞，只能前进（《左传》记载"六鹢退飞过宋都"作为的不祥妖异），所以造进字要请鸟帮忙。繁体鸟字笔划嫌多。隹笔划较少，入选。（隹简成井，去跳井？）

古代重要津渡设有木船，由津卒驾行。例如南北朝时，朝鲜津卒霍里子高早晨正在清洁渡船，"有一狂夫，披发提壶（助浮的瓢葫芦），涉河而渡。其妻追止之，不及。堕河而死。乃号天嘘唏，鼓箜篌而歌"。霍里子高记住歌词："公无渡河，公竟渡河。堕河而死，当奈公何。"唱的曲调悲伤难忘。他用古琴凭着记忆复弹记谱，作《箜篌引》。事载《琴操》一书。另一版本"涉河而渡"乃作"乱流而渡"。不顺流向，横绝河面，谓之"乱流"。事已近"溯河"了，焉得不死。

古文津

進
进的繁体

津渡与荠菜

渡训济。但在《说文解字》，济乃水名。济水发源河北赞皇县，东入滏阳河。渡济应该是济字的第二义。济字从水齐声。齐是何物？一说是箭置筒中，箭镞平齐。二说是麦生田里，抽穗平齐。三说齐字是荠菜象形。荠菜开小白花，花谢后结荚果，三角形，还真像今人食饱，忘记荠菜曾是祖先度春荒的恩赐，更想不到有啥必要专门为它造个齐字。金文齐字从土，绝非箭镞。何况筒中箭杆应该羽尾朝上，便抽射，不应箭镞朝上。荠菜可度春荒，衍出济度一义。救济一词，语源自齐（荠）。至于齐国，乃以天齐（脐）渊名，与荠菜无关系。

济的繁体 篆文

齐的繁体 篆文 金文 甲骨文

最后还得回到渡字。渡，从水度声。度，从又庶省声。最初度字的意思是量度。量度动词用手，展开虎口，大指食指所跨距离为古代一尺长，所以度字从手。船自此岸到达彼岸，就像在量河的宽度，所以叫渡。船行水程，先民渡字从水。《木兰辞》云"关山度若飞"，俗语云"度过难关"，以及今人"度假"，皆非涉及水程之事，所以度字都不能妄加水三点。

白鱼解字稿本

第〇八四面

032·洪浟深浅溺

流沙河
中国作家协会四川分会

史前时代留下★洪水传说，世界各民族皆然。似乎应该有专为大洪水造的象形字，然而没有。今日所见之洪是形声字，从水共声。共字之形，一瞥便知，是左右两手在打拱。古文共字四手，两次打拱而已，仍是打拱，固无别也。共字笔划就是由古文隶变而成的。共与拱，共与供，皆为古今字。可见在洪字内，共字未参与意义，只参与声音。洪水来时，涛声honghong，故名曰洪。

共的篆文　古文　甲骨文

洪水又叫浟水。浟字从水，右旁是由字，高处向下走，左脚在前，右脚在后。浟可能是指山洪暴发，那正是由高处冲下来的，就像从天而降，够要命的。还有，降今音jiàng，古代有时音hóng。《离骚》"惟庚寅吾以降"与前句的"朕皇考曰伯庸"押韵，故知降以降字音hóng，与洪音同。《孟子》："浟水者，洪水也。"《说文解字》："洪，浟水也。"这叫同音互训。还有个泓，虽同音而不具洪水义，仅指水深。

浟的篆文　甲骨文

深在《说文解字》乃是水名，在湖南。不过也指水深。深字从水，其右旁为声符，音shēn，指洞穴之深邃。

突窙
采的正体 篆文

本来是独立的■字，被废■。此字解开，上穴中又下火。揣摸其意，是火把入洞穴，方知深邃■。加水旁，洞深就变成水深了。由洞深而水深，延至时间之长■，曰深秋，曰年深日久。延至程度之高，曰深信，曰深谋远虑。延至色调之重，曰深蓝，曰颜色太深。延至研读之难，曰深奥，曰内容沉深。象喻之妙，无远弗届。

与深相反是浅。浅字从水。繁体浅的右旁是二戈叠加，简体看不出二戈

浅 篆
浅的繁体 篆文

叠加，但见戈上加一。戈是平头戟，可戳可劈■可钩。一戈杀去，已够残损。二戈又杀，则弄成碎块。所以二戈叠加的戋《说文解字》训贼。贼，残贼也，就是残损川人说的"弄烂""斩碎"。

戋
戋的繁体 甲骨文

盗物者谓之贼，那是后来的事，非本义其■。东西残损成块，就变小了。■水甚小曰浅，不但用了戋音，还用戋义。

沉没于水，造有专字，见之于甲骨文。虽然后来已不用了，淘汰出局，仍有必要在此介绍，以便读者明了文字古今兴废。其字左人右水，表示人已沉没水下，读音同

伙的篆文 甲骨文

溺nì。文字到了小篆，形态基本稳定，很少再些变。可能那时已有不成文的规矩，视水右为水上。正因为如此，游流二字子在水右表示浮，而人在水左则表示沉。此字左人右水，释为人已沉没水下。古人认为右比左好，所以从右之字有佑，从左之字有差。人在水之左，当然大不妙。

　　此字不知何故终被溺字取代。溺本水名，在甘肃，即弱水。溺字作借去沉没讲，早在《孟子》《庄子》书中已是如此。令人困惑的是排小便又借去代替尿字，音niǎo。借来借去，成听用。溺既展转被借，原有水名之溺，只好以弱代之，是为弱水。

　　强弱二字，指弓而言。双弓并列的弱，表示此乃硬弓，旧时所谓的"双料货"，音qiāng。早在甲骨文就有弱字了。后来借用强字，双弓并列的弱便隐没了。弓再绘，如果你有"美的追求"，又在弓上雕龙太多虎，就会变成弱弓，射程大减。篆文弱的彡，俗呼为三撇，音shān，义为装饰彩绘。

篆文强　篆文弱

033·家常用水

流沙河

古人用水清洁身体，各个部分都有专用动词，不得混用。沐发，浴身，沫面，澡手，洗脚，漱口。身体之外，也不混用，浣衣，汰米，涤器。今人厌其繁琐，一个洗字包揽完了。这是脚的胜利。从前只有脚才说洗。洗字从水先声。先，上止下儿。止是左脚。儿即人。人走先出左脚，所以先具有先前义。不过这不是先字的本义。先字本义是小儿光着脚。有了先前一义之后，本义遂隐。于是又造一个跣字，专指赤脚。洗音xiǎn，在古书上不音xǐ。音xǐ的动词是洒。古书上，沐发，浴身，沫面，澡手，洗脚都可曾叫洒。洒是通用动词。后来洗字预替洒字，洒字失业，改音sǎ，去洒水。洗字也得即抢占了xǐ音。只是手脚做得不干净，有时露出原有xiǎn音，例如姓冼本来是洗，在古书上后减一点作冼。后人正是由此侦知洗古音xiǎn。

沐、浴、沫、澡和洗一样，皆形声代表字。浴的甲骨文，人在皿中洗，四点水。皿碗古今字。碗有极大者曰监，《说文解字》释为"大盆"。这碗显然是大盆了。商王成汤有浴盆名曰盘。别以为碗和盘皆餐具，事有例外。沫的甲骨文更有趣，人跪低头，一手皿前掬水沃面。我曾目睹北人有这样洗脸的。与甲骨文稍有不同，他是（俯身弯着）双手捧水沃面，上下拭（搓），同时喷着响鼻，愉快呻吟。洗毕方用毛巾擦（干，吸脸上的水）。不像我们，只用毛巾就水（绞干）洗脸，他继承了三千年前祖宗家法。沫（沫面的）音huì或wěi。《新华字典》（此字）不收，不知何故。沫的金文仍是人跪皿前，掬水的那只手变成爪（而且），与人脱离，移到皿上去了。到了篆文，（干脆）放弃象意，变成从水未声，大大简化。

沫的篆文 金文 甲骨文

古人既说澡手，也说盥手。这盥字也有趣。双手之间冲水入皿，这样洗手就像今人放水冲手。这是盥的篆文。甲骨文伸手入皿，虽不见水而知（有人）在洗。盥guàn与浣huàn音相近，（同语源）。

盥的篆文 甲骨文

稻米作饭，无论蒸煮，先要用水淘汰泥沙。淘汰一词（从汰米）是（本来）来的。汰字从水大声，右旁是大。大古音tài，所以（后人）又造个太，汰就写成汰了。汰在上海口（语汇）音近打。理发师问"汰不汰"，（意思是）洗不洗。外省客（误）听成"挞不挞"，急答不。事见侯宝林的相声。

今人所云太好、太坏、太热、太咸、太平、太古、太子、太空、太阳、太学，本来应该用大字而音tài。例如成都

家常用水
第〇八九面

古寺，本名大慈，建于唐代，老成都皆呼为tài慈寺，读的正是大的古音。幼时国文老师讲解四书，"大学之道"读作"太学之导"，亦古音也。今人说话，不必满口古音，但须知有古音存在，以利训诂。

大字派生太字，汰米写成汰米，遂有淘汰一词诞生。这个太字又与泰字纠缠不清，请以泰山取名说之。泰山应作太山，就是大山。齐鲁平原，此山为大，故名。泰太同音而不同义。《说文解字》以滑训泰。滑溜是泰本义。泰无大义，太山不能写成泰山。篆文泰字，大是声符，象水从左右两手间滑溜下去。这是象意。拼手不能留住水，终久会溜掉，所以又有通泰一义。古文泰是大下面两点，比太多一点，样子相似，被人混为一字。殊不知一点是主字，两点是冰字，哪能混清。两点冰暗示地画滑溜，步行要防滑。这与本义为大为甚的太毫无关系。泰太纠缠至今，奈何不得。

034·一碗汤说起

流沙河
中国作家协会四川分会

法国人进餐先喝汤,中国人用膳后喝汤。就拿鄙人来说,午吃面条完了,必喝一碗醋汤,晚吃米饭既毕,定喝一碗菜汤。那碗汤是高潮,是膳食之外的添益。无此添益,我也饱了,但不幸福。须得有此添益,方称羲皇上人。请看这个益字,正是那一碗汤。皿 min 象碗形,高脚,侈口。皿盛水,一碗汤。水横置碗之上,这样书写方便,而且美观。那碗汤既然

益的篆文 金文 甲骨文

是膳食外的添益,所以益有增添之义。凡物增添则丰饶,所以《说文解字》以饶训益。学问长进,也叫进益。好处增多,就是有益。饭后一碗汤能孳生出这么多意思来,当初造益字时,恐怕想不到吧。

益字又加水旁成溢,水就漫出来了,好事变坏事。江河横溢,要淹死人,益成为害。不过也有例外。旧时商家一批货卖完后要盘点,除去利润,还多卖出钱来,例如食盐百斤,零卖出一百一十斤来,谓之升溢。食盐不会繁殖。所谓十斤升溢,短斤两造成。升溢多卖款钱,供店员打牙祭,皆大欢喜。与溢同音有镒。古代动称"黄金百镒",可知镒为重量单位。从前十六两算一斤,二十两算一镒。为什么叫镒呢?较之一斤,多出四两,有所添益,所

以叫镒。

与益同义有滋。《说文解字》："滋，益也。从水兹声。"兹字从草，（义为）草木繁殖（生长，体积变大），数量增多（变大）。增多也就是益。这个兹字上面是草（艹），下面是画细胞分裂，一分为二。古人没有显微镜，怎能目睹（两个各自）细胞一分为二？是的，不能目睹。何必目睹？他可以猜想嘛。这个细胞分裂是一幅想象图，但也是一个字，就是幺字。兹字下面二幺，（二幺相）一幺同。写成二幺，好配上面草头，正如幽字，写成二幺好配山之二谷。还有几字繁体，上面也是二幺。不论一幺二幺，意思都是微小。《庄子·至乐》说生命起源于几（最早的）（一种）能分裂繁殖的单细胞生物。几即幺的另一名称。语词几乎，口语差一点点儿，来自微小一头。

湿字繁体，上面也有二丝。这是篆文隶变（以）致误所造成的混淆。隶变之前，湿的篆文从水从土丝声。

简体丝字看不明白。繁体一看即知是两束丝，每一束丝都（包）绞扎，丝头在

滋的篆文　甲骨文

兹的篆文　金文　甲骨文

几的繁体　篆文

湿的繁体　篆文　金文　甲骨文

丝的繁体　篆文

下。可见繁体湿的二幺乃绞扎的丝束，非训微小之二幺也。繁体湿以水土表示潮湿，而以丝为声符。金文湿字有两个横置的工，那是晾丝的架子（在甲骨文则是三根横竿）。

物湿则滑。滑，从水骨声。骨，读huá，古音。今人所写"水流汩汩"就是哗哗。汩今音gǔ，古音huá。王安石妄解字，说："波者水之皮也。"苏轼问："然则滑乃水之骨欤？"皮骨皆声符，不参与字义。王安石著《字说》，可惜找不着了。

与湿义近有淫。久雨曰淫，初无恶义。淫字篆文从水，右旁是声符。推测起来，右旁可能是淫字的古写。上面那个爪，非爪也，应是甲骨文雨省掉三点。下面人立土上，就是停的古字，作声符用。字义只是久雨。三日以上为霖，与此义同音近。凡雨霖足了正好，久了有害禾稼。所以加水旁而作淫，表示过度，所作过度而且胡来，谓之淫乱，遂具恶义。

淫的篆文

雨的甲骨文　旧说　雨

霖的甲骨文

035·水梁与水法

流沙河
中国作家协会四川分会

许慎说："桥，水梁也。"又说："梁，水桥也。"这叫桥梁二字互训。他是东汉人，可以这样训。向前推五百年，春秋时代，桥就不是水梁。有时桥是山行乘坐的轿子，有时又是井上汲水的桔槔，还有时是乔木的乔。那时架设在河流上的通道不叫桥，只叫梁。《诗经》的"造舟为梁"是浮梁，后世叫浮桥。《国语》的"十月成梁"是便梁，后世叫便桥。固然，屋梁也是梁，堤埂也是梁，渔梁也是梁，但都不是梁的初义。请看梁的篆文，有水，不能是屋梁，有木，不能是堤埂或渔梁，非是桥梁不可。梁字从水从木，就是水上架木。右上被错认成刃字了。刃字一点，而那个字是两点，别混淆为一字了。按照许慎的解说，刀字加一点为刃，是刀口钢火好，刀字加两点乃是创伤的创字。刃字一点是指示说刀口在此。刃字两点，不是创伤的创字。创伤同桥梁不沾边。窃以为那两点是刀上锃亮的刀上的斑光。被错认成刃字，有两个光斑的，应该是亮字的古写，作为梁字的声符。金文亮字两种写法，第二种更像是锃亮的光斑。总之，梁字以此作为声符，从水从木，是形声字。与亮字同义而音近的，还有朗埌二字。

大约到了汉代，桥才有了水梁之训。桥，从木乔声。

梁的篆文

金文亮字
两种写法

乔▢有高义，高出水面，所以名桥。果如此，乔在此便是声兼义了。与桥▢(同义)有榷。《说文解字》置此字于桥前，解曰："榷，水上横木，所以渡者。从木霍声。"▢(这)就是▢(农村里简易的)板板桥。霍也有高义。榷què音也近桥qiáo。汉武帝▢(要打仗)，横征暴敛，无物不税。公家修桥，收买路钱。此后榷字▢▢(旧)失桥梁▢义(一项)，取得新义——(政府)专利曰榷。

桥▢(亦)▢形声字。更早的象形字有▢(没有)？有。工字就是▢古老的独木桥，象▢一木搭▢▢两岸之▢形。孟子谈仁政曰："十月徒杠成。"便是天寒了不利涉，须给百姓搭独木桥。杠的古写是工，木旁是后加的。(架)桥为▢▢(大规模营造活动)，工作、工匠、工▢程、工业诸词由此而生。

▢水给人类带来仅次于空气的巨大利益。有趣的是▢(先民)所造制度律令都与水有关系。法制，法度，法律，法令，这个法字为何水旁，而不金旁木旁火旁土旁人旁言旁(德)？原来古人观于流水，观于止水，发现水有趋平之▢。世间最平者，非水莫属也。一切制度律令，必须体现水德。▢法字从水，所以昭示百代，立法应该公平。欺宗灭祖者说："文字只是符号而已。"止于符号吗？祖宗造字，没有思想观念传递者我们吗？

橋檐
桥的繁体 篆文

榷
榷的篆文

法字，古代简体。古代正体法字，右上要加一廌zhì。这传说的是神羊，独角，专触坏人。鹿头豸身，故字作廌。单名廌，复名解廌。解，懂也。廌音同治，谓治狱也。懂得判案，故名解廌，或作獬豸。成都青羊宫有铜羊二头。其右一头独角而站立者，便是此物。春秋以后，文明臻进，神羊遇休，字简作法。去，谓神羊去恶。是反物动词，不是人来人去的去。神羊被简掉后，法字从去就不好讲解了。

神羊传说甚古。甲骨文有廌字，有鹿字。两字相似，差别在鹿双角，廌独角。所谓专触坏人，仅属善良愿望，不必深究。到底是何动物，实难稽考。古代司法官员戴解廌冠，作方筒形，下小上大，不似鹿头，亦无独角。

白鱼解字稿本

第〇九六面

036. 彝族火把节

流沙河

火无一定之形，难画。甲骨文火易被误认作山。这里三个火字，由繁而简，画的是柴堆火。三股火焰上冲，表示正在燃烧。画火焰而三之，可见三的神圣观念早已有了。加以三焰并列，有平衡之美，受看。不但火画三焰，甲骨文山也画三峰，原因在此。越三千数百年以迄今日，楷书火字三头犹存，虽然整体字形已经大变了。

火光能照夜，热能熟食。先民拜火，良有以也。旧时彝族家有火塘，视为神所凭依。年年阴历六月下旬闹火把节，应该叫星回节，万人执火庆贺"大火"回归正南方的夜空。"大火"就是《诗经》"七月流水"之火，星名，乃指东宫苍龙七宿的心宿二，为一红亮恒星（不是八大行星太阳系的火星）。心宿二每年夏末秋初天黑后亮相在正南天，先民视为暑往寒来之候。此星红亮惹眼，疑似天上之火，故名大火。彝胞执火把以游行，正是以人间之火向天上之火致敬。火把之外，还有火树。稻草层层围束树干，直达树梢，从下点燃便成火树，十分壮观。树梢火焰直冲天庭，想那大火星定当嘉赏吧。

甲骨文卜辞已有"大火"一词，赫然怵目。大是尊称，亦单名火。常被引用的一条卜辞云："七日己巳夕有新大星并火。"便是记载天黑，阴历某月初七……

甲骨文三个火

甲骨卜辞所见 大火

以后看见一颗超新星出现于 ■（火 特亮的）旁边。■火在这里乃是星名，即心宿二。人间■之火是从天上来的，■先民相信如此，不论东方西方。

　　火把节的火树，何止凉山彝族有之，黄河流域先民早就有过。《尔雅》："祭天用燎。"燎的甲骨文，前人皆说象木柴之交加堆积。■罗振玉说："实从木在火上。木旁诸点象火焰上腾之状。"甚确。■字从木（甲骨文），木就是一株树。火在树下，是说从下点燃，不正是火树吗？所不同者，黄河流域文化先进，已有统一天神上帝，■不必专祭■火神——大火星了。火树祭天曰燎，在《周礼》字作槱。燎祭又叫槱祭。槱qiǔ，四川话说"烟子槱眼睛"，又说"柏枝槱腊肉"，至今仍常用。《广韵》："槱，积木燎以祭天也。"其字从木从火，酉声。槱祭虽已死亡，槱眼睛槱腊肉还活着，而《新华字典》竟不收。槱被拒之典外，蜀人行文改用■非口语的熏字，总觉得不自然。若写入小说对话里，更觉得不真实。

　　这里说熏字，须先说黑字。篆文黑字下炎上囱，是说火烟上出，槱黑囱户。篆文熏■，槱黑更厉害。

燎的本字　篆文　甲骨文

黑的篆文　金文　熏的篆文　金文

窗户不说，而且火烟逸出，污染室外，呛咳他人。椭圆窗子外股，三叉表示烟火正在上冲扩散。物熏则黑，所以日落天暗谓之曛。醉酒头脑昏暗，事理不明，亦谓之醺。

回头说燎。尞燎古今字。燎的意义广些，尞限于祭天。古人夜晚宫庭大会，广设庭燎。《诗经》毛传曰："庭燎，大烛也。"庭燎将制作，已扎皮的麻杆捆扎成巨入柱，麻布和桦皮包裹入，灌入油脂，做成大烛，捆架点燃放置庭中、两阶、堂上、门前，用以照明。这是改良的火树。小的烛的制作相同，不插架而手执，也是改良火把。大烛小烛都是燎的改良繁体。烛字从火蜀要声，蜀古音zhú。

烛 燭 烛的繁体 篆文

庭燎即大烛，要专人守着。小燎即小烛，也要专人举着。宫中是多人专职事燎，这些仆人就叫僚，僚字显然从燎字孳生出来的。官僚一词，官指首长，僚指属员。最初的僚就是役仆，地位贱低。后来的僚紧跟着首长，连称官僚，还要主义，就渐渐神气起来，浑忘当初守燎举烛火烤烟熏之苦了。

037·香火与灯火

流沙河

梁惠王当面称孟子为叟,相当于我们称老,表示尊敬。叟就是老人家,长者。叟的篆文解开来看,上是屋顶,下是右手(又)执火。在甲骨文不同,上也是屋顶,中也是火,下则是父。造字者想起小时候挨打,所以父字是右手拿鞭子。换一个温柔的说法,不是鞭子,而是权杖,也行。族有族长,家有家长,叟也。叟们辈份高,必定是长者,各自拿有本族本家香火管理之权。叟字从父执火屋下,火在这里是拜神的香火。蜀人口语说某人在某处"掌火"早晚,意即担任党委书记,实自叟之执火屋下而来。

许慎未见甲骨文叟,不知叟字从父,只见篆文下叟是又,其上叟是宀。字从又宀,不好解释,便承认他不懂,阙而无解。后代有强作解人者,说又宀即手宀,老人手肘中寸口脉衰,衰了也就宀了。此说生拉活扯,难以服人。

周朝设有中央爟官,专取用青铜凹镜面聚焦取火于日,供朝廷典礼用。日光点燃之火,具神圣性,古人认为可以辟邪驱鬼,除病免灾,带来好运。成汤得伊尹,桓公迎管仲,都要用太阳的圣火取自熏他们身上,给他们开光。官名司爟,取义于权。权即杠杆,类似井上汲水桔槔。将太阳

(叟的篆文 / 甲骨文)

爟 爟 爟
权的繁体　篆文　爟的篆文

祥，使其光远照，以便神明知道

圣火用杠杆举高，就叫爟火。字亦作爟，音quán，与权同。爟是形声字，声符在右边。其异体作烜，音xuǎn，义亦转为火盛。古今之变如此。

族长家长管理本族本家享堂上的香火，礼拜神祇以及祖宗，这样的传统一直延续到半个世纪前，才被革除。所谓香火，一是烧香，源于禋祭；二是燃烛，源于燎祭；三是长明灯，源于爟火。香禋烛燎就不再说，说灯。

灯字晚出。繁体火旁一登。登与豆都是古代盛陶食器。豆字上为盖子，下为容器，又下为器足，最下为底座。盛肉肴用。登比豆高，底座更宽，盛肉汤用。古人注油登，中植入芯草，点燃照明，便是油灯。后以金属制作，所以古写金旁一登。

燈 鐙 鐙
灯的繁体　古写　篆文

少时象点锡灯盏照明。灯而又盏，何也？原来灯檠顶上加添油盏，芯草横置盏内，燃火于盏缘外，故名灯盏。油盏与灯檠可以分离，便于持盏入厨添油。那时灯用菜油，油罐放在厨房。

灯盏已成文物，今人鲜见。看篆文主，犹能依稀仿佛灯盏之形。顶上是火炷，写美文的

主的篆文　甲骨文

香火与灯火

说"这是一朵光明而又美丽的火焰"。火炷在油盏中，油盏下是灯檠。灯檠底座宽大厚重。檠腰并无一横，只是略粗，有一握柄而已。甲骨文油盏下是木制的灯檠，故字从木，这是木灯陶盏。篆文主可能是锡灯盏。时代先后不同如此。主就是灯。灯名取自食器的镫。主名取自庭燎的烛，主烛音近。

　　主既然就是灯，古书上却找不到一例证，因为都用烛代主了。主的狭义为灯中之火炷，主炷为古今字。灯之用处全在照明，灯以炷为核心。怕你金灯银灯宝石灯，无炷便不成灯，只算一件器物而已。譬之于人，炷是主，其他都是客。主人，主席，主要，主动，主张，主义，主力，主宰，国主，民主，房主，地主，真主，主啊我的主，皆从灯中火炷来。

　　忆予弟妹众多，寒冬争着灶下烧火。木柴含树脂者，烈火焚象，喷火霍霍有声。慈母在说这是"火啸"。今思之而憬悟。原来氧气助燃，发热发光，形成焰朵，原始人叫作huǒ，代后人写成火烙，也是《尔雅》说的"脮自呼"。

　　伙伴《木兰辞》写作"火伴"。古代野战士兵十人一锅，同火共炊，故称火伴。伙食一词由此而来。陆游笔记，雷击庙宇梁断，上书"谢仙火"字，佥以为怪。实则木匠坠地姓谢名仙率其同伙签名屋梁，以便质检罢了，不涉怪也。

038·从烤人到烤肉

流沙河

中国作家协会四川分会

从前北京什刹海东边有一家餐厅名叫"烤肉季",招牌齐白石写。三个大字旁边可供欣赏,有一段考证。白石老人说烤是个俗字,字书上没有。他以为应作《易经》上"家人嗃嗃"的嗃,又察觉词性与烤不对口(烤是动词而嗃是形容词),迫不得已,勉强写了这个烤字。老人较真,天性可爱如孩。一段考证,竟成佳话。

烤真是俗字吗?窃以为烤这个词古已有之。其字原作火旁一交,就是烤的古写。《说文解字》说是"交木燃也",但是篆文和甲骨文却不见木柴堆(交木即木柴堆)。看甲骨文明明是在烤人,怵目惊心,疑似遍供。

烤 的古写 篆文 甲骨文

之所以被烤者交叠着二郎腿,顺便取交声做声符罢了。火刑在欧洲中世纪流行过,是烧死,那叫焚。商朝的甲骨文卜辞里烤人总是与求雨有关系,是烤,非焚。卜辞三条译文,先卜问:"烤人有雨吗?不烤人无雨吗?"又问:"烤人无雨吗?"又问:"今日烤人有雨吗?"用烤人的仪式胁迫老天下雨,邑民精通此道。少时曾见曝晒木制的城隍爷为了求雨,救以濒枯死的禾稼。亡师西戎曾告知其家乡山西省昔年大旱,村民以量米斗盛火药,燃香其上,然后满环跪周围,呼号哀求,显示赴死决心,迫天降雨。不降,大家炸死算了。香火燃到尽头,引爆火药,读者放心，香若燃近火药，换捻一炷就是，不会爆炸死人。三千七百年前天旱，商王成汤不但曝晒自身持续，事近火烤，还剃须剪爪投入火燎，代替焚自，卜辞里的烤人仪式，事近残酷，终属表演。

从烤人到烤肉（明代以后方才流行今之"烤"字），烤的对象变了，烤的字形变了（火旁一交被人遗忘），烤的词义仍旧未变。与烤义近者有烘、焙、炀、燔、熏、燂、炕。

烤肉曰炙。炙，上肉下火，一看就懂是在烤肉。篆文肉就象猪后腿肉之形。以此概括一切动物之肉，这就是"从一粒沙看世界"。不用这种"以偏概全"之法，字就造不出来。

炙肉又叫炕肉。以火烘熟烧饼，蜀人说炕锅魁。炕非俗字，见于《说文解字》，义为以火干之，亦即烤干，或者烘熟。炕，抗也。抗，举也。肉用叉子举在火上之就叫炕肉，如新疆烤羊肉串。

与炙肉类同的有炮肉。《说文解字》："炮，毛炙肉也。"禽兽宰杀，剖除内脏，置入调料，燎净湿毛羽，投泥包裹，入火烧熟，斯为炮肉。炮字从火从包，包亦声。从包谓泥包之。《周礼》说的"毛

炙的篆文

炮的篆文

炮之豚"就是火烧泥包的猪。泥包入火,古称"裹烧""涂烧",高档宴聚才有这道美食。饕餮之徒津津乐道叫化子鸡怎样好吃,那就叫炮鸡吧。据说乞丐偷鸡,湿泥包裹烧熟,剥泥便啃,既快鲜又借,不用锅灶,故名叫花子鸡。今之穷奢极欲者借此以标榜"回归自然",夫复何言!

炮在这里音bāo,字从包裹得声。小心,不要读成枪炮的炮páo或炮制的炮páo。

炮肉之外,还有燔肉,那才是真高档。《说文解字》说是社稷宗庙以此的"火熟肉",周朝天子馈赠同姓大夫。其字音fán,字难臘,从火番声。毕竟也是炙肉一类,故繁体字从炙。燔肉赏脸,受馈赠者觉得这是高规格的政治待遇,倒不期望定如何的鲜美。讲政治嘛,哪在乎好吃不好吃。孔子在齐,"燔肉不至",愤而走人。礼不到位,问题就上升到孔里原则的高度了。我读小学参加县文庙的祭典礼,在歌生班唱颂词,分得四两祭孔牛肉,全家欣喜。礼之用大矣哉!

𤊿 𤊿
燔的繁体 篆文

从烤人到烤肉

第一〇五面

039·火种不能熄灭

流沙河

今谓粉尘曰灰，如炭灰、柴灰、石灰、粉笔灰、香烟灰，去本义已很远。灰字从又（右手）从火，指柴灶所蓄养的原火种。寻常人家炊爨事毕，灶内必留炭火，妥善掩盖，以便下次取用。火种要蓄养好。灰字的那只手在火种上护着，表示妥善保存。所以指灰谓之活灰。内蓄火种，尚可复燃。火种又叫烬，指热烬，非指冷烬，正如灰指活灰，非指死灰。

看了烬的繁体，再看篆文，便能发现篆文反比繁体省略。繁体盡字，简体作尽，意即终止。熘腾烧锅的柴火终止了，暗红的炽炭还未灭。此时妥善掩盖，便成活灰，就是火种。烬的甲骨文向我们演示怎样引火。拿来一根涂硫磺的木片，名曰火寸，插入灰中，触反炭火，引燃抽出，就可生火煮饭，点灯照明。火寸燃烧，荧荧小熘，古称爝火，或称爟火。爝爟双声，可以互转。焦爵二声皆有小义。僬人为矮小人种，鷦鷯为一种小鸟。爵古通雀，雀亦鸟之小者也。《庄子》云："日月出矣，而爝火不熄，其于光也，不亦劳乎？"谓小火之光太弱也。

说到炭字，许慎解曰："烧木未灰也。从火岸省声。"心中有疑，踯躅久之。近查得甲骨文上山下火，忽悟此即炭字

灰的篆文

爐 盡 ⿱山火
烬的繁体 篆文 甲骨文

炭 ⿱山火
炭的篆文 甲骨文

。篆文炭亦上山下火，中间多一厂作做声符而已。为什么山与火叠起来就是炭，容详说之。

明代王士性《广志绎》有记载："(山西西北部)河曲之地，取义于黄河一曲也。宋时为火山军，以其地有火山，岩石隙缝处烟气逆出，投之竹皮木屑则焦，架之以鬲釜水米则熟。其下似一团纯火，而山仍有草木根株不灼，事理之奇间甚者。"此即山煤层自燃现象，非今火山爆发。山西盛产煤炭，先民岂有不识之理不用？商彝周鼎，那些青铜巨器，仅用木炭，不用煤炭，能铸成吗？窃以为甲骨文上山下火乃煤炭之象意，正是炭字。篆文炭与甲骨文同，不过加个声符。如此，炭字应是从山从火厂声，专指煤炭。烧木成烬，本来叫灰。灰借炭名，改称木炭。煤借不还，炭义隐没。许慎失察，遂以木炭解说。炭既已专指木炭了，煤炭只好叫作石炭。化学元素字作碳，循矿物名皆加石旁之例。

煤最初指引火用的易燃物，需火绒木烬纸屑之类，谓其作用如婚媒也。旧时持纸捻到邻家去引火，纸捻又名纸媒。锅底烟炱亦可称煤。今则专指石炭，可单名煤。

燃然古今字。然下四点已有火了，又加火旁，实属多事。曾因然字借去作虚词用，不得已而加个火旁。然字从火，意为燃烧。

燃的古写　篆文　金文

火种不能熄灭

第一○七面

火上面是犬肉二字。先民畜犬，猎用警用，肉用（肉用犬甚至圈养专供），且以为极可口，所以特造左肉右犬之字（为），音yàn。这个左肉右犬之字作（燃）字（之）声符，并不参与意义。燃烧与狗肉无关系，不必（解）牵合（字）。这个左肉右犬还作厭（厌的繁体字）声符，但从未单独被人使用过。不过，此字变形为献，就成常用字了。

献字本义就是犬肉，古音yàn。宗庙祭祖，忌说犬肉，而说这叫献。狗肉汤不能说，要说这叫羹献，以掩盖"吃助手"的事实，和缓解良心的谴责，正如卖狗肉的招牌上写地羊或香肉一样。

火燃久，必熄灭。熄，从火从息，息亦声。息有蓄养之意，所以腾焰终止，炽炭未灭，蓄养火种，曰熄。《说文解字》都："熄，蓄火也。亦曰灭火。"今人除了烧手是煤灶外，不必蓄养火种了。熄的原义隐没，只留灭火一义。灭字简体，火上一横压住，不让通气，火就灭了。这还简得颇有道理。繁体从水，水能熄火。又从火上一横闭气，象意。戌是此字声符。戌wù音转mù再转miè，古今音变容有如此。

獻 (献的繁体) 甲骨文

厭 (厌的繁体)

滅 (灭的繁体) 篆文

白鱼解字稿本

第一〇八面

040. 火星和灸疗

流沙河

古谚谣云："两叶不拔，将用斧柯。荧荧不救，炎炎奈何。"荧荧为小火，炎炎为大火，不劳注释。看了荧的繁体，居然有三个火。怪哉，二火炎是大火，三火燊反倒成了小火。也不怪，古人造字，原有此法。鱻，三鱼为鲜，小鱼也。晶，三日为星之古写，天星也。所以三火为焱，《说文解字》yan解为火花。拨劲柴火，便有星星点点腾起，谓之火花。油灯火柱炸裂，星星点点迸溅，谓之灯花，亦火花也。星星点点不是很小吗？荧字从焱，必是小火，从冂（坰），星星点点的古写表示距离我们遥远。两个意思合拢，荧就是遥远的小火光。当初造这个字，盖出于天文学之需要，用来专指太阳系八大行星之一的火星（不是"七月流火"的大火星）。作为体积行星，火星比地球小，绕日运行轨道在地球轨道的外圈。古人称火星曰荧惑。荧者谓其光赤红，似遥远的一盏小火。惑者谓其运行的视轨迹时进时停时退，使人迷惑不解。

荧既然是小火微光，虫名萤火，玉有莹光，浆为小水，鎣是金属制造的抛光器，就都好理解了。蝧莹濙鎣六字皆荧者声，并且各自取得荧的部分意义，殆无疑义。与四字还有的似者有劳字，繁体勞，但与荧字毫无关系。勞字中间应该是宀mián，象屋盖形，家室宅字诸字从之。勞字从焱从宀从力，意为大火照明，屋下夜作
（应该是）

，象劳苦意。炎字横列二火，本该放在屋盖下，为书写美观虑放到上面去了。举誉瞢皆劳省声，而与荧字毫无关系。

　　花朵春荣秋谢。荣的繁体作榮，与荧字也毫无关系。如果只看篆文，绝对弄不明白榮是何物。待到一瞥更早些的金文，立刻看出这是花枝交错的象形字。难怪榮蓉同音 róng，都是花嘛。造篆文者想必是把花朵看成古文火字，以此致误。

荣的篆文　金文

　　用艾炷小火灼人体穴位，说是可以疗疾，这就叫灸。灸字上久下火，久声。其实久字就是在人腿后烧艾炷的象事。看篆文，人是画的侧面，头低着，背佝着，臂抬着。人腿后有艾炷正灼着。三划画出灸疗，何其简明。后来久字被借去形容时间的长程，所以又在久下添火，实属

灸的篆文　不得已。你或许有疑问："烧艾火一燎就完事，为时很短暂，怎么会孳生出长久一义？"你说得对。灸疗过程与长久无关系。这是借音不借义。时间长久一义，古今皆无专字。推想古代农耕社会，村里最老的生活用器恐怕要数公用的大石臼。此器一旦凿成，置诸公共场圃，打不破，烧不燃，抬不动，贼偷不走，起码能用数百年吧。所以先民用

白鱼解字稿本

第一一〇面

白去形容时间的长程，说某物"很白"。后来觉得不妥，于是借久代白，"很白"就变成"很久"了。"很久"用久了，就不觉得与腿部烧艾火有关系了。

先民嫌某物不新鲜，也说"很白"。后来觉得不妥，于是又借旧代白，变成"很旧"。其实旧乃鸟名，学名鸺鹠，又叫鸱鸺，头戴毛角，猫头鹰属。旧的繁体作舊。篆文是短尾鸟有毛角，臼声。今人说新旧，不会联想到猫头鹰。旧和久一样，都是被借调来顶替那个大石白的。顶替既久，自己从前是做哪一门工作的，他俩忆不起来了。

先民经曾从母系认证血统，子女皆属于母亲的氏族（出嫁之前子女认作跟着妈姓），所以母亲的家旧家，母亲的弟和哥哥叫旧父，写成舅父。你这个舅字，男子头顶舂着上下米脱糠的石臼，莫名其妙。如果悟到臼以旧义参与舅字，并作舅字声符，就算真识字了。篆文舅字石臼放在左旁，顶舂了。

人类进入父系社会以后，认为异姓不可称父，舅父改称舅舅。《诗经》称舅氏。"我送舅氏，曰至渭阳"见于《秦风·渭阳》，感情深厚，不可掩也。后来称呼变化，媳称公公曰舅，女婿称岳父曰外舅，其义已从故旧移到年老去了。村中大石臼确实年老了。

舊
旧的繁体 篆文

舅的篆文

火星和灸疗
第一一一面

041·人体内有火也

流沙河

《诗经》两处提到"褧衣"（就是礼服外面的罩衫）。褧又作絅，见于《礼记》。由此推测，耿古音jiǒng。《说文解字》耿字，古杏切，已是后来汉代的读音。以迄今独予从古，耿音jiǒng。

耿字左一耳右一火，是何意思？猛想起少年时受窘（畏羞）耳朵发烧。耳朵发烧亦即"耳赤"。篆文赤字上大下火，大火为赤。金文和甲骨文赤由大火组合而成字。耳赤不就是耳火吗？耳朵发烧的耿不就是窘字吗？准确说，耿窘为古今字。

（耿的篆文）

赤的篆文　金文　甲骨

《诗经·邶风·柏舟》："耿耿不寐，如有隐忧。"意思是耳朵烧睡不着心内不安。吾蜀谚云："耳朵烧，有人叨。"蜀人谓骂曰叨。有人正在僻处骂你，所以由羞窘而忧虑，更睡不着了。人之羞窘状态，表现在面部为耳朵发烧。所以造字者用耳火组合成耿（窘），以象羞窘之态（异知）。耿字后被借去顶替炯jiǒng，意为光明，例如"忠心耿耿"，又如"耿耿星河欲曙天"。又被借去顶替鯁和梗，例如"骨鲠之臣"和"为人耿直"。久借不归，耿的本义遂隐，不得不又造一个窘字。窘字从穴君声。穴指窑洞。住在窑洞里，不但困窘，而且羞窘。

与耿相近者有煩字。煩右页是头字（篆文画鼻和腿旁的）。耿是耳朵发烧，亦即"耳赤"，烦就应该是脸发烧，亦即"面红"吧？不是。脸发烧有赧字。烦是病了前头痛，额是发烧。古人说烦说忧，往往指感风寒发低烧。萱草即金针菜，四川人叫黄花，之所以雅名曰忘忧草，就是因其入药，有退烧之疗效罢了。不信请查李时珍的《本草纲目》。前额发烧的人，心情烦躁。又耿烦二字之火，乃是生理和病理的发烧有真火，非燃烧的病。后来不病又不发烧，只是烦躁，动辄迁怒于人，也叫冒火凡。

头痛发烧加剧，烧成热病曰疢chèn。予曾罹肺炎，高烧四日三夜濒危，大概就叫疢了。请看篆文疢，病床上躺不火，人而卧病人高烧可知想而。篆文疢要逆时针旋转90°，使床所见平置，方见其妙。现代医院病床与此篆文相同，能使枕部一端升高，方便倚坐背而。若无此功能，便是家用床。试将疢与床的篆文作一比较，就能看出病床和普通床的差别。

病床卧一火已上是高烧，若卧二火，岂不超高烧而鸣吗呼？那又未见得了。疢字病床上的二火是炎字。疢字从炎炎亦声，不能说从二火。《说文解字》："炎，火光上也。从重火。"二火重叠，表示光焰上冲。火愈大是，光焰上冲愈高。炎炎固然形容之大火。但是古代中医

人体内也有火

第一一三面

理论认为眼睛干涩、嘴角生疮、舌尖起疱原因都是"实火上冲",头昏脑胀原因也是"风热上冲"的,牙痛原因也是"上火",早就将炎啦火啦都挪入病理学概念范畴,也不管那些器官内是否在燃烧。所以西医传来后,sore eye(眼睛肿痛)我们译成眼炎,sore throat(喉咙肿痛)我们译成喉炎。总之,都是因为"火在上冲",我们才把肿痛(sore)译成发炎。明白这点,痰字就好解了。从炎表示正在发炎,有火上冲。汉代张机《金匮要略》:"膈上病痰满,喘,咳,吐。"这是痰字首次出现,《说文解字》尚未收录。古人使用篆文时,痰字尚未造出来,所以篆文无痰。痰属后起字。《新华字典》:"痰,气管或支气管黏膜分泌的黏液。"此为确解。

痰字可能是从瘅字演化的来。《说文解字》:"瘅,劳病也。"劳病即痨病。肺结核病从前叫肺痨或痨病。多恩以为病缘于咳,咳又因为"燥火",亦"有火上冲"的思路。肺痨患者《诗经》里叫瘅人,其表现为气喘咳嗽吐痰,故又称痰喘病。瘅人吐的黏稠液体也可以叫作瘅,后来字作痰。瘅有二音dàn和tán。后一音与痰全同,由此逆推痰字从瘅字演化来。

新造篆文痰

瘅 瘅
瘅的繁体 篆文

042. 猎火与灶火

流沙河
中国作家协会四川分会

农耕社会的人，一看田字，自以为懂，不须解说。所以《说文解字》："焚，火田也。"猜想是刀耕火种事。哪知事有不然，他猜错了。错在不识田字。田象猎阵之形，四面包围，纵横搜索。火田放火烧山，逼迫野兽现身逃出，才好猎杀。"单于猎火一山红"见唐诗。"叔在薮，火烈具举，袒裼暴虎"见《诗经·大叔于田》。火田又叫燎猎，燎即放火。两个甲骨文焚都是上林下火。有以异者，后一个焚有双手举火炬，表明这是放火，非自燃之山火。现今看来，放火烧山这种猎法十分野蛮。须知远古地广人稀，"禽兽逼人"，想要活下去，非野蛮不可。那时尚无种庄稼的农田，只有东猎禽兽的猎田。摆猎阵的山林，就叫猎田。到猎田去围杀，就叫田猎。田字原非为农夫创造的，是农夫向猎人借用的。

焚的篆文　两个甲骨文

卜辞中所见焚，多属商王田猎活动。例如辞云："其焚禽？癸卯焚，获兕十一、豕十五、兔二十。"火田的记载到秦汉以后，由于农耕普及而少见了。

灶火与猎火同样古老。灶字的繁体从穴是灶孔，从土是泥塑，从黽 min 是土灶伏地似蟾蜍状。看金文屋盖下画蟾蜍，殊觉有趣。

灶的繁体　金文
（黽字）

爨 cuan

灶之功用全在炊爨。《说文解字》炊爨互训，炊就是爨，爨就是炊。炊从火，吹省声。爨字笔划之多，暴露出造字者的技穷。顶上左右二爪就是抓举的举，举起一甑。下如球门者象灶孔形，在灶孔外有。二木是柴，架置灶孔内。左右双手（就是打拱的拱）持火，正要燃柴。这个字是齐国造的。中原人都说炊，齐国方言说爨。猜想会不会是李逵的祖先造的这个字，一笑（细心些）。不过读者若将此字下半部拿去比照前揭第三个甲骨文焚字，当会悟到二木双手持火恰好凑成焚字。原来爨字从焚，山东人粗中有细也，会设埋伏。

爨的篆文

煮字篆文两个，一简一繁。简煮从火者声。繁煮从鬲（三足𝐀锅），左右热气腾腾，也是者声。者是纯声符，不参与意义。者古音 zhǔ 与煮同音，正是煮粥沸腾之声。甲骨文无煮字，但有庶字。下面五个庶字，从左到右，一个比一个古老。最老的一个庶从火从石省。请看甲骨文石省口，庶从石省是怎样省的（便知）。原始人无锅灶，挖凼煮肉。怎样煮？石头烧红，投入凼内，使其持续沸……

煮的两个篆文

庶 庶 庶 庶 庶

庶的篆文 金文 三个甲骨文

甲骨文石

滚，便可熟肉。如此说来，庶煮古为今字。后来火烧石头移入棚内（去煮），又后来石头不见了，变成锅煮。再后来金文继承之。最后篆文在锅上加担杠，暗示鼎食。由野蛮而文明，历历可睹。煮字造出来后，庶字改领炊事厨务杂役一义，乃有庶人之称。旧时政府机构总务处都称为庶务处，因其所管包括炊厨在内，皆杂事也。多妻家庭子女有"庶出"者被视为低一等，其语源亦可远溯到煮饭。

饭是煮，菜是烹。古无烹字，亦无亨字。你若在篆文中发现了烹和亨，那肯定是后人想当然臆造的。篆文只有享字，意思是给鬼神献祭食物。怎样献祭？下面五个享字，从左到右，也是一个比一个古老。甲骨文享是一只羊，古称牺牲，供在庙前。金文继承之。后来篆文小变，庙堂台基加一层级。又后来羊省掉，台基层级被视为献祭的食盒，代替牺牲。最后食盒变成近似子字。再隶变之就真的写成子了，成为今之享字。享祭鬼神的用牲改为用熟食之后，以火熟食就叫烹了。烹下的四点是火字，其上减一笔成亨字。烹pēng是享Xiǎng的音转。

享的三个篆文　金文　甲骨

熟和烹一样，也是晚出字。字初作孰，四点火是后加的。孰字就从享。享祭鬼神，自己享受，都用这个享。享旁加执省就是孰字（现今）。

猎火与灶火
第一一七面

043·有火隐藏字中

流沙河
中国作家协会四川分会

有些字的篆文明明有火，隶变后火变形了，常被我们忽略，竟不知有火隐藏在字中。举例——说之。

光。光上一火是灯。灯下，篆文是人，金文是女，甲骨文是既跪坐。总之，有人在灯下，光义自显出来。

光的篆文　金文　甲骨文

朕。朕右旁舟，左旁双手拱持一火，义为舟有裂缝。所谓朕兆，兆亦龟卜烧灼显现之裂纹。舟是否有裂缝，持灯一照，便知透光处即裂缝所在。朕兆今曰征兆。朕的本义止于船缝，音zhèn亦音zhà。木板晒裂，今人说炸了，也就是朕裂了。朕有zhà音，所以古人借朕称呼自我，今字作咱。暴君秦始皇称自我为朕，音转为zhèn。张献忠称"咱老子姓张"就是朕姓张。都是借用，非朕本义。李斯谀秦始皇说，皇帝神圣，岂可抛头露面。人臣只能闻其声音，见其朕兆，所以皇帝应该称朕。其实暴秦之前，普通百姓皆可称朕，也就是咱，与朕兆不相干。李斯巧言诈伪，于斯可睹。朕字作为声符，还用于胜腾二字的繁体。只是隶变之后，笔划对不上号。恐怕不把隶变前的篆文列出，读者看不出来其中有朕。

胜的繁体　篆文　腾的繁体　篆文

探。篆文探字，右手伸入洞穴，手下网衣窝，备欠，燃火以照明，可见会穴火。手伸入已具有探索义。这只手就是探字的提手。入洞走远，便孳生出深远一义。先民穴居，从自己的居处环境找出造字所需零件，用自己的观念又加以组装，再以具象的方法造出文字来，留给数千年后的我们，能不爱惜？每对着古文字，我仿佛看见先民的灵魂，活在文字里，瞪大双眼，盯着我们这些乱简化的后代。

　　尉。尉的本义不是武官，而是用熨斗熨平布帛。篆文尉字左上的尸和二组合成古写的夷。夷有平义。右上是右手，其下从火。旧时熨斗铁制，内盛燃炭，右手持之以烫压纺织品，使其平展。隶变后，火变形为小，右手加一点变成寸，这就是今尉字。同时又另造出一个熨字。他人心中不平，我们去安慰他使之平。可见尉虽变形，仍含熨平之意。变形改音后，尉去当武官，wèi，不愿人知自己是熨斗。不过熨斗本性难改，动辄烫压百姓。

　　票。少会时城隍庙失火，夜天燉红。风趁火势，朱得通腾空燃飞起，邑人呼"火老鸦"，《说文解字》谓之"火飞"，飘落民居屋上，往往引燃房宅。今之票字本义先说就是"火飞"。准确表述，宜称飞火，名词。票的篆文上部，左右二爪就是抓举的举，

有火隐藏字中
第一一九面

举起亦即升高,中间因ㄨ(囧)做声符,其下一横乃左右双手拱抬省略成一。又举又拱抬,便腾空飞起其飞之义。上部独立成字,同下部火结合,组成篆文,隶变成今票字。下象水不见了,变为小字。上面莫名其妙,混成西字。后人不得不又加火造个熛字,以指称"火老鸦"。票曾经是"火飞",所以孳生出轻飘义。今之轻薄小纸称票,轻薄行为称嫖,轻骑称骠,轻浮水上称漂,轻夺人财称剽(持刀),皆由轻飘一义而来。

磷。磷字专指化学元素P,例如P_2O_5为五氧化二磷。泰西化学传入中国之前,只有燐字。篆文无火旁,因为字从炎已有二火了。二火隶变成米,其实磷火和米毫无关系。《说文解字》说磷火是"鬼火",是"兵死及牛马之血"转化成的。少时间说鬼火冷光幽绿,跟着人追,予以为皆妄说。人畜骨含磷化合物之所以,并非红磷白磷,怎会燃烧成火。空气中的气态磷纵然有也不至烧起来,正可以缓缓氧化嘛。所谓"鬼火"予曾目睹,乃细菌发光草木上的。说是追人,使我悟及其字炎下左右二止。二止即二脚会移行。造字如此,正附和了鬼火传说,表示。由此可以逆推,鬼火追人传说已迷信数千年之久了。

044·从木与非从木

流沙河

今曰树，古曰木。木字象形。看篆文和甲骨文，上为树枝，左右分杈，中为树干，直达树顶，下为树根，藏在地下。在树根划一横是本。本就是树根，语词有根本。在树梢划一横是末。末就是树梢，语词有本末。树根和树梢的那一横并非象形，而是指给我们看："就是此处。"

未字顶上一横短，末字顶上一横长，以便互相区别。未是新发嫩枝。篆文未字在上树梢添画嫩枝。未，微也。微，小也。难怪幼女叫嫩枝妹。茁壮有待将来，所以孳生未来义。甲骨文未有两种写法：一种与篆文同；一种近似木字，但夸大了那树枝部分，暗示其为新发嫩枝。先民重视树梢上的新发嫩枝，特造这个未字，因为这是他们每年春季最美味的菜品。华北乡村至今仍以椿芽、榆芽、槐芽等为菜品。你看菜这个字，拿掉草头，下面是采。采是什么？就是采撷树芽作菜。菜者采也，采树芽也，撷木末也。采字上爪下木。爪是指爪，即手，象形。蜀语"脱不了爪爪"也就是脱不了手。爪置木末采，正是采撷树梢上的嫩芽。木类菜品之外，就是末。嫩芽可口，造出味字

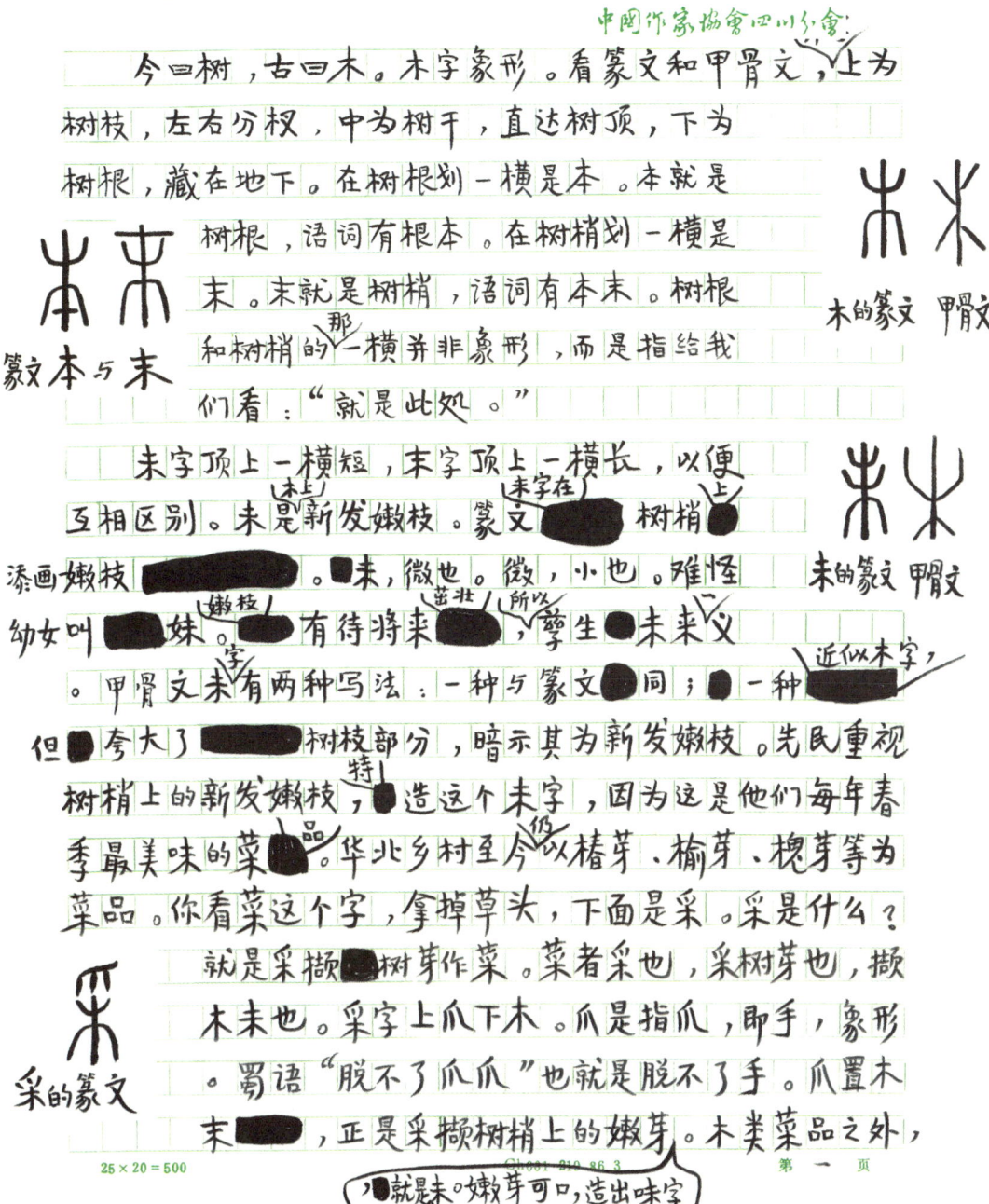

篆文本与末

木的篆文 甲骨文

未的篆文 甲骨文

采的篆文

复多草类菜品，所以采加草头成菜字（引起注意）造

某些树上长刺，不利攀爬。特造刺字。刺字从刀，义为刀刺。刺字左旁才是树上的刺，篆文象木刺形。树干上长刺的有皂荚树，有棘。棘是两木刺并立。策是竹头下一朿刺作声符。

朿字笔划稍异。我原以为其义为用绳子捆束木柴，正是《诗经》上的"绸缪束薪"。后查其甲骨文，方知不然。若仅看篆文朿，其字从木从圆（圈圈就是圆字），可以解为束薪。看到金文和甲骨文，才悟到其实是用绳子束紧两头开口的橐袋，而篆文搞错了。原来朿字与木无关。捆柴的捆原作困，木被围，字象形。旧时厨下烧柴，成捆买回。困难，困阵，围困，春困，诸义皆自柴捆生发出来。捆柴是今人的说法，束薪是古人的说法。语词相异，意思相同。捆即束也，柴即薪也。只是朿字本义是朿橐袋，原与柴薪无关。橐袋长条形，两头开口，满盛后横置骡马背上，俗呼驮子。还有搭在人肩上的，俗呼褡裢，亦属橐类。橐袋两头绳子捆扎，故有绳头，如金文和甲骨文所见。

朿字误从木，古代已如此。而现代误从木的又有术字和杀字。另说如下。

束的篆文

束的篆文 金文 甲骨文

术。木字右上角加一点，原无此字。这是汉字被简化后新造的字。看了繁体和篆文，便知其字绝非从木。原来术是从繁体的術字中抠出来变形后新造的。術的本义是道路，所以字从行。道路引申出方法一义，正如英文way既是道路又是方法。夹在行字中间的那个字是声符，读shú，是秫的象形字，不含方法一义。看术的正写，明明不是木加一点。看篆文是黏高粱（秫）肥大的穗子，下面是高粱秆和高粱叶。硬给变形为木，新造一个术字，实在无理。后人解锐这个术字，执木以求，不知会闹出怎样的笑话。

杀。这也是汉字被简化后新造的字。杀的繁体右旁是殳，一种兵器。杀人要用兵器嘛。左旁上面是刈省略立刀。刈是割，割也是杀嘛。下面也是秫的象形字，也作声符。一番简化后，声符没有了，黏高粱变成木，那一点也省了。后人将以刈木解说杀字，以为就是砍树。甲骨文杀不要声符，而是豕字象形，头上一横穿过，表示用刀杀猪。其实简体字杀下面的木可以视为豕身，这样就和甲骨文接轨了。

術 徿
术的繁体 篆文

朮 朮
术的正写 篆文

殺 殺
杀的繁体 篆文

豕
杀的甲骨文

从木与非从木
第一二三面

045·人与木的互动

流沙河
中国作家协会四川分会

《诗经》有"杲杲出日"句。历来都说杲杲形容太阳明亮。鄙意以为杲即高也。杲字日在木上，太阳升上树梢，就是俗话说的"太阳都好高了"。所不同者，从字形看，高是形容楼层之高，杲则是目测太阳的高度，古人以此计时。到了傍晚，太阳降到树根之下，俗话说"太阳落土了"，天色的暗下来。日在木下，这就是杳，用来形容昏暗不明。太阳爬上树有杲字，人爬上树也有字吗？

有。乘字就是人爬上树。看甲骨文，木上一大。大，人也。人升上树梢近似爬树。金文一变，添画双脚（两个止字）。篆又变，双脚更明显，两腿却省掉。隶变成乘，已失原形，认不出了。字形虽是爬树，字义最后却可扩大。例如《诗经》有"亟其乘屋"句，意即"快些上房子去（补葺漏罅）"。凡是自低而升高，皆可曰乘，乘车乘船乘飞机是也。加减乘除的乘，也是数目成倍升高。

乘的篆文　金文　甲骨文

篆文与乘相似有桀。夏朝亡国暴君名桀，所以后人不喜这个桀字，桀骜不驯具有贬义。其实当初名桀，取乎豪桀义。出人头地，好比鹤立鸡群，曰桀。若就字形考察，上面乃两止是双脚，下面木非树，而是木棍两根竖立着，桀乃踩高跷。踩高跷才真

桀的篆文

叫出人头地啊。古代中原农家养鸡，鸡栖树上，或栈架上。栈架是木墙上钉木桩，鸡飞上去栖息。这种栈架高，所以也叫桀。桀跷双声对转，今曰高跷，古曰高桀。杠杆提水的高架叫桔槔，桔槔也与桀跷在语源上有牵连。自从《谥法》规定"贼人多杀曰桀"，后人便给桀字加人旁另作傑，美其豪傑（简体作杰），免得涉嫌桀骜。

这大树在前，你去察看，就是相。相字从木从目。目表示用眼看。伯乐相马，堪舆相宅，术士相面，男女相亲，都须目察，才好判断。内阁首揆，在那里做官拜宰相，人呼相爷，就是因为国王叫他拿眼睛着看管江山社稷。电视主持多误读相xiāng为xiàng者。你相树，树也在相你，一如男相女，女也在相男。由此生出互相一义，只有在这里才读xiāng。相完了，你去树下歇凉，这就是休。休字从人依木。

商代甲骨文有木字而无树字。到周代籀文方才有树字。籀文树字，右旁寸是右手多一点，权且当作右手，看吧，左上是木，左下豆做声符（豆古音shù）。

樹 樹 樹
树的繁体　篆文　籀文

可知树是动词，义为植树。篆文左旁错成鼓字古写，遂不可解。繁体樹字只好跟着错了。动词之树，见《孟子》的"五亩之宅，树之以桑"。古有"种树书"即种植与栽培的

（专科）著作，属于农书，并非（专讲）植树造林之书。后来作名词用，被栽插的（客体）也叫树了。

两株树之间，或两根木桩之间，用细枝编成网横拦住，不让外人以及鸡犬入内，（是为）篱（），雅称樊（）。若设置于庭院之东，便是陶渊明的东篱。看篆文二木间的叉叉，那（就）是网抽掉纲绳。吾蜀不用细枝而用竹编，谓之竹篱。不就是竹网吗？樊篱的樊，看篆文下面有两只手（在）（爬），上面是纯声符，原来是动词，本义为攀爬，被借用（作）樊篱字。其本字没有那两只手，久不用而（）自动消亡。

木（）上（）架（）弦，（）是为琴（）异体字琹。此异体字木上不是二王，而是两组弦，每一组三条，共六弦，都架在桥上。正体字琴，今声。篆文今省声。别被曲线骗了，以为是在象形。古文也还是今省声，下面画（）蛇添足，又（加）金作声符。篆文拿掉金字，自有道理。七弦琴到周代才出现。甲骨文无琴字，有乐字。乐的甲骨文是丝在木上，丝弦架在木制的共鸣箱之上。篆文又在丝中加白。白是大指象形，代表手指弹拨丝弦。弦乐器弹奏的谓之乐yuè，正如磬敲的谓之声，人唱的谓之音。乐一奏响，听众就乐lè。

琹琴䥣　琴的异体　篆文　古文

乐的繁体　篆文　甲骨文

046. 劈柴与锓板

流沙河
中国作家协会四川分会

醫年习楷书字，最喜写鼎这个字，觉得其形庄严威武，代表江山社稷。成年后才知鼎原上一口非目，乃是锅，内煮物，上扣盖，如斯而已。后攻《说文解字》，又知鼎下不是搁架，原是木字纵劈为二，亦即烧火用的劈柴。试将左右合拢，便还原为篆文木字。对了，左右正是两个片字。就像劈蔗游戏，一刀从顶上劈至根下，一段未柴就这样纵劈成两片。鼎字神光，到此褪尽。篆文片是劈柴的右片。左片也应该是片，其因形同床一字一样古写，所以不取。顺便再说这柴字，人或以为"此木"即柴。再这样下去那还了得，见木就烧，良材都要入灶去了。柴字应是从木此声。此作声符，并非"这个"。不过此不是纯声符，也参与字义。此字从匕（妣）从止（趾），义为女脚。女脚比男脚小，所以小木曰柴，《说文解字》释柴为"小木散材"。材则专指木工用料，与柴音同义异。

前面说的劈柴，古人叫析木，意思相同。分析一词，初义是把一段树立在砧礎上，双手高举起高长柄斧劈下去，一分为二。看篆文析，右旁斤象长柄斧形。甲骨文更明显。这种斧头青铜迄今当作一重量的单位，已有

两　千馀年之久，现在又以公斤之名与国际接轨。由此一例，亦可窥见古文字有"又日新"确　能力。

　　说了析，接着说新。新析双声，可以对转。用长柄斧劈柴，甲地说这叫XīN写成析，乙地说这叫XīN写成新。新即析，析即新，一码事。新字从析辛声，是在析字的左上　方加个辛做声符，意义与析全同。别以为新不能作动词，至今我们还说"一新耳目"。劈　柴的动词新怎么会变成了新旧的新？原来一段旧木头劈开后，内里居然不旧，不但色泽犹鲜，而且另显面貌。于是　说这是"新　"，　词性就改　变了。新旧二字都属借用：旧是石臼演变，新是析木演变。

　　木头劈开可以做柴，所以新又成为柴新。考虑到烧秸秆更普遍，加草头成为薪。今日吾人颁了工薪，不再买柴　，但也　交煤气费。

　　下面这个亲字，不是父亲母亲繁体親字简化。早在两千馀年前，金文已有这个亲字，与父母无关。　这个亲，我认为就是用刀具雕刻木板的鋟qǐn。鋟，侵也，用刀侵入木也。亲字从辛从木，辛在木上。辛是何物？我看就是　时刻字匠所见。

新的篆文　金文　两个甲骨文

亲　亲　亲
鋟的古写 篆文 金文

親

中国作家协会四川分会

治印用的木柄雕刀。其形状与甲骨文辛互相对照，使我吃惊，竟历三千年而不改。辛(甲骨文)，上粗大是木柄，下箭头喻锋利（不是说雕刀作箭头形）。甲骨文辛还有三种写法，一是箭头(的尖)锋偏左(或偏右)，暗示锋刃(不正)(倾斜)，与雕刀的锋刃完全相同。辛在上，木在下，这亲字当然是錾刻的錾(字)。《说文解字》认为这个亲(字)是榛子的榛字，与我(这里)所说不同。

辛的篆文　两个金文　两个甲骨文　木柄雕刀

(这)不是两千馀年前的那个亲（今作錾），下面的(这)亲(简作亲)(是)五十(多)年的(简体字，亲是)繁体字。亲字从见亲声，其本义为人到现场。人到现场就目睹了，所以从见。今人所说亲临现场啦亲眼看见啦亲自动手啦用的(是)亲字的本义。三个金文亲字，只有第一个用的是本义，是亲自的亲。第二第三，字从家省，才是父亲母亲血亲的亲。这个加了屋盖的親，人嫌麻烦，不肯使用，终归息影。大家图个方便，借用亲字指称父母和血族。屋盖下面一作親一作新，都是取其音作声符而已。

亲的繁体　篆文　三个金文

親　親　親　親　親

047·树名丛说

流沙河

树名绝大多数是形声字,如李、杏、查和栗、棋、桑以及橘、橙、柚、梅、榛、棣、杜、桂、栀、杞、楸、柞、檀、枳、榆、樟、槲、枌、橙、桐、桤(榿)、枞(樅)、枫(楓)、桦(樺)、桧(檜)等等。这些树名,我能解释得清楚的,可怜,仅几个字。分说如下。

杨(楊)。枝条上扬(揚),故名。

柳。右旁不音 mǎo 而音 liǔ。枝条下溜,故名。

杉。右旁象毛纹形音 shān,义为修饰。以此为声符者还有衫和彡(鬖)。杉木供建筑和制器用。木质因其散碎易锯,故杉又音 shā,谓其似沙也。容解

松。右旁公 gōng 读也 sōng。试看颂、讼、松的读音便明白。松木亦供建筑和制器用。因其木质疏鬆(简作松),故名。

柏。右旁白就是伯,大哥也。柏与常用木材松、杉、桧、桦、枞、枌、榆、柞诸木比较,质材优良,居长兄位,故名。

梓。右旁辛乃宰省,所以梓不读 xīn 而音 zǐ。梓木亦供建筑和制器用。古代梓木村村有之,遂称家乡为桑梓,称木匠为梓人,称棺材为梓宫。

椅。椅木是其古名,今名山桐,俗呼水冬瓜。今椅字本作倚子,唐宋以后,借木名椅用手凶笙具,本义遂亡,没有人再说椅是木名,除了《诗经》。申

样（樣）。右旁篆 yàng 乃漾字的古写。样（樣）木是其古名，今名橡树（非橡胶树）。

樱（櫻）。据《吕氏春秋·月令》说，有小鸟其鸣声为嘤嘤，早春啄食这种树的果实，故名樱桃。此亦备一说耳。实则婴乃女子颈饰珠链（圈），樱桃似之，故名。

桃。古人迷信桃枝能打鬼，桃符能辟邪。鬼邪畏惧此树而逃匿，故名。实则桃叶铺床，可驱蚤虱臭虫、蜈蚣、蝎子罢了。（含氰氢酸，用来）

李。子是声符，怎会读lǐ？答：子zǐ声试缓读之，而成zǐ lǐ两音。所以子也能分出lǐ音，做李字声符。

柰。示是声符，缓读而成shì nì两音。所以示能分出nì音，做柰字的声符。柰果比苹果小，蜀中称花红果。柰字后来被写成奈，借作奈何字用。

杏。口乃向之省，作声符。

查。山楂字原作查。查已从木，又加木旁，画蛇添足。查字从木且声，且被误书作旦，遂不可解。

栗。许慎未见过甲骨文，又把篆文卤误认作西，所以在《说文解字》里说栗从西，因为"木至西方而战栗"。甲骨文栗从木，象多刺栗房之形，一看便知这是栗树。栗房演变

栗的篆文　两个金文　两个甲骨文

成卣yǒu，盛酒器也。有提梁，卣又钓diào。蜀人稻穗叫作谷卣。栗房悬吊枝头，有以似之，所以金文三卣diào，篆文简成一卣diào。卣在此处不是酒器，而是栗房。栗房成熟，刺壳炸裂惊人，孳生战栗一词。

　　某。某méi即梅，从木从甘。甘篆文是口含物，象可口意。就像西餐用柠檬汁代醋，古用酸梅汁于烹调，与盐同等重要，合称盐梅。梅是借来的，原义为楠木。某才是其本字，异体作楳和槑。古代男女相悦，抛掷某果传情，见《诗经·召南·摽有梅》。合二姓之好的中介者，其作用似某果，呼作媒人。今之传媒一词亦由此孳生焉。

　　桑。甲骨文桑象桑树形。到了篆文，樹冠误作若字。若是草下一又（右手），义为择菜。若桑二字本来毫无关系，是篆文桑字笔划错了，导致二字互相夹缠。远古传说东海旸谷有大树名若木，太阳从树上升起。若木二字联缀成了桑字，就错成扶桑了。其实若木据我猜想应是桉树，旧译音为尤加利树（Eucalyptus）。若木的若应是Eu的译音。桉树所属约六百种，原产澳大利亚。有一种桉，树身高达几十公尺，可作海船桅杆，此即传说之若木也。

白鱼解字稿本
第一三二面

048·桑树 构树 漆树

流沙河

十年大乱，蜗缩故乡，劳作贫病。老家垣墙垮塌，居室破损所幸。门前桑荫，屋后构丛，时有鸟来后。有长辈在小巷内提醒说："门前不栽桑，屋后不栽构。你这里不吉祥！"

门前桑树为什么不吉祥，多年之后，我才明白。原来死了人办丧事的丧字，三千年前在甲骨文里是用桑字作声符的。甲骨文丧从四口就是噩，桑声。看画的那株树就是桑。四口的噩就是死了人全家哭。到了金文，桑根变成亡字，而树身和四口稍为简化，传承下来。桑在这里仍然作了声符。从甲骨文到金文上千年，桑一直同四口组成丧字，总难免沾濡着死亡气息，所以晋代干宝《搜神记》说："桑，丧也。"何况远古还有传说，说是一张马皮卷走一个美女，挂上桑枝死了变蚕，吐丝织茧。虽曰贡献人群，衣之裳之，毕竟事涉死亡，伤哉悲哉。到了篆文，桑才不再作丧字的声符，算是结束同居关系。篆文丧重新造出，由哭亡二字组成。哭是犬哭，借指人哭。旧时人用大棒击头部，犬畏死亡，号咷哭惊心，故造哭字如此。甲骨文和金文的丧字已被遗忘，但是门前栽桑不吉祥的观念，却在国人脑海沉积淀下来，

桑树构树漆树

第一三三面

不时浮上心头，使人惶惑。

　　《新华字典》构榖二字均收，而作为树名皆用构。构树，落叶乔木，花淡绿色，果实红色。树皮纤维造构皮纸。树名在推行简化字以前，皆用榖。此字笔划嫌顽，人多用构（繁作構）代之。代理久了，榖就生疏，人多不识，误认成稻穀的穀（简作谷）。榖穀二字，稍为大意，便会误认为同一字。武大郎矮小丑陋，街坊滤呼"三寸丁榖树皮"。《水浒传》与《金瓶梅》皆作此六字。吾蜀唱词《武松杀嫂》有"丁榖树皮三寸长"句。全都错了。究其实应该是"三寸丁"状其矮小，丁即钉，"榖树皮"状其身上全是面皮如榖树上疤痕。旧时佛像要粘贴金箔须用榖树浆，所以树身砍满伤疤。先是错把树名的榖认成稻穀的穀，后又错把丁榖连缀起来当作树名，榖字再简化作谷字，遂错上加错而不可解矣。

　　榖穀二字，前者从木，后者从禾，相异在此。除相异的木与禾外，剩下的部分是声符。二字虽然有相同的声符，但是读音仍有小异：榖音gou与构同，穀音gǔ与谷同。与榖穀二字声符相同者，尚有毂、鼓、觳、嗀、彀

中国作家协会四川分会

、榖■（简■作壳）。榖简作构，总觉欠妥。■构的繁体早就有了，其字作構。现在又来个榖，也要充当构的繁体。一身而二任焉，这构字也太辛苦了。说说構吧。

　　繁体構字最早没有木旁，只有右旁，■象屋構形。屋構即■顶■構架。構架上钉椽条，椽条上布盖瓦，屋顶就完工了。设想凭工前■空中俯瞰，構架之形正与篆文構的右旁相像■。構造，结構，構成，诸词由此■生。構架■两排互相交合成棚，孳出交媾一义。我付钱，你供货，互相交易，又孳出購买一义。購的简体作购。

構 構
构的繁体　篆文

　　漆树的漆■最早没有■水旁。请看篆文，去掉水旁，右旁■剩一木，木左右各三点是漆汁，正象割树取汁之形。是漆树　后■变■漆汁熬■黑■，用于漆房屋，漆兵器，漆木器。■美观■防蛀，■不怕日晒雨淋。古■今日无化学漆，皆用树脂漆■土漆，所以漆在古代需求孔亟。战国时■庄周做■宋国漆园小吏，相当于国营漆树林场■管理员。

漆的篆文

　　我曾与漆匠们共事十年。他们不说把家具漆一遍，而说"烧"一遍。多年后才悟到字作髹 xiū，音讹成烧。

桑树构树漆树
第一三五面

049・从根部到枝端

流沙河

树根，古人分为两类。横向广延的一类，叫蔓根。纵向深入的一类，叫直根。直根曰柢。根和柢都是形声字。根字艮声。艮gěn字从目从匕。匕是古人进餐用的饭匙，曲柄尖瓢，似今调羹。目光似瓢尖之刺人，可知艮就是用眼睛恨人。艮是根的纯声符，不参与意义。柢字氏声。氏dī字先看最老的甲骨文，人提重物，象意，就是提字。提重物，臂下垂，位置矮，所以氏加人旁就是低字。底字[又]由低来。直根居树之底，所以氏也参与柢字[的]义。古书常见以氏作柢[ ]，木旁省了。甲骨文氏与氏字不相干，到金文和篆文就写错了。隶变后错成氏字加一点，人遂误以为氏由氏变来，从而妄加说解，以讹传讹。

树根又叫柄。柄也是形声字。丙字象鱼尾形。鱼数量以尾计，如三条鱼称三尾鱼，雅言也。蜀人称三根鱼，俗言也。将鱼直立，尾就是鱼的根。根即本。本字下部一横，指示本的位置，那就是根。本丙古音同，义类似。一为树之根，一为鱼之"根"；或一为树之"尾"，一为鱼之尾。先民形象思维，瓢柄剑柄皆可视之为尾巴呢。请看本字古文，形近甲骨文丙。所不同者本的三个三角形象根尖[往]深处钻下去，而非尾巴。

大树被伐，树桩留下，■末■（生机尽）。不久，树桩上又长出枝条来，名曰蘖。蘖字从木薛声。蘖生现象引起古人联想，比拟于人。于是国亡君死留下来的叫"孤臣孽子"。孽字是从蘖字受启发而创造出来的。树有蘖（馀），人也有馀孽嘛。馀孽由于大势已去，被主流视为恶，乃有罪孽一词生焉。馀孽只一小撮，本不足畏，但又怕它传染扩散，后果堪虞，好比酿春醪的酒曲，多仅一丸，也能变米为酒。酒曲又叫蘖，乃从孽字来。树桩何尝想（死后）得到，它能惹出这么多事情来。

标，繁体作標，从木票声。旧时木屋失火，燃烧的碎片满天飞，俗呼火鸦，此即票也。篆文票字从火从兴（繁体作興）。興是扬起，扣合着"满天飞"的意思。篆文隶变，错成上西下示，遂不可解。標字专指树颠，也就是最高枝的尖端。这是標之初义，早已退隐，不为人知。尖端呈锐角形，所以叫標枪■，又叫梭標。治標治本之说由此生焉。植株从根部到枝端完整无缺，方得谓之標本。標杆、標准、標识、路標、商標、投標，曼衍或将无穷。

树颠又曰杪miǎo。树杪位置最高，又尖小，人在树下看不清楚。难怪瞎一目谓之眇，看不清楚嘛。■前途■看不清楚，以渺茫形容之，也就好理解了。芒是麦芒，也是尖又小。標、杪二字联缀起来，biāomiǎo，不就是叠韵联绵词缥缈吗？"山在虚无缥缈间"见白居易《长恨歌》。缥缈义同渺茫，词源于高树的標和杪。

先民求生匪易，不但吃树上的嫩芽，也吃树叶。繁体的这个葉在甲骨文只是木上三片葉子。金文三片葉子错成三个廿字。古体因此写成木上一个世字。古人以三十年为一世。那时人多早殇，平均享年三十。古体葉字后加草头成繁体葉，从草从木世声，这样也还说得过去。原本象形，后变形声，趋势如此。

葉 葉 枼 朵
叶的繁体 古体 篆文 金文 甲骨文

甲骨文采（繁体作採），原先还以为是摘果，今日宜以摘葉视之。葉简作叶，象枝叶形，也讲得通。

甲骨文采

古体葉被借作牒的初文，义为薄木片而音dié。古代文书和证件都写在薄木片上。间谍要窃取的称谍，正是文件薄木片嘛。其实薄木片正因像树葉而称为牒。蝶之叠合双翅好比叠葉，故名。

050·树上多热闹

流沙河
中国作家协会四川分会

楚人说的芙蓉指荷花，绝非蜀人说的芙蓉。后蜀主孟昶城上植芙蓉，成都遂名蓉城。芙蓉秋季满树开花。花朵大，所以叫芙蓉。蓉乃花的别称。我看蓉和荣（繁体作榮）本一字。这个繁体榮字笔划错得离谱。幸有金文存在，帮助我们纠正错误。金文两个花团，篆文错成二火。双枝交叉，又错作冪盖。害得后人瞎说一阵。榮本义是花，荣华、繁荣、荣誉、光荣皆引申义，殆无疑义。

榮 榮 ✵
荣的繁体　篆文　金文

繁花密聚成团，状若妇乳，一朵。繁体作朶，上面是乃。乃字象妇乳形。蜀人妇乳叫奶奶nāināi而祖母叫奶奶nǎinǎi，决不混淆。《说文解字》不认为乃是象形，说篆文乃画曲线三倒拐是表现"曳词之难"。何谓"曳词"？就是说话拖长语调来个"然而"转弯。立论转弯要转得很自然，确实也"难"。照许慎的意思，三倒拐的乃字用曲线表现话语转弯之难。窃恐此说纯出臆度，因为一条曲线三倒拐可以有多种解释。先民习惯形象思维，造字者显是画的妇乳（篆文乃字顺时针自转90°便能看明白）。用妇乳喻花团，绝妙。不过，在古籍中，乃字确实被借作语词然转弯之用，而造字之本义遂被忘却，造此朶字。

朶 朶
朵的繁体　篆文

㔫 㔫 㔫
乃的篆文　金文　甲骨文

树上的热闹，除了花，还有果。果字上面非田，象果之形。金文果内非米，表示内容丰富罢了。甲骨文果头上有辫，暗示果种抽芽，具■能够蕃殖力。同时也便于与甲骨文叶（葉）互相区别开来。树木开花结果，所以事情结局也叫结果。又孳生出果然、果断、效果、因果诸词。诸词流行后，又给果字加草头作菓，以示区分。繁体菓废除，我赞成。果形近圆，所以■■■■■■■■■■■■■■■■■腹饱凸胀谓之果腹，正如食物■■口鼓起腮帮谓之朵颐。成都有餐厅名朵颐，取自《易经》。

果的繁体　篆文　金文　甲骨文

花果之外，又有鸟■集，更热闹了。观此集字写法，世界各族都■懂，虽然语言文字互■不相同。隹zhuī就字形而言，为短尾鸟类。三隹即群鸟。甲骨文集以一隹代群鸟。集合、集会、集中、集体诸词源自鸟类。鸟以类集，所以文类合编成册叫文集，诗类合编成册叫诗集。又，群鸟聚集，种类往往■繁多，所以集■的概念用于衣着便造出雜（简■作杂）。雜字左上是衣，左下木与右隹组合成集，从衣■可知从集，义为■集诸色之花衣。

集的篆文　金文　甲骨文

雜志、雜粮、雜种、雜文诸词生焉。简作杂字，字从九木，义为杂树，亦通。

杂的繁体　篆文

　　树上还有鸟巢。巢字象形，三雏鸟在巢中望母归。若不从象形说，巢字就说不通。木上明明是个甾字，音zāi，古义是陶缶，今义是有机化合物的一类，哪有什么雏巢之象。随着文明臻进，文字越造越多，象形之法有时而穷，巢字是其一例。

巢的篆文　金文　甲骨

　　设想退回到古代去，树上群鸟争鸣，喧闹烦人，那个字怎样造？画三隹张大嘴，那笔划该多繁？放心，仓颉夫子不笨，那个字很好造。他省掉隹，一只鸟也不画，只画三口挂在树上，便喧闹之意完满而幽默显示出来。这就是今日的噪字。我们比仓颉笨，三口嫌少，再加一口。树上三口不是象形，而是象意。

金文噪

　　枭xiāo夜鸣，闻者恶误，为恶鸟，其实捕鼠，益鸟也。古俗夏至捕枭砸死，悬罪树梢。人犯死被斩头示众，谓之枭首。《说文解字》说枭食母不孝，砸死悬鸟在所以篆文头挂木上。看篆文却是头、颈、胸、翅皆完整，仅脚不见了。就字形论，绝非悬首木上一鸟，亦非倒悬鸟尸。脚不见，造字者是暗示鸟在栖在树洞中。本来很有趣味的一个枭字，给迁夫子拿去宣传主义。又不注重观察鸟类生存方式，妄说一通。

枭的繁体　篆文

051・木之器用

流沙河
中国作家协会四川分会

狩猎必定早于农耕，可知枪比犁老。原始猎人砍来一段硬木树枝，扒皮，磨尖，火烤表层，使之碳化，便是一枝■枪了。枪的繁体作槍，从木倉声。木槍用于刺戳，狩猎和作战都要用。有用于投射者，是为标槍。金属制成的火药槍问世后，木旁改作金旁，字乃作鎗。今则不论槍和鎗，都简作枪了。繁体槍以倉为纯声符。倉字下面的正方形象粮倉形，上部是食之省。试将篆文倉与篆文食作比较，便知食字省去匕，并延长其上左垂直线，就成倉字上部。倉储粮食，所以字从食省。

槍　槍
枪的繁体　篆文

倉　食
篆文倉　篆文食

耒 lěi 是犁之前身。犁由犁辕、犁铧、犁柄三部件组装成。牛在前■拉犁，人在后■握柄，这叫牛耕。耒则极其原始，■无辕无铧，仅有一段弯曲的硬木棍，前端磨尖，斜插入土，后端作柄，双手握紧，撬起土块。许慎以"手耕曲木"释之，简洁准确。耒的篆文上部■不是丰收的丰■，切莫混同。此字音 gǎi，字可作解■。鄙人推测，此字古音 jù，是锯的象形字。原始骨锯长■不及尺，左右两排锯齿■。此字象正■胃锯形。至今以锯锯木曰解■而音读 gǎi，就是此字。用耒耕田■解地，故■从木又从此字。后来铸造青铜铧尖套

耒的篆文

可以说是在

在耒的前端，合称耒耜sì。耜即铧尖。

柶是古代的礼器，为木瓢儿。上古用膳，从饭碗内取食入口，不用筷子，而用小木瓢儿。这种小木瓢儿也名匕。《诗经·小雅·大东》上的"有捄棘匕"就是曲柄枣木瓢儿，亦属柶类。柶是形声字。

柶的篆文

梳亦木制，故字从木。梳发，使之顺，所以梳字从川。川皆顺流，川有顺义。

梳的篆文

杼是织布用的梭子。杼字从木从予。予是什么？看篆文才明白是一只尾巴上拖纬线的梭子，象形。织妇投梭，左右来去反复不停。旁观者凝视，目眩生幻，所以篆文予倒过来就成了篆文幻。

杼的篆文　篆文予　篆文幻

极是屋梁最高的那一根也粗。瓦盖平房，坐大厅中，仰面可见。屋上横梁有好几根，最高最粗最中间那一根才名极，或称栋。极字繁体作極，从木亟声。因为极在最高处，所以帝王即位谓之登极。俗作登基，误。房屋基脚在最低处，登上去做啥呀？

极的繁体　篆文

棺是木制殡葬遗体的容器，古称凶器。棺字从木官声。

木之器用

第一四三面

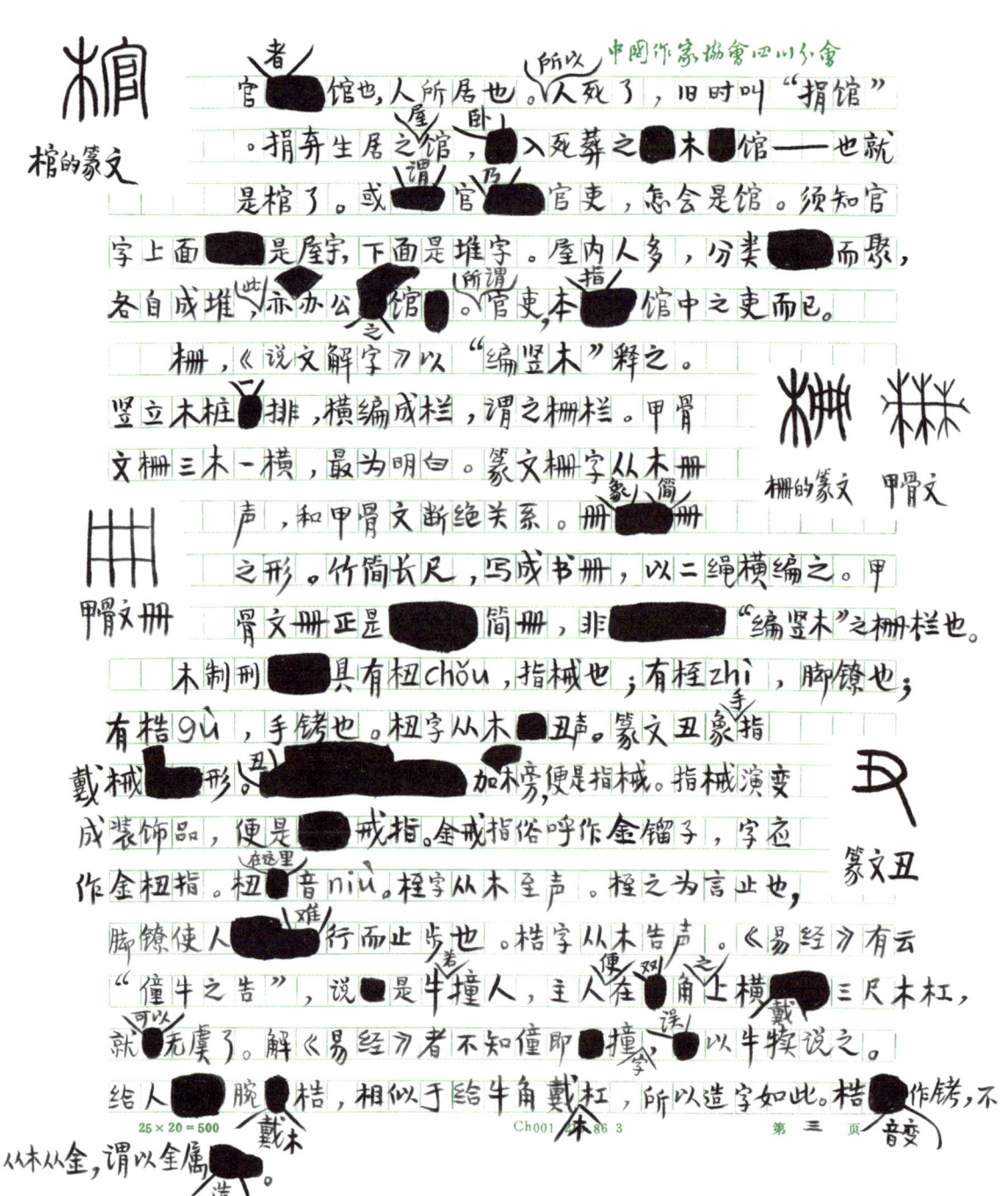

官，馆也，人所居也。人死了，旧时叫"捐馆"。捐弃生居之馆，入死葬之木馆——也就是棺了。或谓官乃官吏，怎会是馆。须知官字上面是屋宇，下面是堆字。屋内人多，分类而聚，各自成堆，亦办公之馆。所谓官吏，指馆中之吏而已。

栅，《说文解字》以"编竖木"释之。竖立木桩一排，横编成栏，谓之栅栏。甲骨文栅三木一横，最为明白。篆文栅字从木册声，和甲骨文断绝关系。册象简册之形。竹简长尺，写成书册，以二绳横编之。甲骨文册正是简册，非"编竖木"之栅栏也。

木制刑具有杻chǒu，指械也；有桎zhì，脚镣也；有梏gù，手铐也。杻字从木丑声。篆文丑象手指戴械之形。丑加木旁便是指械。指械演变成装饰品，便是戒指。金戒指俗呼作金镏子，字应作金杻指。杻音niǔ。桎字从木至声。桎之为言止也，脚镣使人难行而止步也。梏字从木告声。《易经》有云"僮牛之告"，说便是牛撞人，主人在双角上横戴三尺木杠，就可以无虞了。解《易经》者不知僮即撞之误，以牛犊说之。给人戴腕梏，相似于给牛角戴杠，所以造字如此。梏作铐，不从木从金，谓以金属造。

052·小草一二三四株

流沙河

草木的草，两千年前，字本作艸。此字才是艸木的艸。那时候的草字其实是今天的皂字，乃指青枫树上结的橡子。试将皂字尾巴拉直，就与早字很相像了，正象橡子在枝之形。后来草字用来代替艸字，橡子之义遂隐。经历两千年之久，我们也习惯了。现今艸被视为草的古写，常亮相于书法作品之中。古老的甲骨文欠规范，一株小草是草，两株也是，四株也是。奇怪的是三株小草却非草字，而是卉字，出现于篆文里。卉hui者汇也，各种不同草类汇聚起来之总名也。今称花卉，百花百草都包括在内了。四株小草也是草字，甲骨文有作证。请看甲骨文的蒿萑芳萌四字，便可明白。这四个字在甲骨文都是四株小草，后来才打对折简化的。也有不打对折，四株小草保存到今天的，例如莫字。此字篆文和甲骨文，日在四株小草之中亦即日落草间，快要莫了。莫字下部原非大字，而是两株小草。后来又在下面加个日字，成暮。夕阳落地，茂草连天，这个莫字富有诗意，造得真好。又例如葬字和莽字，在篆文里也是四株小草放在四隅，保存至今。葬字是草间一死，莽字是草间一犬，隶变之后，下部两株小草都变形而认不出了。草间一死，所谓藁葬，草席裹埋。注意篆文死下多出一横，或许是葬坑下垫一块木板吧。草间一犬，非家狗也，乃野狗也。吾蜀狗有名莽子者，谓其勇猛也。《诗经·召南·野有死麕》男女幽会，男解女悦，女警告"无使尨也吠"。尨máng 就是可怕的莽子狗，尨莽音义皆同。到了《说文解字》许慎，不再认为四株小草也是草字，让其音mǎng，领"众草"义 说它是莽 的声符。奈何后人不买 账，拒用他的新发明，仍以莽字用于草莽一词。

回头说一株小草也是草字，也有 具 证。请看篆文和甲骨文的每字，便可明白。每，上面一株小草，下面母声，义为草 很茂盛，是形容词。《诗经》的"周原每每"也形容禾稼 茂盛。每 茂音 近 义 同。物茂则数量多，所以次数多也用每每形容了，如牌战每每输也就是多次输。甲骨文下面不是母而是女，当然不能再以母声解之。所以有说者谓上面非草而是头发，本指女子发盛。此说也有道理。

每的篆文　甲骨文

葬　莽

与每形义相近，而很难解说清楚的，有个毒字。毒字甲骨文里尚未出现，且说其篆文吧。毒这个字，前人异说纷纭，兹不复述。窃以为此字上面既可识为生字，又可识为丰字。篆文生，上草下土，表示草从土中生出。篆文丰，整体象草丰盛之形。《诗经·郑风·丰》："子之丰兮，俟我乎巷兮。"丰，今谓丰满，此以草之丰盛比喻女子体态胖美。然而这些都与毒字无关。《说文解字》认定此字与生与丰有关，亦即与草有关，所以解为"害人之草，往往（旺旺）而生，毒声"。毒di声相距甚远，恐不能作毒字的声符。何况母毋并非一字，哪能混同。毒字当另求解。前面提到，每字象象女子发盛之形，给我启示。我看毒字象女子当妈后，不但肤革充盈，而且毛发更盛之形。母头上顶着的不是一株小草，而是头发。头发又厚又密，所以横插二簪。《说文解字》以厚凡物释毒，这却不错。不过非草厚也，乃发厚也。厚则甚，甚则猛。古人说"毒药苦口利于病"，谓猛药也。太猛也要死人，就叫中毒。传说神农尝百草，一日而遇七十毒。毒草一词出此。但毒字本训厚，所以《易经》说"圣人毒天下"，谓厚待天下百姓也。

篆文毒　　篆文生　篆文丰

053·各种蔬菜取名

流沙河

菜（篆文菜）

初无园蔬，只有野菜，要人到野外去采回来。采回来的品种甚多，故总名（采，加草头成）菜。可能最早多采摘嫩树芽，例如椿芽、榆芽、柳芽、槐芽，所以采字爪在木上。当然也采草本植物，所以名菜。

蒋（篆文蒋 / 繁体蒋）

菰蒲嫩茎，可作菜蔬。蒋是古名，今呼茭白。蒋茭双声对转。繁体作蒋，从草将声。将字左旁爿（床）是声符，右旁寸即右手端着一块肉，似在上菜。

芋（篆文芋）

西蜀岷山出产大芋，雅称蹲鸱，其大可知。原始人挖出大芋来，惊喜叫一声吁（哟），所以名芋。芋母周围附生芋儿，若奶孩然，所以又叫芋艿。艿的古文象妇乳形。

薇（篆文薇）

伯夷叔齐兄弟俩义不食周粟，作《采薇歌》而饿死。薇，一种蔓生野菜，茎叶似小豆而更微小，故名加薇。古称山菜，后又呼野豌豆，蜀人叫些巢菜。今人不识，误为花类，拿来命名女儿。

蕺（篆文蕺）

蕺字或作草头下面一租，又或一俎，准确应作草头下面一戢。陕西人叫蕺子（俗名鱼腥草），川人叫蕺儿根。蕺儿根似白茅根而蕺聚丛生，故名。《诗经·周颂·时迈》有"载戢干戈"句，毛传以聚释戢，乃知野菜取名亦讲章法。

白鱼解字稿本

第一四八面

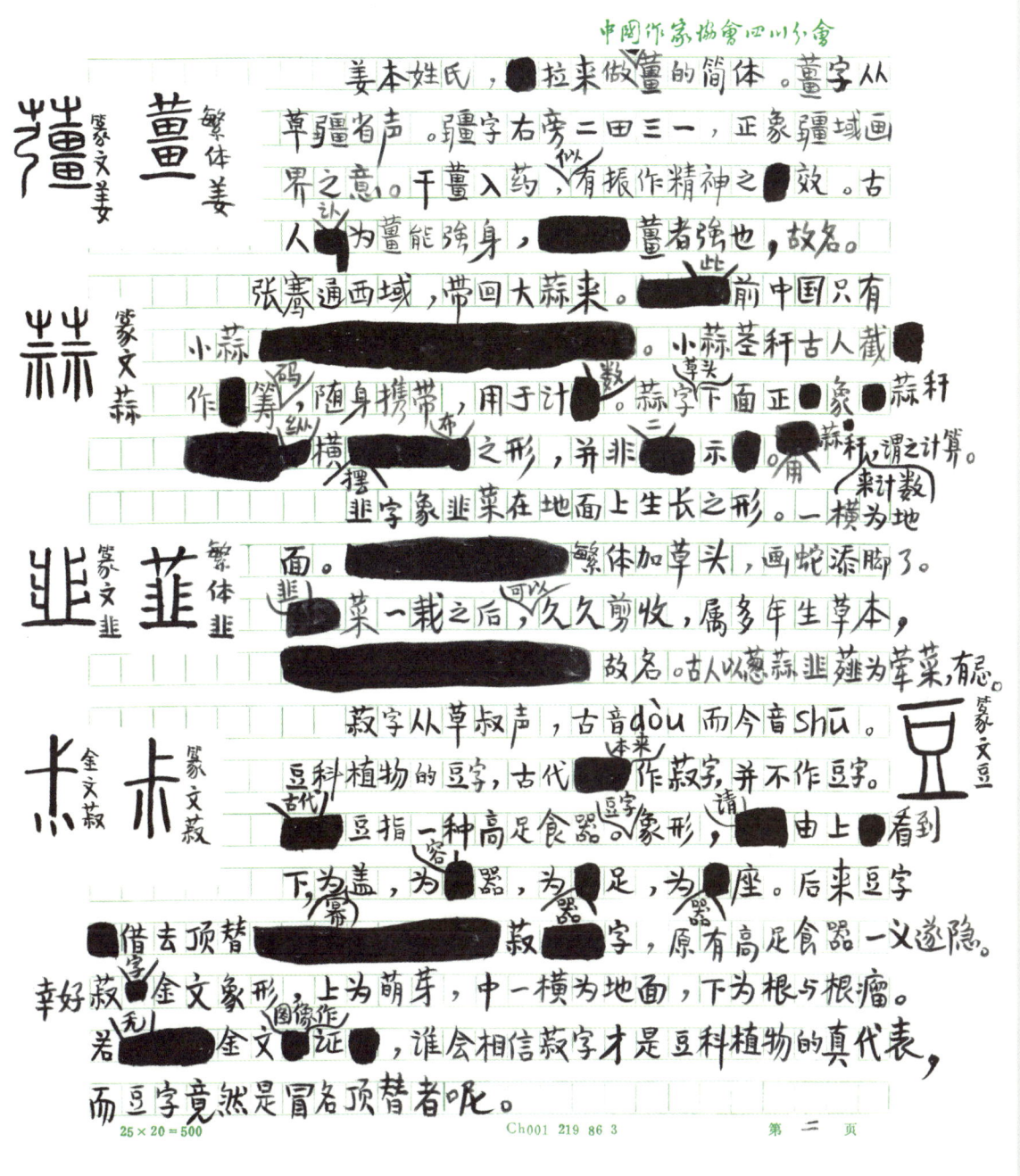

各种蔬菜取名
第一四九面

蓼(liáo) 生水边，草本，茎高，花白色或浅红色。蓼字草头下面是纯声符。这个声符可读膠音，也可读醪音，暗示"叫闹"。蓼在古代既用作辛菜。其茎叶有辣味，怕辣的人吃了又叫又闹，故名。辣椒传入中国后，取代蓼草的地位，唯诗人吟"红蓼花开水国秋"。椒在古代专指花椒。麻得人叫，故谓之椒。

篆文蓼

藕 荷分两类：花荷花好，藕荷藕好。篆文从水，表水生也。隶变行作藕，谓藕窜泥中，如耦耕也。耦本二人耕地，一在前拉耒，一在后扶耒。耒是犁的雏型。藕还有另一解：藕之为言沤也，谓沤在水中也。

篆文藕

蘿蔔 笔划繁，挺吓人。其实是萝卜二字的篆文和古写罢了。萝卜繁体蘿蔔，写音而已，不必拆开来一字一字地解释。先民种萝卜时，绝想不到此菜笔划繁难如此。他们只知发音luóbo，味道适口，可生吃，可烹煮，可菹可醢，真嘉蔬也。后来文人要把它写上书，循音找字，就成篆文。隶变后又有了古写。循音找字，各找不同，乃有繁体蘿蔔二字出现，已与古写大不同。简体萝卜又一折腾，天啊。

篆文　古写

054·茶荼蔗蓝麻

流沙河

中国作家协会四川分会

一种遍生全国各地的野菜名荼ㄊㄨˊ。准确命名，应叫苦荼。《诗经·邶风·谷风》："谁谓荼苦，其甘如荠。"所指即此苦荼。又名苦荬或苦苣，俗称苦菜。苦荼为一年生草本，高30—100厘米，田野、路旁、农舍附近常见。茎秆直立，中空而脆，折断冒出白浆。开黄花如野菊，花谢结实。到了汉代，长江流域茗饮成风。茗味因为清苦，也被叫作荼。苦菜与茗，一为草本，一为木本，形态大异，不该混用一名。混用之后，害得后人聚讼至今。南北朝时陶弘景就认为古书上说的荼指南人饮用的茗。南人饮用的茗传播国外，英语叫tea，就是荼的译音。长沙出产佳茗，当地土语叫chá，就把荼字念作chá音。后来觉得不妥，乃减荼一笔成茶。长沙茗茶广销各地，古代跟着叫茶。茶字晚出，所以篆文没有茶字，只有荼字。若用篆文给茶馆写招牌，既然只能写成"荼馆"。茗者何？萌也，茶之嫩叶即我蜀人说的芽茶。芽者何？树芽初萌，似婴孩乳牙也。音同义近。《说文解字》有蔫字和菸字，互相比邻。植物本缺水干枯曰蔫。蔫是形声字，焉乃纯声符。不管焉为何物，都不影响蔫字本义。人劳倦，乏精神，说是蔫嗒嗒的。这就是以植株喻人

篆文荼

於的篆文 金文

体。芫字亦作莞。不同者蔫用于草木，而蔫常用于人特罢了。菸则指植物叶子干枯。菸也是形声字。草头下面的於也是纯声符。於古音wū，是乌字的另一种写法。请看於字的篆文和金文，就是乌的象形，有头有身有翼有足。乌鸦种类繁多。类有体型最小，颈毛白色，相传能反哺其母，名慈鸦又名纯孝鸟者，单称为乌，也就是於。为wū音转yān，作菸字的声符用。烟草明代传入中国，因其大叶采摘下来必须晒菸，所以叫作菸叶。菸叶裹成指粗棍状，俗呼叶菸。其字今作叶烟，而菸被视为繁体了。

甘蔗初名竿蔗，以其形状似竹竿也。传入中国已在汉代以后，所以篆文无蔗字。蔗从庶，庶亦声。庶就是后来的煮字。甲骨文最明白，棚下左火右石。先民无锅，石头烧红投水使沸，煮肉煮菜。后来文明日臻，反映在金文里已是鼎锅横杠，下面烧火。等级

庶庶庿

庶的篆文 金文 甲骨文

观念成型之后，司煮厨役们被视为非主家的旁支。于是出现庶民一词，指普通老百姓。宗法制度实行一夫多妻，正妻所产谓之嫡出，侧室所产谓之庶出。甘蔗横埋土中，每节萌芽，出土成茎，亦旁支庶出也，所以蔗字从庶。

茶叶，菸草，甘蔗，皆属所谓经济作物。蓝（简体

25×20=500　　　　　　　　　Ch001 219 86 3　　　　第 二 页

白鱼解字稿本
第一五二面

作(曾于蓝），其字从草监声，亦属经济作物。监声复辅音lán，可作蓝字声符。监字拆开，是人睁大眼（臣）以碗（皿）水为镜，照其面容。此事当然不从监关蓝义，仅表读音而已。蓝本植物，春末育秧，盛夏拔栽，初秋刈割，浸沤水中，滤取蓝淀，作染料用。百年前舶来的化学染料逐渐取代蓝淀，蓝乃式微，其义仅存七色中，少年复不知其为植物矣。

麻（繁体作蔴）亦经济作物。甲骨文有丝无麻，或许是由于商代贵族衣丝，百姓衣麻。麻字不是廊下一林，人多误书。金文和篆文麻是廊下剥麻皮。麻植在田，春种秋收。麻秆砍倒，运回晾干，然后剥皮。皮浸沤后加工成麻纤维，纺成麻线，织成麻布。造麻字者头脑灵活，不从植株形态而从剥皮过程取象，不但利于认读，且有"技术含量"留给后代。

055·药(藥)字的解释

流沙河
中国作家协会四川分会

大众文化流行，音乐一科走红。当今凡有声处，莫不奏器唱歌，乐之用大矣哉！闻人语云："药的正体藥字，原是草头下面乐的繁体樂字，说明音樂能治心病，草药能治身病。"这样解释藥字，新奇可喜，似见古人以及前辈文字学家之所未见，予甚佩服。思索多日，疑窦启焉。须知藥这个字最早出现在《诗经》里，其本义并不是草藥，更不是今之所谓藥物。许慎《说文解字》释藥为"治病草"已是东汉时的说法。《玉篇》释藥为"治疾病之草总名"时代就更晚了。吾人当求藥字本义，不当以今日之情形妄测古代之观念。详说如下。

药藥 藥
药的繁体 正体 篆文

若谓音樂治心，我无异议。《礼记·樂记》就是这样说的。其言曰："先王之为樂也，以法制也。"又曰："樂行而伦清，耳目聪明，气血和平。"又曰："樂可以善民心。"又曰："致樂以治心者也。"这是一部先秦儒家典籍，不免有杞人忧天式的警告。如说"樂盈而不返则放"。又如指责地方音樂"郑淫""宋溺""卫烦""齐骄"，"此四者皆淫于色好，害于德"。还特别反对新音樂，指责"今夫新樂奸声以滥，溺而不止"。可知古人在观念里不认为音樂都能治心病，毕竟有异于今之物藥也。

白鱼解字稿本

第一五四面

药字最早见于《诗经·郑风·溱洧》："维士与女，伊其相谑，赠之以勺药。"是说暮春郊游，男献勺药给女，表达爱情。勺药在这里是花名，显然绝非药名。花朵光彩鲜艳，以连绵词灼烁形容之，见《古文苑·蔡邕〈弹棋赋〉》之"荣华灼烁"，正如珠有光泽，以连绵词玓瓅形容之，见《史记·司马相如传〈上林赋〉》之"明月珠子，玓瓅江靡"。可知花名勺药，与灼烁和玓瓅同手，亦连绵形容词。连绵词不可以拆开讲，须以音求其义。后人勺上加草头作芍药，遂成植物名称，而人忘其初为形容词矣。在《诗经》另一处还有"不可救药"句，药作动词释，是为治疗，已动词化衍义，非本义了。由于芍药块根具有治疗疾病功效，药才为治疗。要到战国时代成书的《周礼·天官·疾医》里出现草药、木药、虫药、石药、谷药统称五药的说法后，药才取得药物一义。芍药之名在先，药物之义在后，自不用说。

芍药为芍药科多年生草本，初夏开花。花有红白紫三种色。产于中国北方，远及西伯利亚。久经栽培，为著名观赏植物。估计早在史前为野生植物时，其块根已用于治疗疾病。赤芍性寒味苦，主治瘀血凝滞、经闭、胁痛、赤痢、痈肿、吐血等症，即取自野生芍药的块根。另有白芍，性微寒，味苦酸，主治血虚腹痛、肿痛、痢疾、月经不调等症，即取自栽培芍药的块根。芍药花有复瓣者俗呼小牡丹，姿色特美。男献女示爱者应该是这种花。

　　牡丹亦在芍药科内，但非草本，为小灌木。牡谓花大，丹谓花红。牡丹亦分红白紫等色，丹皮亦具治病功效。唐代以前尚无牡丹之名，统称芍药。唐时名木芍药曰牡丹，李白《清平调》所谓"名花"者即此。此花盛于洛阳，美称花王。

　　古之所谓芍药（包括牡丹在内）由于具有治病功效，而又最为常用，所以其他种种植物，凡具有治病功效者，亦同芍药一起被叫作药草。不但《周礼·天官·疾医》有"五药"的说法，唐代颜师古注《汉书》也说："勺药，药草名。其根主和五脏，又辟毒气，故合于兰桂以助诸食，因呼五味之和为勺药耳。"清代王念孙说，勺药读若酌略，意即均调。其实这就是我们所说的"佐料"。

　　药虽然取得了药物一义，但亦作芍药的简称。南宋姜夔词《扬州慢》："念桥边红药，年年知为谁生。"红药显然不是今之红汞，而指红芍药花。冀北有文友丛药汀先生,估计亦取芍药为名。

　　（芳草）

056·猎获与稼获

苗字不简单，别以为一看就懂。上面不是你熟悉的草，而是禾苗。禾在古代指小米之尚未抽穗者，今则泛指禾稼（包括稻麦等许多农作物）之幼苗。当然，从广义说，皆可归入草类。苗字下面亦非你熟悉的农田，而是猎田。到野外去打猎曰田猎，打猎的围场叫猎田。这个田里不出庄稼而出野兽。田这个字就是四面包围，纵横搜索。田就是摆开阵势。阵的繁体陣，陈的繁体陳，原本是一字，都从猎田的田字演变来。大片荒无人烟的灌木丛林，内有沼泽，禽兽蕃息其间，古谓之薮sǒu。古代中国九州有九大薮，各有名称。在中原豫州（今河南省）的名叫甫田，正是猎田。

时代从狩猎过渡到农耕后，猎田被开垦为农田，田字取得新义，字形亦可用田径包围纵横说之了。既是农田了，田间的草也就可以视为苗了。

艺字古义既非文艺，亦非工艺，是是农艺。看篆文，左旁是陸（陆）之省，右旁是手持苗。陸是土地，苗将栽入。隶变后加草头是古写，此为农艺的艺。繁体下面加云，乃孔子传授六艺的艺。更早的金文和甲骨文简直是看图识字，农夫蹲着，手持苗，正在栽。

中国作家协会四川分会

种庄稼不分南方北方，夏季都有中耕除草这一道工序。田间杂草春耕已除■，夏日复生。不及时诛除■，禾稼很难■茂盛。中耕除草，或用锄或用耙，古谓之薅nou。字今作耨，耒旁代表农具，■辱则是手持辰。辰即蜃shen，海中大蛤有名车螯和车渠者，长二三尺，宽一尺左右，厚二三寸。蜃壳先民磨制成锄片，附以木柄，（用来）除草。甲骨文薅正是（由下而上）手持蜃除草。辰■象蜃足出壳■形。农繁体農，字从辰者，以蜃锄代表农具也。

夏季除草齐割■叫薅nou，《孟子》有的"深耕易薅"。中■叫薅hao，《诗经·周颂·良耜》的"既薅荼蓼"为证。薅薅义同音异，（是）怪哉。说穿了就不怪。同一（个）意思，■读音■演变，形成两字。薅缓读成haonao二音，nao又（独立）变成nou，写出来就是薅■。薅字女旁原来是好之省，放在薅旁做声符的，（用来）提醒读者这个薅字■读hao（好）■。同一意思写成两字，是为方言。吾蜀受周秦文化影响，夏季■稻田用耙除草■叫薅■，不叫薅。

我们已经习惯获字从草，其繁体獲与穫（同样习惯）从草，因为从草在这里讲得通。■殊不知在古代獲与穫上面根本没

薅的篆文　甲骨文

薅的篆文

白鱼解字稿本
第一五八面

有草头。请看篆文 ■，隹zhuī的头上是毛角。隹是短尾之鸟，头戴毛角，此鸟名huò，就是角鸮。获的篆文有二：

獲 穫 穫 穫
获的繁体　篆文　获的又一繁体　又一篆文

左旁从犬者为打猎的收获，左旁从禾者为农稼的收获。两个篆文获各有其用途，不允许混用。原来此二字右旁的又字表示动手（动手必然）有所收获，其上■头戴毛角的短尾鸟放在那里作声符用，表示此二字都读huò。隶变后毛角错成草头了，使我们误认为获字从草。老实说，获这个简体字左右两旁皆犬，就像二狗比美似的，根本不通。

更早些，获的金文和甲骨文没有声符，而是用手捉鸟象猎获■。初造■获字如此简单明白，为啥后来放弃了，另造篆文形声字？后来造字日多，你在那里造，我在这里造，各人造各人的。有人造篆文又持一隹，■就是手中一鸟，繁体作隻，今简作只，一只鸟两只鸟的只。这就与先前的金文和甲骨文获雷同了。不得■已，只好隹上添戴毛角，■使之变作声符■。又嫌意思含混，乃分别加犬旁与禾旁，一个字变成两个字，各有用途。

隻 隻
只的繁体　篆文

获的金文　甲骨文

猎获与稼获
第一五九面

057. 草之为用大矣

流沙河
中国作家协会四川分会

予曾饲猪满圈，终日忙碌。青饲料或用红薯藤或用胡豆苗，随季节而轮换。无论用藤用苗，皆须■铡刀铡■碎，大锅煮熟，猪才肯吃。铡藤苗时想起偷读《说文解字》，记得许慎释"莝"字，仅用"斩刍"二字，何等简洁。铡草曰莝，从草坐声。亲手莝过，予何幸也。

凡青饲料皆谓之刍，繁体作芻。篆文是两捆草。哈，我到田里割胡豆苗，就是束成两捆挑回来的！造字者若不是像我一样肩挑过青饲料，怎会这样造此芻字！忽然觉得我通古人气力，肩添■。同时感受汉字奇妙，心生敬畏。

芻　甶
刍的繁体　篆文

铡刀的铡《说文解字》没有。字龄太嫩，未能赶上。古有折字，或许就是铡的前身。折字从斤。斤是长柄斧的象形，所以古书上面连称斧斤。斤在这里代表刀具，包括铡刀在内。看甲骨文，斤之所及，草断为二，便不妨理解为用铡"斩刍"。折zhé铡zhá双声对转，

斩　斯　折
折的篆文　金文　甲骨文

折即铡也。再看金文，断草处有两横象铡槽。铡刀揿下，刀片半入铡槽█，草断为二，两旁纷█纷落下。折字左旁，明明是草，隶变后误作手，写成所谓提手。一错至今，永无改■日。奈何不得，只好随俗。

白鱼解字稿本
第一六〇面

●有割野草喂猪的，地位该叫䔰。秋草枯黄，割作炊用，就要改个说法，曰莞。繁体作薧，《说文解字》释为"草薪"。薪字从木，专指木柴。薧是草柴，同样作炊用。

草之为用大矣。食用，药用，饲用，炊用，还有卧用坐用。旧时寻常人家，草席铺床垫座，统名曰茵。茵字从草从因，因亦声。其实茵最初无草头，因字象人卧在席上，一看就懂。甲骨文因告知我们，是长方形，正好铺在床上。古文席告知我们，先民栖息崖下，卧在因上后铺居室。因席本是一物。画，地板上设因供坐供卧，凭之藉之。由此孳生出事物凭藉的原因这个概念。今之所谓因为、因袭、因循、因缘、因素、因子诸词皆由此来。因既移作他用，必有其草头作茵，专指茵席。"芳草如茵"谓其如铺席也。报刊上常见的"绿草茵茵"就不通了。

其茵既供人凭靠藉垫，所以女嫁男家，旧时视为有了靠垫，称夫家为姻。婚姻一词就是这样来的（嫁娶仪式黄昏举行曰婚）。

草还有一大用，那就是盖房子。尧舜时代，国王宫殿都是草房，平民不用说了。用草盖房子，最初不叫盖，而叫茨。茨字从草次声。先说次字，从二从欠。欠就是打呵欠。篆文右下与今儿字相同，右上与今气字相同（方向相反而已）。小孩欲眠，呵欠，这就是次。欠是象形字。呵欠一个接一个，所以欠加二做左旁，就是次字。二的意思就是"再来一个"。这和用草盖房子有关系吗？有关系。房子是从檐向上盖，后一铺草必须搭着前一铺草。大约七铺草搭盖到屋脊。杜甫的草堂被风刮走三铺草，此即"卷我屋上三重茅"也。一铺草搭着一铺草，有其次序，茨字所以从次，次亦声。

后来兴用盖字代替茨字。盖的繁体作蓋，字从草，还是用草盖房子。看金文蓋，草下一皿（碗），盛有食物，上面加双层盖以保温。其初义或许是专指容器之盖。此蓋不要草头，其字作盍而音同蓋。后加草头，与茨同义。到了篆文，双层盖讹作大。隶变后，大与皿内食物粘连错成去字，弄得难以解说。

苦shān与蓋同义。予曾踩泥做手工砖，遇雨用"茅扇"蓋砖坯。当时不知其字应作"茅苦"。砖工口语传承，保留古字，使我欣慰。多见报刊文字有"云山雾罩"的说法，虽作家亦难免，而不知应该是"云苦雾罩"。苦，蓋也，蓋，罩也。

058·请细察一朵花

流沙河
中国作家协会四川分会

今之住宅小区，动辄取名花园，无论有花无花，洵可哂也。考此花字，实为晚出，字龄不超出魏晋南北朝。花字出来以前，通用華字（简体作华）概指植物的性器官。

華 華 華
华的繁体 篆文 金文

篆文華无草头，上象花穗下垂之形，下为于字做了声符。于字古音huá，所以用来标识華字的读音。華简作华，用化作声符。花字也用化作声符。

篆文華上面象花穗形，就是今之穗字。花穗有上举者如菜花和桐花，也有下垂者如稻花和柳花。下垂一串花穗，下面加土，便是垂字。有些花穗，如稻和粟，花谢了结籽实，所以穗不但象花穗，也象实穗。

穗 垂（篆文）

《诗经·小雅·常棣》："常棣之华，萼不韡韡。"是说棠棣开花，映衬着花萼和花托都光彩了。请细察一朵花，当有发现。花瓣下面有一圈绿色的小片，就叫花萼，或曰萼片。萼是形声字，草头下面是声符。花萼下面还有一个更小的杯状体，承托着花瓣和花萼，就叫花托，古名曰不。你别惊奇，古人造出这个不字，正象杯状花托之形。不字的本义正是花托呀！上面是杯状体，怕你看不出

萼 萼

不 不
不的篆文 甲骨文

请细察一朵花
第一六三面

是花托，造字者在下面添画植物根须，给你暗示。《诗经》在此用(独真)不字本义，(又)善莫大焉。不然我们瞎猜到死，也猜不准不字的本义啊。

不字借去表示否定意义(之久)，至少也有三千五百年了。原来古人亦(今)同(有时)人，对事物持否定态度，总是紧闭嘴唇，一言不发。(后来)忍不住了，爆发出来，嘴唇自然迸出一声bù，写出来就借用不字了。久借不归还，本义遂迷失，所以我们一见不字而联想到英文NO，绝不会联想到一朵花。

写到这里我才想起杯字为什么右边是一个不字。饮器状似花托，所以杯右从不。还有，双手合掬盛物，■如杯盛水，谓之一抔，亦间接与花托有关系。更进一步，花托内藏种子，所以胚■也从不（至不一字）。《说文解字》释不字云："鸟飞上翔不下来也。从一，一犹天也，象形。"许慎■没有猜对。他把篆文不字看成一只没头没翼没足的长尾鸟一飞冲天（顶上一横他说是天），真属瞎猜之列。

知晓不即花托，不字正象杯状花托之形，我们就可以由此探讨帝王的帝字。这个威严慑人的帝，考其字形，■■与花托(这)■是一回事。请将甲骨文的三个帝字与甲骨文的■个不字作■比较，当能看出■帝与不颇相似。所不

帝的篆文　金文　三个甲骨文

甲骨文不

同者，帝字多出了中间的部分。这中间的部分，或作横置的工字，或作横置的矩形，是个啥东西？愚以为那是篆文带字的省略。带字上面象腰带形，左右弧线是█腰部，一横是█腰带，带钩在中间。带字省略成横置的工字，或干脆画个横置的矩形象腰带围一圈，作为甲骨文帝的声符。帝古音(dài)█同带。所以帝字从不（花托）带省声。帝就是蒂，本义指█花之蒂（字又作蒂）。花蒂花托一物两称，是一回事，正如帝即不也，不即帝也，有二名焉。花蒂内藏子房，日后熟而成果结实。果实又刘█种子，一生百，百生万，█蕃衍无穷，何等神奇。似乎上帝就住在花蒂内，所以先民称呼万物之神曰帝。何况那时帝音dài，同大，正好用于尊称。帝最初指上帝，《诗经》例不胜举。后来人王雄起，自认为有长养百姓之功，也僭称帝。暴君祖龙█帝犹不足，█妄称皇帝。皇，大也。

予曾种南瓜、丝瓜、苦瓜、黄瓜，知瓜花分雌雄。雌花花托就是一丸小瓜。花谢后，█一丸小瓜逐渐成熟，█慢慢长大。农民嘲讽性急不能久等者说："急啥呀！黄瓜才在起蒂蒂呢！"帝字█本义农民都懂。似乎

059·误从草头的字   流沙河

黄字拆开，俗谓"二十一田八"，固谬。然荒字典把黄字编入草头内，亦谬。黄与草不相关。《说文解字》解黄字为从田，古文光声。篆文黄确实由田和古文光组合而成。但在金文和甲骨文，田和光就都不见了。看其主体显然是个大字（大人），腹部有个矩形或圆形。许慎以"地之色也"释黄，其根据是田地火烧后土色就变黄。而在金文和甲骨文，既不见田，又不见火，何来土色变黄？所以黄字本义究竟是啥，还得探索。前辈专家多认为黄是璜的古字，象古代流行的玉佩形。愚则另有管见，认为在甲骨文黄象大腹便便之形，黄的本义是指身体壮伟肥大。广的繁体作廣。廣，大也，从黄得义。晚到春秋战国五行学说兴起之后，以五方配五色，中央戊己土，其色黄，黄才取得"地之色也"一义，而其本义遂隐。

黄的篆文　两个金文　两个甲骨文

篆文黄虽然由田字和古文光组合而成，但是光不等于火，所以许慎田被烧后土色变黄之说可能错了。古文光从火，上火是声符，光有大义。篆文黄从光，所以取得壮伟肥大之义，亦不足怪。

炗 古文光

误从草头的字

第一六七面

还有几人能写出梦字的繁体呢？简体向我们暗示：梦与林有关系。这是误会，与林毫无关系。繁体夢字和瞢字本来是一字，后来分工，一个做夢，一个瞢懂。这里不妨把瞢视为夢的异体，以便解说。

夢　瞢　夢　𥄢　𠯑　𠱠
梦的繁体　异体　两个篆文　　两个甲骨文

夢字头上当然不是草头，更非毛角，那是何物？必须看夢的两个甲骨文，方能回答。那一只大眼睛上面有二钩或三点，暗示（作为符号）正在瞬动不停。人做梦时，双目半闭，眸子真的瞬动不停。此之谓"快眼动睡眠"，总是发生在熟睡向半醒的过渡阶段。甲骨文大眼睛下面是人，仰卧上床，表示正在睡眠。先民早知"快眼动睡眠"与夢的同步，故造字如此，何等的聪明！《说文解字》解瞢字云："目不明也。从苜从旬。旬，目数摇也。"旬，后作眴，今作瞬 shùn，俗谓眼睛跳，亦即"快眼动"。至于苜（不是苜），这根本不是字，只是符号暗示"快眼动睡眠"而已。到了篆文，添画屋盖，床加靠背，下面增夕（入夜）。隶变作夢，最后定型。夢字有念先民对夢中人的观察经验，亦文化遗产也，不宜随便简成没意义可传承的梦字。

白鱼解字稿本
第一六八面

060·苟苟之辨

流沙河

《说文解字》告诉我们，有一种草名苟。翻书查找，毫无着落，怀疑世间是否真的有草名苟。看篆文苟，甚至觉得这是凭空臆造的字。先就字论字吧。苟字从草句声。句勾本一字，音gōu。后来因[借]句作草句字用，才另造勾。所以篆文、金文、甲骨文没有勾，只有句gōu。句字口作声符，画二钩相钩搭，象腰带钩扣形。如果有草名苟，定取钩义。想必是这[一种]种草有钩刺，能钩住行人衣，如蔷薇之类吧。但是有钩刺的植物不少，也不便作草名。我怀疑世间是否真的有草名苟，以此故也。

与苟字组合的语词，其指义皆和草不相干。得过且过，苟且。偷生忍辱，苟[活]。逢迎顺[从]，苟同。随便[随]结交，或随[便]性交，苟合。只顾眼前，苟安。贪不义，苟得。[临危]滑脱，苟免。钻营爬[位]，苟进。以上诸词，尝试以狗换苟，改作狗且、狗活、狗同、狗合、狗安、狗得、狗免、狗进，我看倒很合适。

会不会是草头下面一个句字的篆文苟写错了？确实，还有一个苟字上面既非草头，下面又非句字，其字作苟。这个苟字比草头苟更古老（草头苟在金文和甲骨文内找不到）。在甲骨文和金文内，这个苟很像一条狗跪坐在地上，一双大耳俨然可识。到了篆文，大耳被规范成禽兽的角，又添口作声符。苟可能是最早的狗字。篆文狗应该是晚出的形声字。狗字出来，苟字■退隐■。后■人当然也就不了解苟字的真相了。

苟的篆文 金文 两个甲骨文

篆文狗

敬的三个金文

请在这个苟字的右旁增添一只右手拿着一根棒，哈，这不就是敬字了吗。怪哉，拿着一根棒向狗走去，是要向它致敬吗？请看敬的三个金文，正是拿着棒走向狗。简直有悖常理，哪有这样去表示敬意的？细思之方明白，原来初造此敬字时，本义并非尊敬，乃是警戒。拿着棒走向狗，提高警觉，有所戒备。它敢咬，你就打。所谓敬者，乃自儆也。后来敬字用于■仰事尊长，■必须谨慎，进而恭恪，意思就从自儆变成敬他了。《诗经》中的"敬慎威仪""夙夜敬止""敬天之怒"皆敬他也。■也有例外，如《大雅·常武》的"■既■敬既戒，惠此南国"就是以周宣王的口气，命令南征淮夷的将士们警惕敌军，严加戒备，解放南方。

白鱼解字稿本

第一七〇面

许慎著《说文解字》时,敬字本义已隐,世自做敬他新义。许君心知解说文字须求本源,所以干脆不收敬字入书,而用后出的做字充当之,以维护本义,使其勿亡失。释做字云:"戒也。从人敬声。"段注:"与警字音义同。"敬——做——警之承续关系,于此犁然自见。近代建立警察厅局,警谓警之于前,察谓察之于后。警之于前正是敬字本义。

篆文做字人旁立在左边圆,其拿棒右手分离,已违象形之旨。立在中间的狗大耳俨然,前腿悬空,后腿直立。苟字在此,非狗莫属。

犬科动物的狼、狐、犬,皆有"悬蹄",俗呼飞爪,是其特征,以及无"悬蹄"的狗,都包括在内。犬是大概念,狗是其中小概念,所以狗虽无"悬蹄"也可以叫犬。孔子说"视犬之字,如画狗也。"篆文犬横视之,正张口吠,尾巴翘起,简明传神。

《新华字典》无苟有苟,草头,训义姑且、暂且、马虎,而另立苟专作姓用。远古有传说槃瓠(盘古)祀狗为图腾。广西瑶族有分支称狗瑶,节庆祀狗。苟姓或由此而来欤?

(供饭) 今之

061·禾黍稷秋稻穀谷

流沙河

中国作家协会四川分会

禾，北方叫小米，蜀中叫粟米。如今混叫，稻秧也跟着叫禾苗。古代分得清楚，小米初生而弱曰苗，长成而壮曰禾。看篆文禾，已茁壮，将成熟，下根上叶，顶上弯垂为穗。金文禾粗其穗，俗呼"狗尾巴"，形似狗尾草穗而大数倍。禾熟垂头向根，孔子赞美它不忘本。

禾的篆文　金文　三个甲骨文

古代华北农田，禾乃最常见之粮食作物，而小米为■百姓（简作谷）
■主食，所以黍、稷、秋、稻、穀■这些字，其义与禾或同或近或异，而其字皆从禾，盖以■为■粮食作物■（小米）
之■也。■一一说之。

黍，北方叫黍子，又叫糜子，去皮叫大黄米。据《说文解字》说，性■粘■不■粘■的叫穄子。
（粘）（粘）
篆文黍■从禾，禾下左右两撇向下，象植株根很深，再其下是水字，作声符用。金文和甲骨文也用水作声符。结小米的禾为聚穗，■黍■则散穗，而且多发。从■形能看出禾与黍■大不同。

黍的篆文　金文　甲骨文
（甲骨文的字）

古人说起"江山社稷"，脸上表情严肃，似乎就要发生什么大事。社是土地庙，供社公。稷是农神庙，供后稷华夏以农立国，自古社稷神圣不可侵犯。后稷为周民族的始祖，是历史上第一位农学家，以艺稷而知名，故用稷作名字，称后稷，即稷王。那么稷是哪种粮食作物？古代认为就是小米，清代有农学家程瑶田认为这是高粱。《说文解字》称稷为"五谷之长"，也就是说小米为粮食作物之首。甲骨文稷从禾从兄，意谓在百谷里稷为长兄。且慢，如果稷乃高粱，你如何说？好说。高粱苗稼最高，仍然是大哥哥。稷从甲骨文演变成篆文，添了些笔划。口添十为田，表示农作物。下面添个作声符的字，篆文添得太多，甲骨文稷就难认了。

秫，北方叫秫米，又叫黏高粱，可以酿烧酒。据清代文字学家王筠说，又叫蜀秫。果如此，这便是酿造高粱酒的原料，也就是川中丘陵地区常见的高粱了。高粱穗子特大，曲颈低头。篆文秫右旁上正象高粱大穗低头之形。右旁下是高粱秆，左右两撇是八。八即扒，扒皮也。高粱秆皮可以用来编席，所以秫字右旁下从八。由此可窥古人造字，一笔一划有其用意。简化成木加点，作艺术字用，而高粱之原义尽失，好比张三被人换魂成了李四。

稻，分籼稻与粳稻（既可/亦可），分水稻与陆稻（又可），分粘稻与糯稻。无论怎样分（仍可/称），通大米，盖相对于禾之小米而言（之也）。

稻的篆文　金文　甲骨文

篆文稻从禾舀声。舀从爪（抓）从臼（碓窝）。石臼重，不必倒出可掏出。舀掏古今字，音皆tāo。

金文米旁，篆文禾旁，皆形声字。

甲骨文稻，上米下覃（是说），米装在覃子内。覃是罈（字）古写。罈被简化成坛，论坛（成了）讨论罈子。从前城市居民，家家都用米罈。甲骨文稻字（如）今写（的）出来应该是米旁一个覃，（读）音同稻。猜想（距今）六千九百年前，先民始艺稻时（後），（罈）命名曰dào，是因为稻穗成熟莫不低头向下（着）悬吊，稻者吊也。diào 转 dào 很容易。

穀，简（在）作山谷（的谷），因嫌笔划太多。稻加工成米之前，都叫穀子。古称"百穀"，粮食作物包括完了。篆文穀从禾（从）殼省。殼，简化作壳。

穀　殻
谷的繁体　篆文

殻
壳的繁体

穀类莫不有　　其外殻（一切）保护，所以名之曰穀。穀类繁多，形态各异，唯其皆有一层外穀，是它们的最大公约数，拿来命名（可以说）正好。

062. 禾穗落花之美

流沙河

禾本科植物长大后都要抽穗。穗成熟了就去采。穗的第二个篆文上爪下禾，不是拔禾，而是采穗。这里是用采摘禾穗这件事情，表示这是穗字。用象事而不用象形的办法造字，自有其方便处。象事间接暗示，象形则是直接明示。甲骨文穗便是象形，直接画明植株抽穗。用艺术眼光看，颇有趣味，不但画了禾穗，穗上的芒都画了。但是文字总要符号化了才好书写，所以篆文象事的穗后来取代了甲骨文的画穗，这是莫可奈何的事。

试将甲骨文穗与下面三个金文穆对照比较，便能看出彼此相似，不过穆字多了三撇而已。由此可以推测穆的本义为何。穆在《诗经》作为形容词多次出现过。《大雅·烝民》："吉甫作诵，穆如清风。"穆的意思是和。《大雅·文王》："穆穆文王，於缉熙敬止。"穆穆的意思是庄重。《周颂·清庙》："於穆清庙，肃雍显相。"穆的意思是美。《周颂·维天之命》："维天之命，於穆不已。"穆的意思也是美。《商颂·那》："於赫汤孙，穆穆厥声。"穆穆的意思仍然是美。

综合考虑穆的意思应是和谐庄重之美。窃以为这是引申义,不是穆的本义。穆的本义一定要和禾穗挂钩,并兼及穗下的那几撇。我想起曾见过水稻盛夏抽出嫩穗,夜间开花(农夫昔曰扬花),花极细微,乍见疑似穗上飘着密密麻麻的小白点。翌晨眺望,满田嫩绿的稻穗,迎风撒着小白细点。这也是同落花啊,真好看。回头再睬穆的金文头,禾穗下的三撇或二撇正而水稻落花。第三个金文,禾又出一飘撒三点之下穗,又飘三点,实为重复强调落花好看罢了。想来山忽林略树木之落花者甚多,都比禾穗落花好看,何必造字如此?我想先民求生匪易,赏美恐更注重与吃饭相关者。他们收获有望禾穗落花,心生欢喜,视之为美,不亦宜乎。穆美双声可以对转,穆即美。造字取象于禾穗之落花,乃知穆的本义原是好看,所谓美也。

一分钟60秒。365日一年。秒和年两个字今人用于计时,似乎我们专为计时而造。其实这两个字当初造时与小米有关系,所以字皆从禾。先说秒。树梢请为秒,禾梢为秒。从木的无指树木,从禾的指小米。小米穆皮同芒。芒生长在穗上,所以禾穗呼"狗尾巴"。《说文解字》:"秒,禾芒也。"北方艺禾时节到了秋分,"狗尾巴"上的芒就长齐了。

这便是古人说的"秋分而秒定"。芒本来指五谷粒壳上的毛刺，借指禾芒，也就是秒。秒从少，少即小。芒也小。渺茫从秒芒来。小到███视阈之外，看不见了，就渺茫了。物小则短，所以用秒度量时间，60秒一分钟。

　　现在说年。年由禾上千组合而成（年字）。书法落款，好古者喜用古写的禾千年。从禾必与小米相关。禾下千的作声符用█。千qiān声缓读之，分离█出niān声，转作█年nián的声符。篆文年下的千，绝不参与意义，是纯声符。金文第一个年，上面是禾，下面是人站在土上。金文第二个年，上面仍是禾而粗大其穗，下面是人而无土，与甲骨文█结构一样。这便是最早的年字了。

年的古写　篆文　两个金文　甲骨文

　　年字为何从人？人伏禾根之下做啥？你要换个思路，想到"人"指植物█粒壳内的子实，那就通了。苡仁、杏仁、花生仁、胡桃仁等原本是这个"人"。禾熟结子实，一次为一年。小米丰收了，古人叫"有年"。五谷都丰收，就叫"大有年"。探讨下去，最早的年，指的是黍类之乃粘性者，大黄米之一种，即黏nián。年黏音同本是一物，专指粘性的大黄米。古人珍贵此物，做食饵叫年糕。年，后来移指小米；又后来概念扩大，遍指五谷；再后来才用于纪岁时。

禾穗落花之美

063·公私香臭辨

流沙河
中国作家协会四川分会

私有制早就存在了,私字却晚出。甲骨文和金文未见私字。《说文解字》认为私是禾之一种(有一种结小米的禾名叫私),而公私的私字没有禾旁。自古相传仓颉造字,"自营为厶,背厶为公"。战国时韩非子就是这样说的。许慎沿承其说,所以分别厶与私为二字,不使混同。怎奈甲骨文和金文不但未见私字,也找不到厶字,教人为难。照韩非子他说来,自古公厶对立,公是公众,厶是厶家,背离厶(八即背)就是公。为了对照深入探讨,请先认识公字。

私的古写　两个篆文

甲骨文公字在卜辞有"三公""多公""公王"诸称谓,盖指商王的先公先王而言,绝无公众公有公开诸义。卜辞里找不到一个"背厶为公"的公。公字本乃义是瓮缸。公乃瓮字古写。甲骨文公两种写法,一从口字,一从方形,皆象瓮口之形。耳朵凑近瓮口,便能听见嗡嗡之声。公古音翁。瓮名来自嗡嗡之声,古人所谓"其名自呼"是也。"背厶为公"解释公字,不合文字学的要求。后来公字借指男性长辈,遂成尊称。又后来借瓮口上面两撇表示发声。可知

公的篆文　两个金文　两个甲骨文

白鱼解字稿本
第一七八面

用于公、侯、伯、子、男五等爵位。再后来才演变出公众等意思。公字下面既是瓮口，便与"自营为厶"不沾边了。

想起少时见农夫"号箩筐"。新买箩筐回家，都要墨笔壁上画其书姓，以利识别。文盲不能书，便画瓜子圈。各家箩筐的瓜子圈互异，自家的一瞥能认出。正如签名各不相同，文盲随手画的瓜子圈各不相同。由此连想与邻家古代，怕农具互混，农夫们也会这样画圈吧？果真如此，"自营为厶"一句便找到着落了。营者环地，就是画圈。看那厶的篆文，真像瓜子圈呢。私有制的私字可能来自瓜子圈吧？私字从禾，或许是与农业生产有关系吧？以上只是我的一点连想罢了，觉得好玩。

尚踟蹰者，厶字又像用手农具破土的耒。对照耒的篆文，便知耕的篆文与落之相似。所不同者，厶笔直，而后者笔皆偏左。徐中舒据此

耒的篆文　金文　两个甲骨文

说私是耕的异体字。又说耒为农夫个人所有，由此引申出公私的私来。窃以为厶耒二字下笔互异，并非一字，徐说不妨存疑。我看厶字即茲，后有详说。

香字看来上禾正日。若溯其源，篆文却是从黍从甘，甲骨文则是或从黍或从来（来的本义是麦），而其下皆从口。从口是说黍饭麦饭吃着都香。香谓回甜。篆文香从甘，甘即甜。

香的篆文　两个甲骨文

可知香是说▇口感，非嗅觉▇。若是闻着香，字就该从自（自是鼻的象形字）。先民苦饥，唾液含酶特多，淀粉入口迅速分解出葡萄糖，吃着白饭都甜，这就叫香。他们这样造香字，可见吃比闻▇要紧。当然，▇鼻闻着也快感，那是嗅觉，是馨。香与馨之不同在此。不然何必又造馨字。

转说嗅吧。少时上化学课，臭氧O₃的臭老师念xiù，指▇有气味的氧，不念香臭的臭chòu。老师正确，▇念的是古音。臭的意思只是气味，不涉美恶。《易经》："同心之言，其臭若兰。"可证。不过气味并非臭的本义。本义恐怕是动词嗅。

臭字篆文上自下犬。自是鼻的象形字。今人所谓鼻子，考证起来，应作鼻自才对。鼻自▇复称，正如眼目。不过臭却不是指的▇鼻，而是人鼻像▇犬那样动作。犬一路走一路嗅，嗅为犬类最频繁的动作，所以人鼻下面借一犬字就是▇我们去嗅。

拿甲骨文比篆文▇更像鼻，犬更像犬。现今通用口旁的嗅出世▇也早，《论语》已有"三嗅而作"。动词的臭借去作了名词气味使用，只好另造嗅字。殊不知嗅用鼻，不用口，加口旁画蛇添▇脚。

臭的篆文　甲骨文

064·从季弟到禾镰

流沙河

家中最小的弟弟称季。刘邦无弟而有两哥哥，所以称刘季，就是刘老幺。明清两朝末年称明季和清季。季最小也最末。《说文解字》谓季字从子，稚省声。意谓季字本来上面是稚字作声符，嫌笔划繁，省佳存禾，字遂作季。此说迂绕，令人生疑。愚以为季从禾，谓小米。百穀以小米颗粒为最小。从禾，盖取小米最小之义。这样释季比较直截了当。季字

季的篆文　金文　两个甲骨文

春夏秋冬为啥称为四季？春末叫季春，夏末叫季夏，秋末叫季秋，冬末叫季冬。之内一年有四个季，指其终了而言。于是有春季夏季秋季冬季的说法，合称四季。

稚，幼禾。禾类苗稼，一块田内，长势不可能都齐崭，总有少数弱苗迟稼，滞于后进之列。幼禾指滞后者，正如家中最幼弟弟。稚字从禾，隹省声。稚为形声字，隹不参与字义。繁体、古写、篆文亦如此，从禾而右旁为纯声符。今幼儿园，旧时称幼稚园。因为列宁著《左派幼稚病》，怕犯忌，改称幼儿园。

稚的繁体　古写　篆文

秀，禾稼抽穗。禾类嫩的穗上结出子实，有待成熟，这就叫秀。秀上禾下人。"人"指子实内的米粒壳，隶变篆文秀

秀的篆文

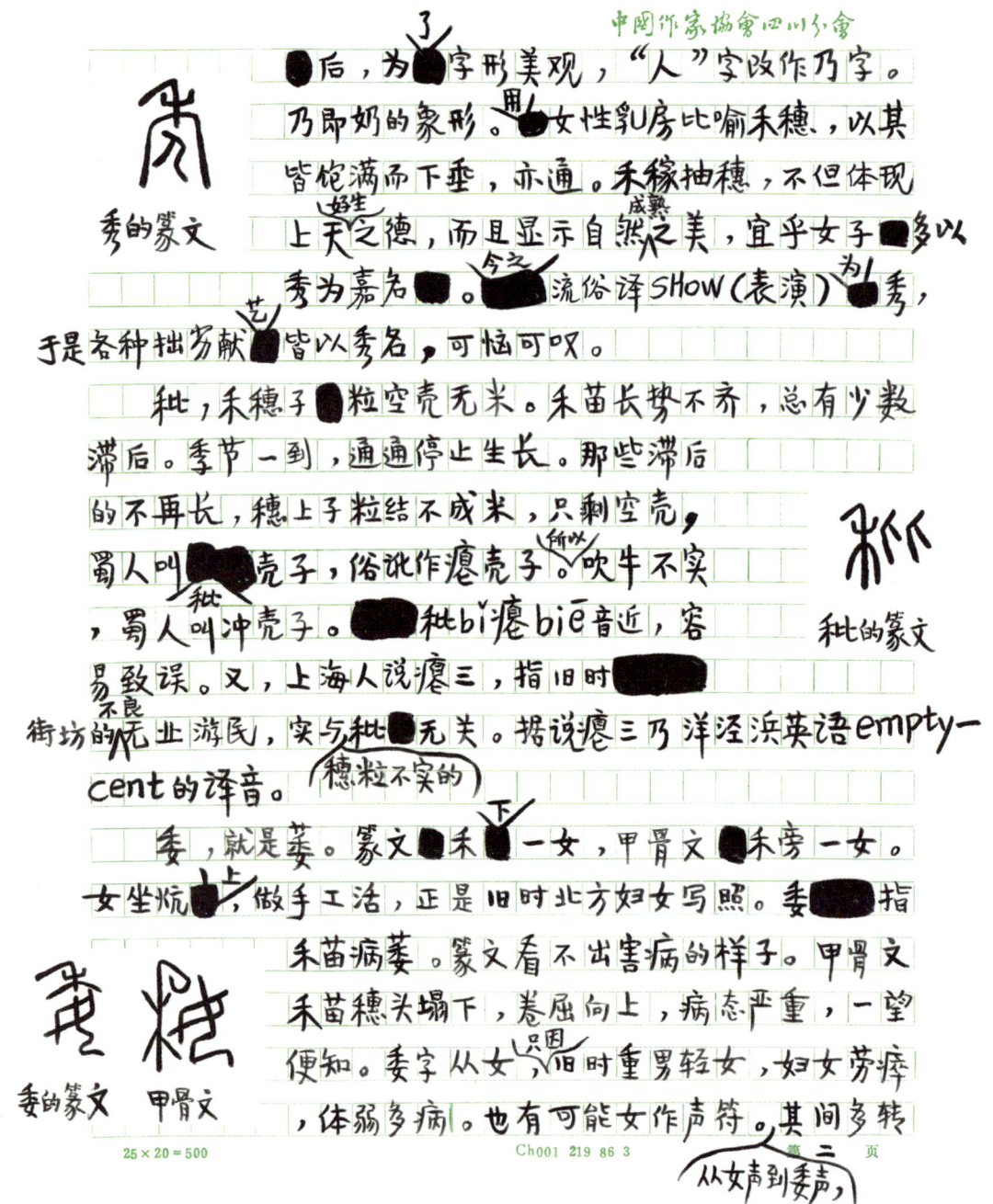

○后，为○字形美观，"人"字改作乃字。乃即奶的象形。○女性乳U房比喻禾穗，以其皆饱满而下垂，亦通。禾稼抽穗，不但体现上天之德，而且显示自然之美，宜乎女子○多以秀为嘉名。○流俗译show（表演）○秀，于是各种拙劣献艺○皆以秀名，可恼可叹。

　　秕，禾穗子○粒空壳无米。禾苗长势不齐，总有少数滞后。季节一到，通通停止生长。那些滞后的不再长，穗上子粒结不成米，只剩空壳，蜀人叫○壳子，俗讹作瘪壳子。吹牛不实，蜀人叫冲壳子。○秕bǐ瘪biě音近，容易致误。又，上海人说瘪三，指旧时街坊的无业游民，实与秕○无关。据说瘪三乃洋泾浜英语empty-cent的译音。

　　委，就是萎。篆文○禾一女，甲骨文○禾旁一女。女坐炕上，做手工活，正是旧时北方妇女写照。委○指禾苗病萎。篆文看不出害病的样子。甲骨文禾苗穗头塌下，卷屈向上，病态严重，一望便知。委字从女，旧时重男轻女，妇女劳瘁，体弱多病。也有可能女作声符。其间多转从女声到委声，，涉音韵学，很麻烦的。禾苗病萎生委靡、委颓、委屈、委顿诸词。用于人情则委婉，用于人际则委托，用于人员则委任，病萎原义随之隐没而不彰焉。

　　稀，禾苗间距不密。禾类需要通风采光，不宜密植。立苗总以稀疏为好。稀字从禾从希，希亦声。棉花传入中国之前，平民衣葛。希是葛布。希字从巾，其为示纺织品。巾上两个交叉，象经纬之交织。交织际隙有孔，正是稀疏，穿着凉爽。吾人眼前见前景希有孔，便可望如果像那样希望一词由此生焉。

　　稠，禾苗间距不稀。稠字从禾从周，周亦声。周有密义，所谓周密。丝织品之经纬密者名绸，正如禾苗间距密了谓之稠。粥，蜀人叫稀饭。稀饭浓了，北人说稠清。稠人广众，广是说人群的范围，稠是说人群的密度。

　　利，就从禾从刀，割禾的金文和甲骨文多两点，表示此刀锯刀利。第二个甲骨文多一手，是在多一土，表示田间动手。远古割禾使用蚌刀麦锯。蚌属蠡类，所以蚌壳锯刀取名蠡刂而字作利刂。利的本义就是蚌壳锯刀。后用铁器割禾的锯刀可以打造得很薄，改名镰刀。薄，薄也。所以刀薄名镰，亦如肉薄名臁，小腿竹帷薄名簾，蟑螂体薄名蠊。镰既第三顾侵夺了利的位置，利就转业，用于利好、利益、锋利、顺利，而其本义遂亡。

稀的篆文

稠的篆文

利的篆文　金文　　两个甲骨文

从季弟到禾镰

第一八三面

065·糠中有疑问

流沙河

米，原指粟米，俗名小米。小米为物，没法象形。另打主意，遂造米字。中间十象筛子经纬相交，四点象小米从筛孔漏下，造得真妙。不过甲骨文米中间不是十而是一横杠，这是筛之侧视，其上三点为粒壳，其下三点才是筛孔漏下的小米。过筛之前，先要入凹舂过。汉代民谣："一斗粟，尚可舂，兄弟二人不相容。"篆文舂，左右双手举午（杵），其下为凹，凹内两个粟。甲骨文一简一繁，同样双手举午（杵）舂，而更有趣。黄河流域先民万年前就这样出来舂小米。后来技术进步，脚踏杠杆舂之，而舂字已定形，不可能改造了。商朝国王例以秋季新出小米祭祀祖宗，有卜辞"王其登米自且（鼻祖二字）"可作证。登米就是把米放在登（高脚祭杯）内，献其祭神灵。

粟，舂破粒壳，筛出小米，所以其字从米。米上看篆文是卣yǒu，隶变作西。其实粟与东南西北毫不相干。篆文粟上的卣，字又作卤而音diao，为䅵的同音借用字。䅵见《说文解字》，义为悬垂的禾穗，蜀人叫穀吊diao。粟穗称"狗尾巴"状其形，称䅵表其悬吊之态。甲骨文粟

米的篆文　甲骨文

舂的篆文　两个甲骨文

粟的篆文　甲骨文

白鱼解字稿本
第一八四面

画禾株上结粟穗五，生趣盎然。

糠，禾谷皆子实亦即粒壳屑。《说文解字》释糠为"谷之皮"很准确。今人以粒壳碎屑为糠，与古不同。糠字米旁多余，康下四点已经象米与糠。康糠为古今字。篆文糠（康）左右双手举干，其下四点是米。篆文错得离谱。看金文已不像双手了。看甲骨文只见柜形，哪有双手。糠古作康，康字的写法，本该是庚下柜，左右各两点。康字从庚，庚亦声。

糠的篆文　金文　甲骨文

庚的篆文　两个金文　两个甲骨文

《诗经·豳风·七月》："春日载阳，有鸣仓庚。"庚阳押韵，庚古音gāng，与康kāng近转音。请对比古文字，便知康只多出四点余，与庚同。

要说清楚康字，须先明白庚是何物。庚是何物？有两派不同的解答。

一派说，庚是一种鼓风分离米和糠的柜形扇车（蜀人名破风戴箕）。禾谷舂破，倒入箕内，逆风播扬，糠屑吹走，留下米粒。所谓扇车或风戴箕为木制箱柜形，四足，内设横轴，轴周围装扇片，箱柜顶有漏斗。一人摇转轴头手柄鼓风，一人自漏斗注入已舂破的禾谷。糠和米受风吹而分离，各行其道，

这是手工活，不用扇车。

从不同的出口分别泻下箱柜两个。看前列古文字，真像箱柜三足，上有漏斗似的。庚既然是簸车，庚下四点便是康也就是糠粞。这一派有道理。弱点是古籍中无记载，战国成书的《考工记》亦不见。

另一派说，康字本义乃是和乐，糠字从米康声罢了。不过康可能是乐器之一种。和乐二字，和是小笙，乐是弦乐。可以猜想康亦如是。我想，古代奏乐，先要敲桯（桯又名枧），然后诸器开始演奏。桯为方箱形，木制，中空，木槌敲之。这一派也有道理。弱点是桯上敲口，而前列古文字未有向上敲口者，木槌亦未见。桯qiāng康kāng音近，或为一物，终属猜想。

予曾做木活以糊口凡十二年，知簸车即风簸箕之制作须高手艺，近代乐工十九不会，何况三千五百年前甲骨文时代耶？《诗经》之"维南有箕，不可以簸扬"和《庄子》之"播糠眯目，则天地四方易位矣"显然都是手工手端箕双手播扬。前两说比较之，予更倾向后者。如果康就是乐器桯，那个似漏斗者就可以是干字。干即杆，或可指敲在桯中的木槌吧。

白鱼解字稿本

第一八六面

066·米怎样变粮

流沙河

古人说米，本指粟米，通称小米。后来米的概念扩大，五谷皆可称米，例如黍米、稻米、稷米。为了区分，小米特殊■名粱。其粒色黄■，又叫黄粱。唐人小说，■书生憩客■店，■仙枕而梦荣华富贵，醒来主人炊黄粱尚未熟。黄粱极易熟，可见梦之短，是谓黄粱梦。粱字从米，梁省声。省去木，换上米。金文粱简明些，五■点象名粱的小米，亮声。为啥刀上两点就是亮？阳光下视钢刀，视线角度适当，能见光点映射。刀上两点便是映射之光点。这是最早的亮字。不过这里只作声符，刀亮■与小米■不相关。

粱的篆文　金文

氣是气的繁体字吗？对，是。但在古代却不是。氣最初并非是指气体，而是馈赠他人以粮秣或肉食。氣字从米，用米概括粮秣及肉食，气声。气声就有"给"的意思。所以官方"给"的膳食费■叫廪氣。后来氣拿去指气体，只好又造一个餼字，顶替氣的初义，而音xì。餼又简化作饩。明清两朝府、州、县设官学，学生成绩优异，月给餼银四两。■的学生■廪生。廪官■仓。享受这种待遇

氣的篆文

气在现今是简化字，在古代却是正体字。气体无■，

怎样象形？先民见激流浦波浪，想象气流亦如是，所以这样造气的象形字。金文和甲骨文，气作三，容易认三。古人又把篆文气减一笔，定为乞字。乞古音gěi同给。我在前面说过"气声就有给的意思"，根据在此。请回头再说饎，简而言之，就是膳食，今曰伙食供（其实并不准确）。与膳食相比较，粮食则指可供膳食的穀类农产品，概念不同。佑以糧为繁体，粮为简体。其实皆粮糧正自古并行，体字。

气的篆文　金文　甲骨文

糧，从米，量声。《说文解字》不收粮字，所以粮无篆文。粮，从米，良声。糧粮皆形声字。尤可异者，量与良字形虽不同，其本义所指意是一回事的。先说量，甲骨文量，上是木制量米的方斗，下是两端扎口的米袋，古名曰橐tuó。橐一变成東（东的繁体），二变成重。東就是橐（日文東读tuó）。橐装米也很重。度所谓量衡，度其长短，量其米堆的大小，衡其轻重，人皆知之。量米堆的大小要用斗，所以量字上面是斗，内一点象征米已注入，非日字也。米从

糧的篆文

量的篆文　两个金文　两个甲骨文

何来？是从下面橐袋来的。量字之形用斗橐象量米之事，是为象事，其义明明白白。

然后说良。良的本义不是善良，《说文解字》全弄错了。甲骨文良，中间也是木制米斗。斗上象米注入，斗下象米倾出。旧时米市有专业例斗户，特为买卖双方成量米，保证斗容大小合乎规格，入斗出斗不要手脚，以求交易公平。米从箩筐倒进撮箕，然后高高端起，泻米成流，转注入斗，簌簌有声，其情形正如甲骨文所示。注满斗平后，斗户执概，原本是刷推刮，使平面。概，刮器。由此孳生"概率"一词。掉斗上米堆。此后概字因其引申之义而他用，乃移木旁于下，另造槩字，以存初义。

金文良，方斗变圆，上下逐渐错得离谱，竟变成了畐字。篆文又变，离谱更远。隶变成良，与其最初面貌迥异，其本义遂埋没。今说量良音义皆同，人都不肯信了。

量与良的本义既然都是用斗量米，糧粮二字就不仅是用量良作声符，同时也各用其义了。量米属于市场行为，所以谷类加工成米，要经过市场变成商品，方后才取得糧与粮的名称。又，用斗量米，买卖公平，大家满意，认为很好，于是孳生"良好"一词，又转则成"善良"。

067·米酒的酿造

流沙河

一顿未吃完的米饭，若在暑天，要放在通风处，万勿严密遮盖捂住，以免馊坏。如果是在冬天，饭起锅了等待家人下班回来，那就必须严密遮盖捂住，以便保温。这个奥字正是双手持盖子严密盖米饭，免得凉了难以下咽。米饭深藏才能保温。"深奥"一词由此产生。学问做深沉了，别人谀你"已窥堂奥"看清楚，意思是学术的殿堂上已走你深处，能刘其中的秘密了。黄河流域那里古人把"室之西南隅"取名叫奥，是因为能避西北风，冬天最温暖，宜尊者居之。《诗经·小雅·小明》："昔我往矣，日月方奥。"奥在这里义为温暖，字本作燠yù。老翁畏寒，夜卧叫外儿来燠脚。四川人燠孩wó，意为温之暖之。天暖犹着棉袍，蜀人笑问："你在燠豆豉吗？"奥字双手所持的盖子也是一个字，作宀，用在家室宅宫寝诸字上，音mián，义为屋盖。奥取义于米饭严密捂住，所以从米从宀，双手盖之。港湾深曲之处曰澳，也是取深藏义。

㐼chàng字也从米在大容器内，下面是匕bǐ，饭匙。不过㐼的意思绝非用膳，而是古代祭祀用的一种米酒。这种酒酿造时用黑黍米

㐼的篆文

两个金文

甲骨文

添加香草，酒气芬芳，闻着舒畅，所以鬯通畅。细究金文和甲骨文，知鬯下非匕字。黑黍米煮熟后置酿缸内，加香草，盖严保温煁之。缸底漏孔徐徐出酒，沙入盛酒容器。盛酒容器到篆文中误作匕了。鬯字之形简述了酿造法。尤其是甲骨文，酿缸双耳，以便杠抬，其重其巨可知。缸底所置容器较小，适宜盛酒。不过也可能不是盛酒器，而是盛暖水的保温器。予酿米酒，用棉絮裹捂酿罈保温。

　　鬯是香草米酒，祭祀用于降神。卜辞有"鬯六卣""鬯□卣""鬯三十"的记载。卣是酒罐，象形。又有"鬯于祖乙"的记载，就是以鬯酒祭祖乙，作动词用。在鬯酒酿造过程中，盖严密闭，保温，缓缓煁之这一道工序，十分关键。概括说来，一个奥（持恒）字便可道尽。古人嫌奥字太一般，为此特别另造一个yù字如下。此字既然专讲鬯酒酿造，所以下左从鬯。下右三撇义为修饰美观，用在这里是说酿具必须精洁（最怕沾染有有害的杂菌）。上为双手操作，用幂（幕）把陶缶亦即酿缸盖严密闭，以达到缓缓煁之的目的。这个专用字终于被淘汰。古人以此字为基础，造鬱字，仍音yù而改指

鬱　鬱
音yù　篆文

米酒的酿造

林木稠密荫蔽，不透光，不通风。人郁郁、郁结、郁闷、郁悒。形容心中烦忧压抑。现今说的抑郁症，从前叫忧郁病。今人爱说郁闷，从前写出来是鬱闷，皆以郁当作鬱的简体字。其实郁和鬱意思不相同。郁绝无心中烦忧压抑的意思。嫌笔划太鬱，说简化就简化了，顾不上那么多了。孔子赞美周朝的礼制好，说："郁郁乎文哉！"郁字就不能换成鬱，说这是繁体字，因为郁在这里是形容文采之盛美的，与鬱沾不上边。鬱字取义于林木之稠密荫蔽，偏重在消极面。

郁的繁体　篆文　金文

　　与鬯这种香草米酒有关系的还有爵字。看这爵字结构，其间并无鬯字，有何牵连？在篆文有牵连。据《说文解字》说，爵下左是鬯酒，右是右手，上象雀鸟形。爵杯就像雀鸟状，所以名爵。许慎解释错了。爵最初

爵的篆文　两个金文　两个甲骨文

是牛角做的酒杯。爵角同音jué，角杯为了直立，（与雀无关。）装置三足。金文和甲骨文惟妙惟肖，不待说明已知爵形。造篆文时或许未能详察金文，当然更没有见过甲骨文，所以错得离谱。

068·米之异化

流沙河
中国作家协会四川分会

肚腹内，胃囊悬吊着。要让人明白这是胃，只须在囊中添一个米字，并在其下注明这是肉体的一部分，而不是一袋米。这样，胃字就造成了。这是金文胃。到了篆文，为求造型规范美观，只好写成方胃。方块字嘛，不得不这样写。胃囊之下从肉。肉的篆文（像）猪腿，代表各种动物（包括人类）的肉体。若要较真到底，这个胃字造得实在不通。拿米来说，煮成饭，（又）嚼成渣，（送到胃里）还能叫作米吗？早已异化，米非米了。

《说文解字》篆文胃下从肉，上象胃囊之形。可是在另一处，那个胃囊加个草头，却又变成屎字。这样就有些说不过去吧。古书上用矢字指排泄物，不用屎字。原以为屎是晚近的俗字，见到甲骨文有尸下四点者，才忽然悟到应释为屎字。那四点可视作米之省，不就是屎字吗！《庄子》说"道在屎（溺）"，屎字早就有，非晚近俗字。试看甲骨文尿怎样写的，便能断定尸下四点必是屎字无疑。造屎尿二字的思路完全一样。

粪（简作粪），今义与屎相同，古则有异有同。造字之初，泛指垃圾以及各种脏秽弃物，包括人类和牲畜的排泄物在内。甲骨文粪一简一繁。简者一只撮箕，一竖由下引上表示倒掉垃圾。繁者左手拿撮箕，两点是垃圾，右手用扫帚，扫垃圾入箕。这样看来粪是动词，就是扫除一切弃物。到了篆文一变而为厕用的推粪器。旧时公厕有蹲坑外不到位，排粪秽于坑外者，清洁工用长柄木耙推粪下坑去，此即推粪器也。察其字形，尚能依样仿制此器。篆文粪被推者似米非米，米之异化，其为厕秽无疑。若是室内庭前扫除垃圾，何必使用推器。可知篆文粪已移义于屎，与今相同。篆文隶变今之粪字，似米非米之屎变成米了，推粪器的前部变成田了，左右双手握着推器之柄变成共了，变得走样了。又来简化，成了米共。按，日文米共乃美国共产党之简称。

　　古代农书说到"区田"和"粪田"就是利用垃圾草皮以及秸灰等等可降解的有机物沤田，和用人畜粪便肥田。今则利广施化肥，而土壤日瘦矣。予见粪字而生亲切之感，以此。只顾眼前，

　　以上三字胃屎粪皆米之异化，而盐则与米不相关，为何字中也有米呢？说盐还得先说卤字。卤的繁体作鹵。卤中为何有米？卤是制盐汁的附带产品（氯化钠），含氯化镁·硫酸

粪的篆文　两个甲骨文

镁、溴化镁，色黑，味苦，有毒。又名鹽卤。由于卤汁中仍残■留■氯化钠，所以古人鹽也可以叫卤，卤也有时指鹽。卤（简作卤）篆文象鹽罐形。山居食用岩鹽，鹽粒形似小米，故字从米。古之鹽罐或许挂在壁上，■罐上有钩，见于篆文和金文。

卤的篆文 金文

鹽（简作盐）字篆文从卤监声。监（简作监）■字■是■个人瞪大眼睛（臣）俯照■■盛水之皿，也就是照水镜，古人说的"以水为鉴"。监是纯声符，不参与字义。

远古文明■一般都靠近可取水的河流，同时也靠近产岩鹽的山区，水与鹽不可一日或缺也。河南西部河洛地区南毗黄河，北邻鹽池，为我华夏文明发祥之地，岂偶然哉。

回到米上面来，说■（简作窃）。小偷在屋墙上打个洞，故字从穴。钻洞入室偷米，故字从米。卨 xiè 又音 qì，作声符用。篆文穴下多出一个抬杠的杠（廾），是说也偷重物，有时需■要二■用杠抬。今之窃贼■笑："仓颉这老头儿太小看咱们了。■不偷存款，倒去偷米。还■用杠子抬，有那样笨吗！"

盐的繁体 篆文

窃的繁体 篆文

米之异化

第一九五面

069. 近似米而非米

流沙河

俄罗斯谚语："有爪跡认出狮子。"远古狩猎社会第一要紧，人人能识野兽脚跡，岂止狮子。兽脚称蹯，熊掌称熊蹯，人脚亦称脚蹯。作脚板或脚片皆误，脚掌有凹，非平板更非薄片也。严格说来，番 pān 是正字。篆文番，上非采，象爪形；下非田，象掌形。番是兽爪掌，印在地面就是脚跡。加足旁作蹯者已嫌画蛇添足。只因番字有了其他用途，不得已添足旁，保存脚蹯本义。

蹯番釆米米
番的三个篆文　金文　甲骨文

蹯 fán 亦音 pān。《左传》竟然两次说到熊蹯，牵涉人命。一是楚王要废太子，太子先动手，率兵围楚王。楚王请求说："让我吃了熊蹯，再死不迟。"熊蹯很难炖熟，需待数日。楚王想拖延时间，等待援兵。太子名叫商臣，是个"蜂目豺声"凶狠之人，岂肯等待，打进宫去杀了楚王。二是晋灵公吃熊蹯，嫌厨司炖得不分的炮，立刻杀了的块，叫宫女用箩筐抬着示众，以此立威。《孟子》书中说的熊掌，其味美可比黄河鲤鱼的，就是熊蹯。今之暴发户四只脚的除了桌椅无所不吃，吾见蹯字而怵目惊心，有不忍言者。

兽类有个习性，就是用番（爪掌）抓刨地皮，狮、虎、豹、狼、狗、猫皆有■（这个动作）。泉名虎跑páo，■是虎爪刨出来的。方其猛抓迅刨，但见土渣草屑向后■抛■如射■。农夫双手■（之时）抛投种子，亦甚迅速，也像兽类用番（爪掌）■抛出渣屑，所以播种的播是在番左旁加添人手。播的篆文正是这样。许慎见到的古文手却在右旁，其上为抛物线表示抛投种子。播种孳出传播，演为广播，已忘其农■耕背景与兽类习性源头了。

悉，篆文（社会）上兽爪，下人心。人心象形，左右心室以及向下心尖皆可指认。古以心为司思考■器官。人之认识能力自心中出，所以篆文心上敞开，（兽爪各种）印迹放在心上，一一识别，心中清清楚楚。悉字就是这样造的，义为知晓，今曰熟悉。远古神话伏羲"俯察鸟兽之迹而为文字"，（可见脚迹于人类的启示多么大。）爪迹变成文字，符号化了，不可能说这是哪种野兽留下来的。

审（简作审），当然不会是兽■（窜）入室了，■忘是坐在家中■细察兽迹，判断是哪种兽，是大是小是雄是雌，是在缓■（步走）还是在飞奔。这些都是远古猎户■最重要的知识，他们赖此活命。审在今日多属政府工作，■报告有人审阅，报刊有人审读，

播的篆文　古文

篆文悉

篆文审

演出有人审查，计划有人审定，案件有人审理，账目有人审核。■什么叫审？就是弄个清楚明白，距离"俯察鸟兽之迹"已很远了。

释（简作释），也与兽迹有■关系。猎户发现■兽迹，都能■解■有个说法。相反，外行见了，说不出个明堂，既不解，■当然无■释。释字从釆，右边是纯声符。釆（番）在这里代表兽类爪掌印跡。这个声符字是什么意思，以后再说。与釆（番）字形音义皆相近者有■平字。平的金文可能也■兽跡之形。《尚书·尧典》说到"平章百姓"。平，■辨别也。所以今文■尚书■字作"辨章百姓"。章，彰显也。平章就是■辨别■各姓■血■统，■明各■谱系，避免近亲婚■媾，以利优生■蕃殖。今人"平反"，平是■别，反是翻案。平■釆（番）■皆辨别，■音■近，金文形亦相似，在古代可能是一个字■两种写法。平的古义是辨别，■区分开来。区分开来才有■公正可言。有公正才有真平等。今之平面平均平衡诸义皆后起者。

070. 麦(麥)从天上来

流沙河

此事令人惊异,古人造这个来(简作来),指小麦(简作麦)。小麥是数千年前从中亚传入我国的,所以来字又变成来來去去的來。周民族发祥地在甘陕的南部。小麥最先传到那里,后来由西而东,传遍黄河中下游所谓中原地区。周民族的神话,说小麥是从天上来的。这好解释,龙卷风送来的。"天雨麥"历史上有记载。麥和来本一物而二名。來被借去做了來來去去的来,只好在來下添一个倒写向下的止(趾),表示这种穀物是从天降落的。这个倒写向下的止(趾),在麥的甲骨文里看得很清楚,到繁体里就错作夂了。请看甲骨文降,正是左旁两个倒写向下的止(趾),右旁象阶梯形。麥字下面倒止(趾)就是降省,表示从天而降。麥从天降,事出远古,应该在周民族早期后稷时代。得此麥种,后稷加以培育改良,获大丰收,谓之瑞麥,编成神话。麥來一物本是,语音学可证明。麥mài缓读为máilái,分解成來lái,独立。

来的繁体　篆文　金文　三个甲骨文

麦的繁体　篆文　金文　甲骨文

降的篆文　金文　甲骨文

其理正如迷可分解为迷离(《木蘭辞》有"雌兔眼迷离"句),朦可分解为朦胧,命可分解为命令,莽可分解为莽浪。后人麥来分用,麥指大麥,来指小麥。今人通称麥,大小分别之而已。

小麥粉曰麵(简作面),正体字作麪。篆文麪同正体。字从麥,丏声。丏mian易误作丐。丏音是由"没见"二音拼合成的。丏义在《说文解字》书中是"不见",亦即看不见了。丏形似乎是一手举盾牌。盾牌遮着,所以"不见"。不过丏在麪字是纯声符,不必多作联想。五四新文学前辈有夏丏尊先生者,予曾问叶兆言:"老人家为啥用怪字考人?"答曰:"他说就是要取怪字,让人写错选票无效。"相与一笑。

麥(篆文丏)

麵 麪 麪
面的繁体 正体 篆文

繁体麵字提醒我们,古代的小麥粉年青女性用来扑面增臭,所以麵字从面,叫作面粉。这样说来,麵粉二字真该写成面粉才对。《说文解字》:"粉,所以傅面者也。"后因胡粉传入,改用胡粉。胡粉又名铅粉或金粉,亦即碱式碳酸铅。

酿酒必用酒曲,起发酵的作用。曲又作麯,麴简体也。繁体作麴,正体作麹。酒麴是用大麥、大豆、皮、糠屑和草药以及某种霉菌混合制成。功效神奇,又名神麴。麴饼表层生菌，点点斑斑若尘，色淡黄，称麴尘。字又作鞠尘。淡黄色古人叫鞠尘色。花色淡黄，汉代《月令》："鞠有黄花。"鞠花后作菊花，其花多淡黄色。麴的篆文从麥，殼省声。殼qiào可转音qū，所以用作声符。隶变时●求字形的美观，变成麴了。三千年前周公赞美士人，说："我若酿酒，你们就是我的●酒麴。"意思是●治天下必须依靠知识阶层。

麥粒加工成面粉，古代用舂的办法。《说文解字》："䆃，舂去麥皮也。"看篆文好像是用木杆在凹内舂。䆃chā字造来专指舂去麥皮。既然这样，䆃与义为铁锹的锸就绝非古今字，其间不存在字义上的继承关系，根本是两个不相干的字。䆃为动词舂麥，以木杆频频地插舂凹内，使麥粒擦掉皮。若是这样，䆃与插或为古今字吧。

071·此豆非彼豆

流沙河

中国作家协会四川分会

敬请注意：麻

细心人注意到繁体麻（简作麻）屋下不是林字。麻在古代属于五穀，种在田里，与树林没关系。简体麻字岂止不通，还添困惑。人问："屋下与麻又有啥关系呢？"原来麻株从田里拔起来，必须运回屋下 ■ 治理，所以字从屋下。看篆文屋下的两株麻 ■ 扒皮，两个八字正是扒下的皮。麻之用在皮。麻皮要在池中沤泡，以后还要劈麻成缕，纺缕成线，或制麻绳，或织麻布，都在屋（棚）之下完成。■ 麻属五穀，是因为大麻（火麻）雌株结子，可作饲料，或榨麻油（食用）。脂麻（胡麻）传入中国，遂有香油，亦属穀类作物。金文麻字从厂（岸）错了（所以），岸下非屋下。

麻 麻 麻
麻的繁体　篆文　金文

■ 散字看不出与麻有关系，所以要先看散的甲骨文。其字左林右攴。攴字右手执鞭（也可以是权杖）。不过用在这里只表示正在做手工活，所执 ■ 物件可视为 ■ 刀 ■ 具，用以剥麻。林字亦可视为 ■ 麻株 ■，其一（株）皮已经扒下。可知散的初义乃是剥麻成皮，以后还要劈皮成缕，正是愈分愈散。金文义变成所谓"反文"亦即扑，并非真要扑打，亦只表示做手工活而已。到 ■ 篆文两株皮都扒了。这个篆文 ■■■ 已经完满体现 ■

散的两个篆文　金文　甲骨文

白鱼解字稿本

第二〇二面

分散之义。后来又拿去做声符，从肉，表示杂肉。最终变形为散。杂肉是说品类不纯，仍含分散之意。

豆亦谷类。古人最初说菽，不说豆。菽的篆文象形，一横是地面，上为两个芽瓣，下为根和根瘤。金文叔字，根下三点就像根瘤在则。篆文不像，误作八了。我们今天说的这个豆字，原来是一种有盖的高足食器，与豆科植物不相干。看了篆文豆便知悉，这种食器自从古人发明桌椅以来出，就被淘汰仅局，仅用于祭祀典礼。桌椅发明以前，人皆席地跪坐进食，不能俯就盘媲状同猪狗，所以食器非有高足不可。豆本盛食物部分碗形，加盖防尘。豆木制，也有陶制的，即《尔雅》说的"瓦豆谓之登"。登亦食器，若用来照明，就登燈（简作灯）。

古音豆菽相同，食器之豆借用来指植物之菽。久借不还，原义变成隐匿，人遂以为当初造此豆字，是拿来概括黄豆、蚕豆、黑豆、红豆、雪豆的。同时，菽字被排挤出局，唯文言偶一用，例如"不辨菽麦"，又如豆豉叫作"配盐幽菽，雅得吓人。

今音豆菽相去已远。其间演变情形，我也说不清楚。

此豆非彼豆
第二〇三面

但看樹（简作树）豎（简作竖）二字都用豆做声符，你便明白确有其事。至于音韵学●的常识，还得另找书读。

登也是一种有盖的高足食器，比豆高些大些。看篆文上面两个止（趾），左脚踩到右边去了，右脚踩到左边去了，正是登山的登。金文和甲骨文下面双手捧着，才是食器的登。两个登本来是不同的，合并为登山的登了。

登的篆文　金文　甲骨文

孔子幼年喜爱陈列俎豆，扮演祭祀活动。俎与豆皆●食器，亦皆禮器。所谓淋禮（简作礼）就是虔诚祭祀活动。为啥叫禮？禮字从示，与神灵有关系。右边●声符lì，是一种专用于祭祀的●禮器，盛享神的食物，比豆与登更大更●美。看●象形字，器内所盛或玉或●菜都宜活看，理解为档次高很珍贵就行了。

正体　篆文　金文　甲骨文

豐（简作丰）亦禮器，比豆矮而豐满。●字从豆，可知亦●食器，而容量甚大。整体象形，不必一一拆开来讲。以器拟人，豐即胖也。豐古音pāng。今之胖字笔划有误，本该作胖。

篆文豐

072·围绕酒器造字

流沙河

穀（简作谷）类作物俱含淀粉，皆可酿酒。酒无一定之形，造字乃画酒罈，酒贮其中。罈口画漏斗，滤掉糟滓。罈底尖形，埋入土内，以保低温。酉就是酒字的古写。后来酉字入十二支纪时，才另造三点水的酒字。酉时当傍晚，最宜此时饮酒，醉了天黑就睡，不误正事。殷人特别嗜酒，定傍晚为酉时，非偶然也。

晚近名牌白酒皆蒸馏酒，酿造方法元代才由阿拉伯传来的。元代以前，酒皆醴酒，度数低，味道甜。且有糟滓，有必须过滤，所以酉字上漏斗。醪糟酒便属于醴酒类。醴酒滤过才饮。滤酒曰釃（简作酾）shāi，《水浒》说的筛酒便是。釃的声符是麗（简作丽），推测古音读 i，今音读 shāi。至于醴，右旁也是声符，读音与禮（简作礼）相同，故所谓"酒以成禮"是也。醴酒祭祀必用。怎样用醴，盛在什么杯里，由谁斟酌，由谁敬献，都有严格规定，就叫"讲禮"。无醴便是"无禮"。儒家最讲究这一套禮仪。

酉的篆文　金文　两个甲骨文

篆家文　釃

醴的篆文　金文

《禮記·明堂月令》说到掌管醴酒之官，称为大酋。酋长掌酒，领导祭祀活动，在古代这地位很重要。国王常常兼领祭师之职，所以酋长就是领袖。其实酋字本义只是老酒。酒是老的好，韵味更淳美。■是为老酒，而非为人，造此酋字。篆文酋上面不是八，只是表示酒香气，正如篆文公（瓮）上面不是八，只是表示其鸣音罢了。

酒罈尖底埋在土内，土堆成半球形谓之坫（繁作壚）。守■酒罈卖酒，"当壚"。如果一罈酒运到殿堂上祭祀神灵，尖底怕倾倒，就得置搁架，以求安稳。看这奠字下面原来并非大字，而是几架之形，你就明白，古之奠者，今之垫也。奠的金文从酉而不从酋，意思差不多。甲骨文更简洁，画一横当搁架。不管怎样，总得垫平■，难怪至今还说什么奠定和奠基呢。奠也可以音鄭，所以加个邑（■包耳）成■鄭字。卜辞有鄭字，是地名，就是春秋时代鄭国，在今鄭州市。奠■可音鄭，亦如滇、填、颠以真为声符。古音曾经如此。

今人所说尊敬、尊严、尊重之尊，■古代■另有意思，乃〔〕指酒尊〔〕而言。尊亦属〔〕酒器，但是形状与尖底罐不同。为了造字方便，借用尖底罐的酉字，其下双手端着，字便造出来〔〕。〔〕酒自罐内舀出，盛〔〕入尊内，端到宴席上去〔〕享用，这叫"置酒"。尊为置酒之器，乃宾主尽欢之源泉快乐，大受酒徒〔〕青睐，遂孳生出尊敬一义。

篆文后来省去左手又，在右手下添一点成寸，表示法度。这就是为什么〔〕尊异于篆文。今则以樽为置酒之器，尊为尊敬，一分为二了。

尊的篆文　金文　甲骨文

壶（简作壶）为行觞之器。主人执壶上前，〔〕向〔〕客〔〕注酒入觞（〔〕角杯）。壶字象形，大是〔〕壶盖。壶〔〕是葫芦加工成的，有柄有座。甲骨文壶口有漏斗。

壶的篆文　金文　甲骨文

福字右边也是葫芦加工〔〕成的行觞之器。甲骨文为方便刻字，下面改成方形。壶福二〔〕字，前者hú而后者fú，缘于方音〔〕不同而已，实乃一物，皆酒壶也。家有壶酒供饮，便有福了。

畐的篆文　金文　甲骨文

觞〔〕为饮酒之器。夏朝用玉盏，商朝用铜斝，周朝用角爵，各有讲究〔〕。斝jiǎ的篆文与器形反差殊甚，缘于此器形状传说各异。查得金文和甲骨文，乃知其形状为二柱三足一耳柄，而腹容量很大（殷人嗜酒）。这是礼器，国宴才用。家中自饮恐怕还是用大碗从简吧。

斝的篆文　金文　两个甲骨文

围绕酒器造字

第二〇七面

073·飲酒規矩

商朝灭亡，人说"殷人以酒亡国"。周朝夺得天下，周公作《酒诰》，严惩聚众轰飲（简作饮）。看甲骨文飲，古写更繁，从酉从欠就是守着酒罈大张口，今声。此字篆文与古写同。其实欠本来是打呵欠，用在这里只取其大张口，因为酒徒此时精神振奋，绝不可能想睡。最令人惊异的

飲　歙　龢　龢　龠
饮的繁体　古写　篆文　金文　甲骨文

是甲骨文，右边人字正是酒徒，颈项伸那样长，大张其口（口下有个大字），似乎要吞掉罈上的漏斗，其馋可知矣。这位酒徒当然是殷人了。商朝亡后，周朝的飲酒者讲规矩，嫌长颈大口太失礼，乃改成今字作声符，以掩丑态。金文飲周代的颈缩回，已封，飲后大口仍张，今声，就是改正了的字。隶变以后飲才从食。

周朝礼仪，宴聚飲酒，座中指定一人当■（简作酳），此人必须滴酒不沾。这样可以避免醉后闹事，到时候总有清醒人在座上维持秩序。

酳　醑
酳的篆文　金文

此字从酉，叴声。广东有酳ou灶，古音。旧时成都慈惠堂街一家包席馆子取名醉酳。当酳的都醉了，足见宴聚之欢。请看

金文齅左旁是一罈酒，右边那人扭头向后，表明他对酒不沾。齅字经历三千年了，至今仍在活着。例如，大家都赞成私分小金库，独有一同志不点头，众人背后笑他"齅起正确"。又如，某同志在那里吹自己革命多年，别人背后说他"齅老资格"。总之，凡作"众人皆醉唯我独醒"状者，皆可谓之曰齅。只是今人已不知此字的来历了。齅字从酉，區声。區(简作区)古音ōu。呕、讴、欧、鸥、殴、瓯都用區作声符。广东有区姓者亦读ōu而不读qū。用區作声而音qū的有軀、驱、嶇、饮。

今人说的应酬、报酬、酬全都与饮酒相关。周朝防止滥酒酗酒，订了许多规矩。宴聚开始，主人斟给众宾喝酒，谓之献。众宾喝了，又给主人敬酒，主人喝了，再给众宾斟酒，谓之酬。主酬宾，宾酢主，谓之酢，一酬一酢，交替进行，使之有序，避免放肆轰饮，醉后闹事。这套规矩至今管用。予读《仪礼·乡饮酒礼》，见规矩繁琐之不免困惑。其实说穿了很明白，预防滥酒，不得不订些扫兴的规矩。

酬酢皆形声字。酢酬酢的读zuò。若读cù音，便是醋的异体字了。

与酢形近有醡。醡zhà字分解，即是酒榨，榨酒的一种器具，古名糟床。榨字退到三千年前，便是乍字。《说文解字》

篆文酬 酉川

金文酢 酉止

饮酒讲规矩
第二〇九面

乍被分(成)为入亡二字，见篆文。不知篆文错了，便从入亡二字硬作解释，使人糊涂。许慎未见过甲骨文，不知甲骨文乍原是榨油。请看此字两个V字套叠，大V为容(成)器，小V为木楔，从上打入挤压，油就滴流而下。不是象形，这是象意。金文小V变（成）卜，篆文又变（成）入，遂不可解。予（少）时见榨油，木楔重锤打入，咋咋有声（听见）。所以名榨者，"其名自呼"也。酒混糟（中），也要榨（出）（之设），乃有酒榨。古代酒店现榨现卖（有），李白诗（是）"胡姬压酒劝客尝"句是也。

《说文解字》："酉，酒色也。"注家以为（误）说酒的颜色，不知色谓成色（成份）。成色（酒之），勾兑而出，酿师（典）掌控之。今之所谓配合，源于酒之勾兑。勾相当于百分比。兑，此液（注）入彼液。今俗以拉关系（为）勾兑，就是你中有我，我中有你，结成利益的（）共用体。配字从酉，妃省声。妃也是配偶嘛。

醫（简作医）字简得好。工具箱中放一（柄）斧（化）是匠人，放一枝箭（矢）是医生。作动词用是毉。箭镞用来（）放血，见甲骨。酉（酒）是药酒。殳是手（拿）手术（）刀啦针啦各种器械。毉本来是武器，用在这里（的）的醫字下面不是酉（酒）而是巫，那时连称巫医，因为（）医病要诵咒语。

074. 吃饭问题多

流沙河

一只满盛食(熟)的高(足)豆，看甲骨文香(足)四溢，其上的三角形是张开的嘴(大)，这是食字。到了金文，高(足)变圈足。到了篆文，又错成匕(字)。食字由上下两部分构成。拿掉上部大嘴，下部单独读 bī，(其字为皀)就是晚造的飶（简作饮）。皀飶为古今字，两字之义皆为熟食的芳香，完全相同。有以异者，皀有芳香义，被误认作香，以为皀香(是)古今音，遂至争讼不已，实在烦我读者。

黄河流域柴薪难找，所以古(人每天)吃两顿饭。商代卜辞记载"大食""小食"(指的)(正是)早餐(和)晚餐，(不设)午餐。早餐叫饔 yōng，晚餐叫飧 sūn。饔是正餐，炊饭烹菜。飧是夕食，热汤浇饭。1950年我到川西日报社工作，社内多属晋绥地区南下干部，日食两餐古风犹存。

飯（简作饭）字从食，反声。一日之内，吃了早餐，又吃晚餐，事属反复，所以叫饭。可知反也参与字义。反字从又（右手），表示(与)事(之)手有关系。左旁象(之)手翻手背给人看。所谓"易若反掌"正是翻手背以(示)人。反就是翻一面，掌面翻成背面，而翻覆与反复之义焉。

食的篆文　金文　甲骨文
皀的篆文　甲骨文
篆文 飯
反的篆文　金文　甲骨文

中国作家协会四川分会

　　为啥早晨正餐叫饔，傍晚夕食叫飧，还须探其语源。河道泥沙太多则壅塞，身上脂肪太多则臃肿，街区车辆太多则攁（简作拥）挤。以雍作声符，字便有盛多之义。雍字本身也有正大（堂皇）之义。早晨正餐内容丰富，所以叫饔。傍晚夕食（汤泡剩）饭，所以叫飧sūn，音近剩shèng也。
　　下面是一个被《新华字典》毙了的字。《说文解字》对此字的解释是"以羹浇饭也"。羹gēng字从羔从美。古人做鱼羹做肉羹，讲究五味调和，米粉勾芡（加）配相宜（蔬菜），强调原汁，以葆（淋头）鲜味。用这种羹浇（之上）饭（），叫羹浇饭。今皆作"盖浇饭"，错了。出错的原因是甲骨文有奇字上羊下皿，罗振玉认为这是羹字的古写。这个字的（似）字形近盖的简体盖字，在书写时误断羊尾，就错成盖浇饭。

饡饡
繁体　篆文

　　蜀人好吃零食。零食在蜀地叫零碎或零嘴。以予考之，当作零餩，或作零餟。碎字和嘴字是错字，因音同餩和餟而致误。可惜，餩餟二字也被《新华字典》毙了。我为它们争地位，也是白费力。（义为零食）

餩餩 餟餟
繁体 篆文　繁体 篆文

　　(主)人端一盘点心出来，招待来访的客人。何谓点心？

白鱼解字稿本
第二一二面

有说者谓慈禧太后叫大臣尝尝糖果云："尔可先点点心。"金口玉牙一言为定，遂名糖果为点心了。其实点心二音应是飣的缓读分解。点心急读试将拼成飣。古称零敲碎打做点学问装潢门面者曰"餖飣之学"。餖飣（简作饾饤）便是摆在盘中给人看的点心。餖是高足杯盘，食旁多馀。

贪求美食，难免有口腹之累。有客以館（简作馆）字作例证，责国人之好吃，说："文化館，科学館，殡仪館，博物館，纪念館，与饮食不相干，也用食旁的館，真是民以食为天啊！"其实館的本义只是"客舍"亦即宾馆，官办的接待出差的吏员，私营的接待投宿的旅客。館内例皆设备锅灶柴米，供客炊爨，所以館字食旁。后世館字被挪用到非館之所，实与国人好吃无关。

篆文 館

现在回头说早就该说的餐字。《说文解字》定说是餐字为形声，从食，其上乃是残字古写，做声符用。近读康殷先生《文字源流浅说》，方知另有解释。原来周代吕鼎金文有"王餐于太室"一句。那个金文餐字上面多出一个屋盖，表示是在屋内吃飯。那个所谓"残的古写"原来是一个加人张大嘴巴的象形。这个金文餐字只须稍改写如下，便很容易看出这确实是餐字。由此可知《说文解字》定餐字为形声，可能错了。

餐的篆文　金文

稍加改写之后

吃饭问题多
第二一三面

075·进餐的慢镜头

流沙河

前篇说一个人张大嘴巴在食字的上面是餐字。如果该此人尚未张嘴，只是来到食字旁边，那就是就餐的就字了。就字的意思就是来就餐。后来用处渐广，就位就业就职就范都用就了。《说文解字》的就从京从尤，意思是高。这是一个错字。就字《诗经》多见，绝无一处训高。看就的甲骨文，与篆文和金文都一致，皆是左食右人。唯在甲骨文，食或混同于京，人或混同为尤，错成从京从尤之就。左食右人错成左京右尤，遂不可改。与此同时，金文和篆文仍然保留左食右人之字，而后人竟不识这是什么字了。

人来到食字旁立站着，这是就餐的就。如果此人坐下，这就该是即字。试将篆文就与篆文即作对照，由站而坐，一目了然。食字上部三角形原是，亦可视为食物上的幂盖。在篆文即，幂盖已经省掉。就和即，通音近，而即更进一层，似乎已经吃起来了。

人如果打呵欠，背向省掉幂盖的食字，或不打呵欠，而是掉头向着背后打嘴，都足以表明他已经吃完这顿饭了。这就该是既字█。既字的意思是一个阶段的终了，初指█用膳，后乃泛指其他事情的运作。凡█事已成，谓之既然。

　　既字篆文右旁是个欠字。欠字从人从气，气在人上，所以欠就是打呵欠。呵欠表明精神不足，有所亏损，于是孳生出亏欠一义来。既字金文和甲骨文右旁是个旡字。旡█字象打嗝形，其实就是嗝字的古写。旡，今音jì而古音gé，因为█人类打嗝至今仍然发出gé声，碨j!声。

篆文欠　　金█文旡

乡（简作乡）的篆文二人对坐，中间是食之省，可知这是朋友█聚餐。下面食字多馀，因为中间已有食之省了。如果不嫌食字多馀，写出来便是饗（简作飨），意思是以酒食款待人。同音义近有饟（简作饷），用于饷█、领饷、关饷，但也可用于以酒食款待人。而本义是朋友聚餐的乡字被借用于乡村，意思全变了。

周代有█乡人饮酒█礼，由朝廷官员作主，宴请地方士绅贤达。█《说文解字》按照古礼解释："饗，乡人饮酒也。从乡从食，乡亦声。"其实早在周公制礼之前，甲骨文便已有乡字了。其义只是聚█餐，谁管他礼不礼。由于二人对坐而食，又孳生出嚮背的嚮（简作向）。

筹备召集大会(简作会),安排食宿非常麻烦。特别是食,专设班子负责。当初造此会字颇费心思,好不容易想到●供应与会者一日三餐的大锅大蒸笼。只有开大会才用得上这二大,寻常百姓小锅小●笼够之足矣。于是會字造出,顶上三角形大张嘴。

會的篆文　三个金文　　　甲骨文

那么多与会者,一嘴一寸,十嘴一尺,百嘴一丈。中间大蒸笼,笼上还有笼,笼内蒸馒头。看金文會(第一),馒头六个表示很多●,下面一口大锅。金文第二會(蒸笼●层叠),蒸笼有双耳,笼内纵隔,馒头很多。金文第三會,左旁双人●是行之省。行象道路之形,与会者远道而来。下面是止(趾),走路来的。顶上屋盖,其下●笼内●横隔,馒头很多。笼下●窗●象形,盖谓大锅上有蒸汽孔也。甲骨文會,●三角形大嘴下蒸笼层叠,下面大锅引一线蒸汽冲上去。这一线●者●忽略,●便●造字者的用心了。

　　會的意思是开会,本不●属于饮食范畴。但须借厨具与食物构造會字,所以附在食后说之。

076·碗上造出字来

流沙河

中国作家协会四川分会

皿 mǐn 是一只饭碗。甲骨文象形，碗口修张，碗底高足。篆文左右两撇本来位于碗口，表示向外修张。日久移位到高足旁，遂难理解。mǐn 音通 wǎn，乃另造盌，今作碗。皿则泛指碗形器皿，互相划清界限。

皿的篆文　甲骨文

盍字今为虚词，"何不"二音拼成。例句"盍往观之"就是"何不去看看呢"。当初造字乃指一种木制盛熟食的器皿，今字作榼 kē。盍的篆文上面的大，在金文是盖子，而皿中有食物。

盍的篆文　金文

合盒古今字。甲骨文合象盒盖与盒体互相扣合之形。磨合、嵌合、结合、配合、联合诸词皆取双方如盒盖与盒体相合之义。容器之有盖者方得称盒，无盖便是盘了。贺婚词曰"百年好合"，源于舌称"媒妁合二姓之好"，意识深处以男方为器体，以女方为器盖。女嫁到男家来，正如盖扣到器上去。

合的篆文　甲骨文

如果器皿很大，便可贮水取照影，各曰监（简作监）。篆文监，皿中有水皿上一人瞪目。臣字象瞪目，就是今之瞋 chēn。君臣乃后起的引申义，替国王瞪大眼睛照看政事。金文皿中省水。两个

监的篆文　金文　两个甲骨文

Ch001 219 86 3　　第一页

甲骨文一男照一女照。男照臣与目相同，显现的面影。女照水中面影，脖子伸长，造字者诙谐。镜子就是从監演变来的。

先民信神，动辄向神宣誓，或表决心用，或证自身清白，或愿双方联合盟即宣誓，先祭神。祭品所以牲畜的鲜血，盛在皿内。篆文盟字从血，明声。金文同。甲骨文从血省（省掉皿内表示血的一横），明省声。所谓同盟就是双方乃至多方在神面前宣誓，共喝血酒。旧时民间不说宣誓，而说"赌咒发誓"也或"赌血咒"，男女结合要"海誓山盟"，拉神作证。

盟的篆文　金文　甲骨文

盧（简作卢）是旧时北方农家用柳条成的饭篮，有孔透气。盧，南方人说的籃（简作篮），一回事。蜀人说 luōluō。总之，盧籃羅皆有孔。爐（简作炉）下面有爐桥也算孔，所以从火从盧盧亦声。羅有孔也源于羅有孔，网羅（简作罗）哪能无孔。有孔的丝织品也叫羅。盧字从皿，属器皿类，上面虎省，是声符，中间象饭篮只形，不是田。

卢的繁体　篆文
籃盧羅維

盧既有孔，透气兼可透水，所以具有滤水的功能。思慮（简作虑）就像用盧滤水那样，让思维从心窍滤出来，所以慮字从心从盧省，盧亦声。漉水即滤水。濾（简作滤），与盧有间接关系。

慮的繁体

盝■■ lù音同滤，意思也是过滤。盝■的皿是后来添加的，录■■已是过滤。■篆文录据说是剥兽皮，似乎像一只兽悬挂着在滴血。看金文才晓得篆文错了，原来是横梁上悬挂着胀鼓鼓的布袋，正在过滤。点滴而下者是水，是酒，是醋，布袋■内容相应地■是粉浆，■是酒糟，■是醋糟。蜀人过年■■磨推■汤圆粉浆，盛入布袋，悬吊滴水，正像金文所画那样。造篆文者以为金文画的是已剥皮的兽体正在滴血，所以篆文跟着错了。

录的篆文　金文　甲骨文

录即我滤。开会作记录，便是用笔"过滤"你的发言。考生而曰录取，亦是用分数"过滤"也。考公务员而曰录用，亦复如此。语录也是"过滤"出精采嘛。

请看明白繁体盜字是三点水，上面是次而不是次。次 xián 涎古今字，流清口水。因馋而偷嘴，盜也。羡慕的羡便是对着羊肉流清口水。盗的金文碗内似火而非火者，美食也。

繁体盜

欠本来是呵欠，加三点水便是张大嘴巴流清口水，缘于食欲引起唾液大量分泌。■■甲骨文■次在卜辞里有时通衍，指河水的泛滥，亦以唾液大量分泌作比喻也。

盜的篆文　金文

次的两个金文　两个甲骨文

碗上造出字来
第二一九面

077·餐具和炊具

流沙河
中国作家协会四川分会

一种大腹小口陶器名缶 fǒu。篆文缶象容器形，午声。午乃夯地基的杵柱，象形。不过只是声符，午在这里并不参与意义。匋 yáo 是烧制缶器的窑，看篆文便晓得是封闭的洞穴。匋窑音同义同，一字两写而已。还有䍃字，从缶肉声，音 yáo，专指陶器和炊具。陶器中一部分在古代是餐具和炊具。

缶的篆文　金文　甲骨文

篆文匋

下面一件陶器是蒸饭的甑子。甑字从瓦，陶器又称瓦器。曾即甑。篆文曾，上非八，象冒气，中是窗的象形，取通义，用在这里代表有七孔的陶甑，下为水沸底部有古代叫釜的锅，蒸汽一线引上。籀文左右蒸汽引上，曾下是鬲li，空足而三形似三足鼎而足部是空的。鬲烧水沸，提供蒸汽，作用与锅相同。鬲字下部象其空足而三，上部本来是连在一起的，甑本是鬲腹。籀文繁琐，屋上架屋，终被淘汰。

甑的篆文　籀文

鬲最初亦陶器。篆文上下脱离，易生误会，以为三足之上为锅为盖。其实上下相连，看金文和甲骨文便明白无误了。甲骨文最明白，下有三只空足的锅便是鬲。后世有三足釜，旧时彝脆三石支起一锅，皆鬲之遗迹也。

鬲的篆文　金文　甲骨文

江浙人说的镬huò就是锅。锅字晚出，起初并非煮锅，而是车毂盛上的滑油器。镬字古老，从金，铜制，右旁乃是今之获字，作声符用。甲骨文也不是煮鸟，注意鸟下那个又字。又，右手也。表示鸟之被捉，此乃获字，也是作声符用。原来最早的镬即三足釜，也空足。空足的好处是速沸省柴。美食家说，把肉骨落入空足中，亦好处也。

鼎最初亦陶器。鼎字形成时，已是青铜器。看甲骨文，有双耳，可杠抬，四足侧视成两足。这是礼器，用于祭祀，平时宴享用镬方便。

金文和鼎的篆文其下非足，而是木字西，自上而下劈开为二，锅下烧柴嘛。蜀人至今呼灶上半球形的深锅曰鼎锅，最得鼎之本义。

復（简作复）的意思是来了又回去。回去就是复。军人解甲归田，今曰复员。国家回到过去的强盛叫复兴。你先打我，我再打你，谓之报复。你看我连用了四个简体复字，是吗？非也。在甲骨文复字就是这样写的。复，既是简体，又是古体。甲骨文复，从上止（趾），表示回去。上面方块三叠读fú，做声符用。这个方块三叠

餐具和炊具

第二二一面

经金文到篆文，成了圆饼■二叠上加一横。不论方块圆饼或三或二，都是蒸屉重叠之形。此镍■字，见《汉书·匈奴传》■"多赍鬴镍薪炭"之镍。实物未曾目睹，想必形似白铁皮捶制的蒸笼吧。既是蒸屉重叠，所以复又有重复义。其理正如曾（甑）置锅上，衍出"增加"，曾（甑）相■重，衍出"层叠"。层的简体作层。

殷jiù的初义为就餐，可能是就字的古写。看甲骨文，右手持■正在■提取碗中■食物，象就餐事。先民吃饭用匕，不用筷子。饭匕■■柄■瓢，柄端有挂钩。甲骨文匕象形，上端挂钩，下端镜瓢。因系侧视，镜瓢看不出来。饭匕饭抄■，亦称饭勺sháo，古用棘木削制而成。

殷的篆文　金文　甲骨文

匙与匕形相似，大小不同，用处各异。古有匙而无匙，是就是匙。匙即羹匙，今之汤瓢。羹匙直柄圆瓢，柄端亦有钩，可挂鼎沿上。金文柄上一只■手或一横，表示手持■处。柄端一止（趾）者挂钩也。圆瓢为头■，柄端挂钩当然是脚了。《说文解字》以直释是■，因为匙柄■是■的嘛。

是的篆文　两个金文

白鱼解字稿本
第二二二面

078·玉和玉璧

流沙河

中国作家协会四川分会

玉无一定之形，象形为难。先民治璞玉为佩件，往往成串。有鉴于此，所以篆文玉象玉片成串之形（取其玎玎悦耳）。甲骨文玉亦成串，有绳头。《说文解字》收古文玉，金文和甲骨文皆未见，不知从何而来。我看这古文玉，如果俯视，便是手工车床治玉之形。中间一横是玉璧侧视。一竖是轴杆，玉璧套在轴杆上。上下两横是轴架。这种手工车床我曾见过。玉匠坐着，双脚轮流踩动踏板，皮带带动车轴来回旋。此时玉匠双手握金刚砂磨治之。左右曲线便是双手。古文玉象磨治玉璧之形。玉璧在古代先是货币，后为礼器，祭祀用之。

你会问篆文玉为何写成王字。其实玉与王有分别，试将篆文比较，便能看出王的写法不同于玉。王在金文和甲骨文象斧头形，是威权的象征。武王伐纣王，攻破朝歌城，纣王自焚而死。武王找到遗骸，挥斧剁下纣王的头，表示威权建立，以震慑商朝的抵抗分子。

篆文玉隶变后，左右多出两点，那两点是从古文玉的两条曲线继承来的。两点至今只剩右边一点了。

古代玉器留存至今不少，璧最使我吃惊。前面说了璧

玉的篆文　甲骨文

古文玉

王的篆文　金文　甲骨文

为礼器，用于祭祀。例如祭水神河伯，要沉璧于河。礼器之前，璧又作为货币，用于贸易。货币之前，璧是武器，用于砍头。原来玉的硬度很高，磨出利口，可以砍劈。一块玉版圆形，周边磨薄磨利，圆心插入木柄，便可挥劈。璧者劈也乃知，谓可用于劈物也。璧字从玉从辟。

璧的篆文　金文

金文辟字从辛从人。辛是镂刻，象镂刀形。犯额上刻字，《水浒》有刻金印即黥刑的记载。指从辛表示刑罚治罪，从人当然是犯人。圈非口字，砍下之头也。辟即劈，古之"大辟"即砍头也。其后有了金属，砍头用刀更轻便些，璧才由刑具变成象征物，变成礼器。回头看甲骨文辟，辛字更简炼，更象尖锋向下的镂刀。第一个甲骨文辟，俨然身首异处，焉得不教人吃惊。

辟的金文　两个甲骨文

　　璧变成礼器了，讲究就多。并非圆形中间有孔皆可称璧。于是璧之外又有瑗又有环，分说之。

篆文瑗

　　圆形中心有孔的璧，有其专业术语。璧中心的圆孔曰好，好指璧的虚空部分。除好之外，璧的实质部分曰肉，肉也指孔周到璧周之长。什么叫璧？《尔雅》说"肉倍好谓之璧"，就是说实质部分要宽，宽到孔周到璧周之长为孔径的两倍。可见璧的圆孔相对地小，小孔●叫作璧。相反，"好倍肉谓之瑗"，就是说，●圆孔虚空部分要大，大到孔径为孔周到璧周之长的两倍。可见瑗的圆孔相对地大，大孔璧叫作瑗。篆文瑗从玉爰声。爰在这里是纯声符，不参与意义。

　　不过爰字有趣，●说说。看甲骨文爰，上下各一●手，中间一棍，似乎是上面的人递一根棍子下来，叫下面的人握紧，好拉他上来。这不就是援助的援吗！对。援乃后起字。已经两手●，又加●手旁，三只手没意思。爰援古今字。由于爰字拿去做了句首虚词，不得不●造援字来递补。

爰的篆文　金文　两个甲骨文

　　如果璧的圆孔既不小也不大，孔径正好等于孔周到璧周之长，这就是"肉好若一谓之环"。環（简作环）字玉旁，右●是衣。●篆文衣象形，有●袖有交领。金文衣上佩●環（●圆圈）丈●，横目乃觀（简作观）之省，●在这里作声符用。另一金文画连環●表示●環字，最为省事。惜乎不合汉字笔划规范，终被淘汰。

篆文衣　　　环的繁体　篆文　　两个金文

　　据说古代大臣流放在外，国王若要赦免，叫他●，就赐他環。環者還●也。

返還（简作还）

玉和玉璧

第二二五面

079·璞与僕不相干

流沙河

楚国山民卞和抱着璞块敬献国王。官方一看，⬛是石头，为此砍断他的双足。王藏⬛璞⬛内，剖开方能看见。至今还有"赌石"之说，指璞块的买卖，买去剖开，方知输赢。璞字《说文解字》没有，甲骨文有。这两个甲骨文一简一繁，先说简。山崖之下，双手⬛工具，掘出"小"字，指璞⬛内的玉。繁体变成深山矿洞之内，那件无名工具变成辛字，盖以镂刻用的小刀代表挖掘工具，仍是双手拱握⬛。已经采到玉了。玉下是⬛缶，用来盛玉。甲骨文璞是怎样演变为今之璞字的，恐难厘个一清二楚。⬛前贤推测演变过程如右所示。先是简掉深山矿洞，简掉⬛缶。后又妄添四点成业（繁体⬛业的头部）。最后⬛隶变成璞。璞pú者卜也，谓其内藏是否有玉⬛须预卜也。

璞与僕（简作仆），一从玉，一从人，而其右边⬛相同，容易诱人误解。其实右边⬛在金文和甲骨文⬛不相同，璞与僕之间根本不相干。僕（简作仆）在古代乃指奴僕，即《说文解字》说的"给事者"。后世人群交谊，也谦称自身曰僕。僕pú者附也（僕附古音相同），谓其附⬛于

白鱼解字稿本
第二二六面

主人也。将古文字对比，便明白璞与仆的右边迥不相同。甲骨文僕形象生动，那个"给事者"端着箕，尘垒腾起。头上有辛，盖以镊刻额上黥印的镊刀作为有罪的象征，并非他头上真的顶着镊刀。童妾二字头上同样有辛，表示地位低贱。最可惊者有尾！当然不是真的长着尾巴，而是指的看不见的那条尾巴。以尾巴侮辱人的观念从甲骨文传到现代。人一旦被打成所谓阶级敌人，稍有不驯，即被骂曰："又在翘尾巴啦！"纵然是自己人，思想稍有不妙，也要开会叫他"脱裤子斩尾巴"。反省一下，便觉得甲骨文以尾巴侮辱人不足惊，正见古今相去不远罢了。

到了金文，侮辱人的真象周朝的人受不了，乃另造僕。这回接尾巴取掉了，僕奴也改成子，经辈视之了。不过头上辛还在，地位仍低贱。端箕改成顶缶，"给事"依旧。左边添人旁，也算当作人看待了。陶渊明派僕人去城里服侍上学的儿子，去信提醒说："彼亦人子也，可善待之。"可作第三个金文僕的注解。此后字形又变，但是辛在，到繁体才隐没。

"石蕴玉而含辉"，块就是内涵美好的璞。璞[璞]未经雕琢，衍生出樸（简作朴），指称未经加工的木料。又引申出实、素、质诸词，由指木而指人。

僕字前头加上公字，时来运转，就神气了。不过依附之义犹存，看撲（简作扑）字就明白。脸上撲粉古称敷粉，就是让粉附在脸上。相撲也是两人身体互相附着推搡。又看蹼字，不也是皮膜附着趾间吗。

可知璞僕互不相干，各走各的路，只是彼此形似而已。

与璞相反是全。全字从玉不从王，本义是纯玉。纯玉的意思是并非蕴藏于石，不出自璞，无须加工的天然玉。天然玉名曰全。由于稀罕，《考工记》说"天子用全"。全字上面是入，意思是天然玉要献上去，民间不得私藏。入，入内府也。古文全下从廾，正是双手捧着献上。

全的篆文　古文

全的引申义是"百分之百"，亦即完全。《说文解字》全下云"完也"，完下云"全也"。互相转注。

080·从玉的一些字

流沙河

玉环留个缺口谓之玦。据说国王遣走大臣，就赐玦给他，表示决别。据说君子戒优柔寡断，胸前佩带玉玦，以加强自己的断决原能力。其实最早的玦是猎人右手母指钩戴的扳指，用来其字弦射箭。那时的玦字系骨制品，尚无玉旁。篆文玦去掉玉，从又（右手），其上象母指戴玦形。一竖为母指，似口而缺左边者为套在母指上的玦。

球字从玉求声，本指一种美玉。古人用来做磬，故称"鸣球"。美玉的球与足球篮球乒乓球绝无关系。体育运动用球，字本作毬。从毛，毬内填毛。从求，裘皮制作。求裘古今字。你看篆文球的右旁，正像挂着一领裘皮，毛纷披而下，头颈和左右前肢以及尾皆可指认。因用裘皮制作，所以名毬。近世以球代毬。美玉的球本冷门字，时来运转，今热火朝天，亦误会而已。

距今五千年前，据说"蚩尤以金（铜）为兵，黄帝以玉为兵，黄帝战胜蚩尤"（语出《太白阴经》）。玉兵器时代确实曾有过。这三个从玉的形声字看样子很典雅，想不到是杀人武器。它们都曾经是有尖锋的刺刀，后来文明日臻，才变成礼器的。

瑅，从玉廷声。试将瑅(二物)梃作对照。梃乃棍杖，削尖便是原始人的武器，或远投或近戳，都足致命。瑅比木棍削尖(加)更锋利，轻易刺穿躯体。瑅原是玉制的(大型)刺刀，长三尺，宽三寸。周尺合今五寸，仍有50厘米之长，很厉害的。后来演变成天子专用的大型玉笏（俗呼朝版），尖锋改成齐头，以示宽博，而成礼器。

篆文瑅

　　琢与琱（今作雕）都是形声字，义皆治玉。琢，谓用凿子加工，如鸟雀之啄物。雕，谓用錾子加工，如鹰鹞之叼物。理也是形声字，义亦治玉。但着重于解剖璞块(分割玉块)，全凭眼光和经验。良工理玉得法，主人赞他懂"理"。进而形成物有物理，事有事理，天有天理，肌有肌理，文有文理的观念和说法。

篆文琢　篆文琱　篆文理

　　玩，弄也。弄，玩也。玩弄互相转注。造字之法，玩为形声，弄为象事。二字从玉，可见古人迷玉之深。弄下左右双手就是拱字。玉拿在手上玩是弄字的初义。

篆文玩　篆文弄

　　寶（简作宝）字四部分组成。一是所谓宝盖，

白鱼解字稿本
第二三〇面

读mián，象屋形。二是玉。三是贝。四是缶做声符。缶古音bǎo，就是砂煲瓦煲电饭煲的煲。哪些东西是宝？玉为珍宝，贝为财宝，都要要藏家中。比较起来，篆文和金文不过是在甲骨文的原样上添加一个声符而已。简体的宝字又在甲骨文的原样上减掉象征财富的贝，可见古今观念传承，脉络清晰。

宝 宙 宝
为篆文 金文 甲骨文

　　两块玉放在一起就是珏jué。为啥放在一起？俗话说："不怕不识货，就怕货比货。"放在一起，为了比较优劣，定出等级。珏之为言,角也。角斗的角，角逐的角读jué，义为较量。

珏
篆文珏

　　吾乡旧时公办小学之外，尚存私塾。塾师在门外贴"秋爽来学"四字，便有一些家长送儿童来读《百家姓》《三字经》《孟子》《论语》。私塾课堂不分班级，小孩大孩混一堂，塾师分别教之。班是啥？原来是解剖玉。字从刀，中分玉为两块。校学分班上课，军队连排下分班，工厂三班轮转，皆取义于玉之分割。字从刀仅表示分割而已，不是真的用刀。古人割玉用皮绳裹砂来回锯之，以柔克刚。

班 玨
玉的篆文 金文

从玉的一些字
第二三一面

081·金与铜的冶炼

流沙河

(铜(简作铜)字金旁。) 甲骨文有没有金这个字，难说。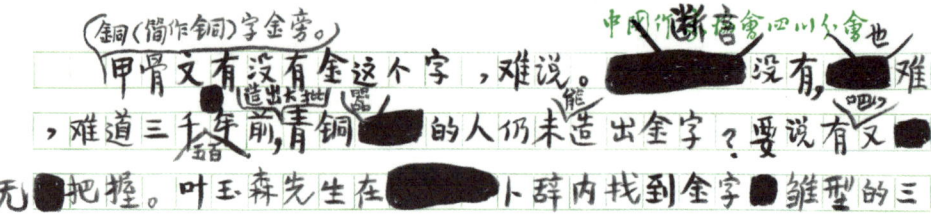没有，难，难道三千年前，青铜冶炼的人仍未造出金字？要说有又无把握。叶玉森先生在卜辞内找到金字雏型的三种形态，认为就是甲骨文金。叶先生认为这些字象有界格的箱匣，内盛金粒。反对方说这些都是周字，在卜辞为囯，就是后来灭了商朝的周。反对方从卜辞内还引用证明材料，力证其非金字。金乎周乎，尚须讨论。请姑置不论吧。

田 田 田
疑是甲骨文金

金的化学性能稳定，不怕氧化，且拒酸碱腐蚀，所以远古人类不难拾得天然金块，捶扁成投掷器，打鸟兽作肉食。金的比重高，投掷力更猛也更准。天然金捶成的薄金饼，敲之有声jinjin。"其名自呼"，就叫作金。当然，那时尚无文字，更不用说这个金字。到了青铜时代，掌握金属冶炼技术，由铜而铅，而银，而金，而铁，次第炼出。于是铜叫黄金，铅叫青金，银叫白金，金叫赤金，铁叫黑金，所谓金有五色是也。此时造出金字，所指者乃"五金"而非单指赤金。上面四个金文，从左到右，一个比一个早。最早的那个金

金 金 金 金 金
金的篆文　四个金文

中国作家协会四川分会

出世

■在西周初年，距今亦有三千年了。此字左旁两块铜饼，即原料铜，右旁上为镞（箭头）下为钺（斧头），皆铜制品。镞和钺未见有赤金制作者，故可推知左旁乃铜饼，非赤金饼。这个金字不是专为赤金而造，明矣。后来一变右旁成全，再变两饼■成条走样，三变成棚下土生金。到■篆文变成■形声字，象金在土中形，今声。古籍金字多指黄金,也就是铜。

钧（简作钧）是铜的重量单位。汉代以三十斤为一钧。看钧的金文是象意字。手携铜饼二，其重三十斤，一钧。也有以金字代替■铜饼的，亦钧字。成语"千钧一发"是说一■茎头发吊起三万斤之重量，其危险可知矣。铜饼千千万万，彼此重量相同，所以黄金单独取名叫铜。铜（简作铜）字从金同声。且慢，你从何而知同的本义是相同呢？

鈞 釡 司
鈞的篆文　两个金文

銅 同
篆文铜

同
甲骨文同

同字本义为相同。同字口上是何物，须俯视之。这是一具修房子捶平地基的夯，二人面对面抬起来，同时投下去。这种手工夯具非常简易，两根木棒夹一石柱捆紧便成。二人动作必须一致，方可省力奏功。为此■喊号子以求同，所以从口。予曾劳役，熟悉此道，敢献管窥如上。其字

金与铜的冶炼
第二三三面

金属冶炼，高温作业。冶字为啥不从火，而从两点的冰？篆文冶左旁是██河冰██堆积的象形字冰，右旁██是声符██台,音同怡██。看了金文，方才明白，冶字从火，火上应是两条铜锭（铜饼走样成条状了），其旁乃刀和容器██皆铜制。篆文铜锭错成冰了，刀和容器又错成台了，██错得难以解说。

　　金属铸造的鑄（简作铸）甲骨文里██有，比冶炼的冶出世更早██。造此铸字，古人做到了形象思维的极限。看甲骨文，两个皿中间一个火。上面的皿双手扣放火上。扣放██表示不要了，拿去熔化，另造器皿，从而表达出铸造的意思。又怕读不懂，金文造得更繁些。添加一个金（██铜）还嫌不够，又添加一个██畴作声符。畴（简作畴）篆文田██象犁沟之形。犁沟曲折来回不已，很长，生出长寿（简作寿）一义。铸的篆文干脆用寿做声符，变成了形声字。

冶的篆文　两个金文

鑄的繁体　篆文　两个金文　甲骨文

畴的繁体　篆文　金文　甲骨文

白鱼解字稿本
第二三四面

082·鐘与鍾不同

流沙河

钟字诉苦说："不幸身兼二职，姓鍾的叫我去做他的姓，敲鐘的叫我去挨他的打，活得好累。"

鍾的繁体　篆文　金文

姓鍾与敲鐘，风马牛不相及，都写成简化的钟。钱钟书学问大，不好天天挨打，出书署名钱鍾书。其馀姓鍾的还得天天挨打鬼的，包括鍾馗在内。

鐘的繁体　篆文　金文

鍾（简作钟）的本义是贮酒器。古代喝酒过场多。酒藏瓮中，放置窖内。转注金属鍾里，准备宴用。鍾倾入尊，捧上宴席。尊中挹取，倒进杯里。鍾器大腹细颈，容量可观，生出鍾聚一义。如说"灵气所鍾"，又如迷爱谓之"鍾情"。

鐘（也简作钟）的本义是悬于架上而则金属乐器之敲击发声且其口向下者。鐘鍾二字形则相似，意义相去甚远。同简作钟，则难免诸多不便。

鍾的容量可观，所以较重。篆文鍾的右旁是重字。篆文重，人立土上，東象橐形。意思是太重了，拿不起，停下来。再看金文鐘，可知其字从童，鍾省声。撞人的牛，《易经》谓之金文童牛，童即撞也。鐘从撞省，鐘是拿来撞的嘛。

《说文解字》有篆文鐘的或体字，写出来就是金旁一个甬。■这个甬的篆文给■留下■想象空间，你不觉得■它像一只有挂钩的钟吗？钟口向下，钟顶■上有小口，■可通，难怪通字从甬，难怪过道又叫甬道，难怪陶偶中空谓之俑，难怪泉眼冒水叫涌，难怪竹管叫箃（筒）。再发挥一点想象力，甬字去掉挂钩，只剩一个用字，又像什么？何必像什么，用就是钟嘛。■用■钟，就是镛。《尔雅》说"大钟谓之镛"。镛大，其声低沉。钟小，其声高亢。钟发出zhōng声，"其名自呼"，这是高亢的阴平声。镛发出yóng声，也是"其名自呼"，这是低沉的阳平声。四川人镛和庸都读yǒng，不同于标准音yōng。■音更古老些。

铃（简作铃）比钟小。《说文解字》："铃，令丁也。从金令声。"蜀人叫铃丁儿。■旧时学校■，由■摇上课铃和下课铃。铃亦■铜制，木柄铜舌。古代摇铃召集村民开会，宣■讲政策■法令，所以铃字从令。看令的甲骨文，上面口字倒置，表示由上向下宣讲，下面是人坐着聆听（古代跪就是坐）令的复词是命令。令■再添个口便成命字了。

錢（简作钱）这个字，看在眼里，悦在心头。其实纯系误会。当初造此钱字，乃指一种起土农具，就是今之铁锹。钱qián锹qiāo双声可转，钱即锹也。货币周代称泉，取义于水泉之流遍天下，无处不通。我们至今还说货币"流通"，正是泉水用的意象。后来以钱字代泉字。王莽复古用泉，终归失败。鲁迅日记复用泉字，买书都写用泉若干，以存古雅，亦文人癖好之可笑耳。

錢 錢
钱的繁体　篆文

針（简作针）本俗字。正字用鍼（简作针），从金咸声，义为缝鍼。咸xián怎样转成鍼zhēn声，其间几番倒拐，就不说了。俗字针无篆文，妄造一个，仿照《说文解字》拟曰："针，从金，象线头穿针孔形。"

鍼 針
篆文鍼　妄造篆文针

釣（简作钓）字据《说文解字》说"从金勺声"。于是把取液体的勺（读音shǎo），与钓diào相去太远，作声符不妥。窃以为右旁不应该是勺字，而是象钩（简作钩）饵形。甲骨文勺象钓钩形，口声。勺钩古今字。勺釣亦古今字。勺diào与瓢勺的勺不同。勺字从一，象取的液体。勺则一点，象饵。《新华字典》把勺与勺混而为一了。

篆文釣

甲骨文勺

鐘与鍾不同
第二三七面

083·捕兽钳与牛刀

流沙河
中国作家协会四川分会

《说文解字》："鉗，以铁有所劫束也。从金甘声。"鉗（简作钳）据许慎说是用铁强迫束缚之。不是今之工具手钳台钳，钳在古代是刑械，束缚刑徒用。许慎说的是动词钳。我说的是名词钳，分两种。胫钳束缚在两胫踝骨之上，重二斤，长一尺五寸，见《晋律》。趾钳束缚在两脚母趾之上，轻钉。戴钳者称钳徒。胫钳即今脚镣，死囚著之。

钳今音qián而古音副jiǎn。钳徒行走困难，所以行走困难曰蹇jiǎn，跛脚吃曰蹇jiǎn，已是进一步的引申了。

用来束缚刑徒的械具之胫钳，以我推测，最早应是捕兽的机缄。缄亦音jiǎn。机缄一词见于《庄子·天运》。成玄英疏："机，关也。缄，闭也。"些即捕兽用的夹钳。在野兽常走的草丛内，暗置夹钳，明放诱饵。野兽踩触机关，夹钳咬合呼蹄爪，死不得出。这种捕兽夹钳，电视屏幕见过，俗曰剪，写出来应该是钳字。

钳字晚出，金文和甲骨文没有。象形字比形声字更古老。我认为捕兽钳应该有古老的象形字，就是甲骨文今。表达时态的现今的今非本义，本义是捕兽钳。甲骨文今字很常见，皆为时态之今。我看甲骨文今四种形态皆象

钳
篆文钳

A A A A
甲骨文今的四种形态

捕■兽钳形，其外一■短横为诱饵。钳■滑形似英文■A字，短柱横撑其中。兽触机而短柱脱■，夹钳快速咬合，似刑徒之戴上胫钳，■逃■不走了。(因为■夹钳链系于一棵树)。■广东客家话说，这叫"装到了"。

今象捕兽钳形，所以擒获的擒由今字演变成。甲骨文以鸟网表示禽(擒)。到了金文，鸟网之上又置兽钳，意思就周到了。后又

禽的篆文　两个金文　三个甲骨文

加右手，更周到。到了篆文，稍变其形，遂难解矣。捕到原始人以狩猎喻时日。昨天已逃■跑，明天尚未■，被我们钳■住的只有此日，所以叫作今天■意即被我们■住的这一天。

今本义为夹钳，所以绕颈成夹钳形的交领曰衿，所以缄■口不语曰吟(通噤)，所以围■合■的衣带曰紟，所以江西分宜县有山被二水夹■曰钤山，所以锁闭曰钤。

■刘(简作刘)乃中国大姓之一。汉代歌谣拆开劉字为卯金刀。卯在劉为声符。劉字从金从刀，卯声。卯今音mǎo而古音liǔ。请看形声字柳和留就明白卯音liǔ。

卯的篆文　金文　三个甲骨文

捕兽钳与牛刀
第二三九面

前有人说卯字顶上封了口才读liú，非也。卯象漏斗形，所以古音liú与漏同。金文留字上为漏斗，下为容器。经漏斗入容器，精华要留下来。漏斗内滤出的渣滓就不留了。留字造字之意灼然可睹，卯非象漏斗不可。顺便说柳字。液体经由漏斗而下，所以柳从卯liú得义兼得声，谓其枝条向下垂也。

留的篆文　两个金文

　　令人困惑的是卜辞多有"卯牛""卯羊"记载，通读之皆指杀牛杀羊祭祀。漏斗作动词用也生不出杀义来呀，怪哉。于是想起《诗经·周颂·武》云："胜殷遏刘，耆定尔功。"毛传以杀释刘。郑笺："举兵伐殷而胜之，以止天下之暴虐而杀人者。"又想起《尚书·武成》云："粤五日甲子咸刘商王纣。"应劭注："刘，杀也。"方知商周时代刘的本义为杀，乃当时之习语。原来卜辞借卯作刘，卯牛羊即杀牛羊也。

　　刘字既然从金刀，义为杀亦不足怪。刘应该是牛刀。孔子说："割鸡焉用牛刀。"似乎牛刀很大。予童年见回民宰牛，其刀窄，长一尺。杀鸡用这种刀不便操作，一柄削铅笔的小刀就行了。

刘的繁体　篆文

084·尖锐的金属物

流沙河
中国作家协会四川分会

钉（简作钉）还需要解释？不就是钉子吗？在《说文解字》里，钉非今之钉子，而是古之"炼饼黄金"，的确使人感到意外。古称铜为黄金（真金称为赤金）。所谓炼饼黄金乃是铜饼，即原料铜。三个甲骨文丁，第一个象铜饼之形。契刻甲骨，方形易于圆形，所以后来多刻成方形的。甲骨文里尚无金旁的钉，只有丁。到了金文，丁仍象铜饼形。但是混入了一颗尽头牙，学名智齿，亦即第三磨牙。这是恒牙中最后萌出的牙齿，表征人到成年。智齿与铜饼拉不上关系，也要名丁，从此取得成年就叫丁年，苏武"丁年奉使，皓首而归"。丁又，男成年而健者叫壮丁，不当官叫白丁。智齿根深而尖，于是形似智齿跟着也叫丁。丁字被智齿占据了，只好分家。原先铜饼之丁改作锭，《说文解字》的钉应该是锭（简作锭）。同时形似智齿的铁丁改作钉。锭钉二字分家迁走，丁只剩空壳，编入甲乙丙丁戊己庚辛壬癸，做了十干的第四名。请看金文，下端尖细的正象智齿形，篆文丁便是缘此而生的。为了与个字区别开，篆文丁直竖互不顶拢。篆文丁与个易混，"目不识个字"错成"目不识丁"，所以成为成语，没法纠正。

丁的篆文　三个金文　三个甲骨文

第 一 页

箭镞（简作镞）之字从金族声，看似明白无疑。如果追问："族是什么呢？"回答家族、民族、种族。再问："族为什么从矢？"回答起来就麻烦了。怎么也想不出来族与矢有何关系，疑问由此生焉。

原来镞和磙都是晚出字，金文和甲骨文只有族字，本义就是箭镞。请从头细说之。甲骨文矢，箭镞、箭杆、箭羽、箭括皆可指认。箭括是箭杆尾端的凹槽，为受弓弦之处，以夹角象其形。金文矢以圆点或横象箭羽形。篆文矢的箭括夸大到讲不通的地步，谓之象形不如谓之写意。古书记载，矢分八种，各有用途。枉矢、絜矢可以带火发射。杀矢、镞矢用于近射。矰矢、茀矢用于弋射。恒矢、痹矢用于散射。种种不同之矢，差异主要在箭镞的形态上，而箭杆、箭羽、箭括有差异也不大。矢的甲骨文、金文、篆文无法表示种镞之间有何差异，所以另造族字。甲骨文族，矢在旗下。古代军队各竖其旗，以图案互相区别之。矢在旗下，用以表示镞种造字将

矢的篆文　两个金文　甲骨文

族的篆文　三个甲骨文

的独特性。在武器库，同种之镞放置在同一处，以便取用。家族、民族、种族诸词实取喻于必定箭镞分种，各镞种皆有其独特性。当初造此族字仅指箭族，后来族被借用于家族、民族、种族后，才加金旁作镞。

镝（简作镝）为"矢锋"，见于《说文解字》。镝说成镞锋更准确。镞为箭头，镝为箭头之头。镝字从金，啻为声符。这个啻dí字易与啇混。啇字在《新华字典》作啻chi，从帝从口，为语词。啻（啇）的古义为祭祀上帝。但是作为镝的声符，啻（啇）也参与攻镞锋先头意义。啻（啇）字从帝从口。可以把帝字抽出来再解剖，便得上刺二字。试将篆文上放置在篆文束（刺）的顶上，便组合成篆文帝了。从镝中找出帝，从帝中找出束（刺）。束（刺）从木，象树上长刺形。正是树刺参与了镝字的意义，同时又提供了镝字的读音。只是由于古今音变，刺ci镝dí二音之间已有相当距离了。

085·贝赏贤贠贮

流沙河

中国作家协会四川分会

产于山东半岛的海贝最初是先民的装饰品，后兼货币功能，为商品经济服务。予童年时犹见小孩有颈上或腕上戴海贝者。蜀语呼海蚆子，Pá。贝繁体貝同篆文相似。贝是象形字，不过与海贝之形作比较，并不相像。贝的甲骨文更像双壳纲的蛤类，如蛤仔和蛤蜊。金文亦然，仍似张开双壳。而贝字乃确指的是作货币的海贝，古称宝贝，俗呼贝子或海蚆子，而非双壳纲的蛤子和蛤蜊。海贝之形，《本草纲目》李时珍说：" 贝子，小白贝也。大如拇指顶，长寸许，腹背皆白。诸贝皆背隆如龟背，腹下两开相向，有齿刻如鱼齿。其中肉如蝌斗，而有首尾。" 又说："贝字象形。其中二点象其齿刻，其下二点象其垂尾。" 古代作货币的并非含肉的活海贝，只是海贝之壳，自不待言。旧时偏僻省份云南，以海贝作货币，从远古到明清两代，历数千年。

贝既然成货币，所以古人赏贝。赏的繁体賞字从贝尚声。甲骨文里还没有形声的赏字，都用商字。卜辞多见"商某贝"的记载，就是赏贝

贝的篆文　两个金文　甲骨文

海贝形

賞的篆文　两个金文　甲骨文

白鱼解字稿本
第二四四面

给某人。商字原本象酒觞形。后来的觞字，不含赏赐之义，借用作赏而已。那时字少，只好如此。（商就是音同）

赏给哪些人？当然是贤人。贤的繁体賢字为何从贝，不好解释。贝是货币就是钱。人贤不贤，看他有无德才，不是看他有钱无钱。汉碑多见賢字不要下面的贝，只要上面左臣右又，就当作賢字讲。这倒吻合腐儒"君子耻言利"的作派，但是难以解释不要贝的左臣右又之字为何终被淘汰，为何后人非要下面添贝写成賢字不可。如此说来，賢字为何从贝，疑问仍旧存在，等待解释。

賢 賢
賢的篆文　金文

试作简单解释。賢字从臣从又从贝。臣是瞋的象形字，画一只瞋大的眼睛。又是右手的象形字，画一只伸出的右手。下面来一个贝，意思是眼明手快会搞钱，这就叫賢。古代国王没有一个不需要这样的贤臣。

賢臣领赏贝一堆，先要数计。一个贝算一员（简作员）。篆文员字从贝圆声。那个圆圈就是圜字。清末民初发行银币，通称银圆。民国币圆为单位，从贝币员来。员初指贝个数，后用于官员吏员人员乃泛指。金文和甲骨文员从鼎，贝古文形近鼎而致误，其实与鼎无关。

員 鼎 鼎
員的篆文　金文　甲骨文

贝币皆有人工钻孔，数计之后，还得用绳贯（简作贯）穿起来，才好背回家去。甲骨文皆纵贯两员贝币。贝形非方，刻成方形，象意而已。金文亦纵贯两员贝币，贝形略似。篆文变成横贯后又加贝注明：此系贯贝。

贯的两个篆文　　金文　三个甲骨文

秦代设用铜钱有穿孔，直到清代，穿钱绳仍旧呼为贯。一千钱为一贯。"家财万贯"，钱多可知。钱绳穿满一贯，谓之贯盈。"恶贯满盈"，恶极可知。

贝币若干贯背回去，为此造了员（简作负）字。负字不从刀，上面是人字。用背部去背重物就叫负。《易经》说"负且乘，致寇至"。上车坐着了，仍背着重物，不肯放下来，肯定很值钱，必然招匪抢。为了字形结构方便，篆文贝不在人背上，而在人脚下，发不得已，就通融吧。

篆文负

贝币背回，贮（简作贮）藏在方橱内。甲骨文和金延伸到橱外的是绳头，表明这是贯贮，而非散贮。篆文为了字形结构方便，贝置橱外，亦不得已。繁体贮字右边是从方橱和绳头的象形演变来的，原非屋盖和丁字也。

贮的繁体　篆文　两个金文　两个甲骨文

086·贝币与贝饰

流沙河
中国作家协会四川分会

前篇说贯（简作贯）从贝，上象绳贯二贝之形。又说一千钱为一贯。贯上加屋盖变成實（简作实）。實字初义乃指家财殷實，谓富户也。充實、壮實、朴實、真實、现實等已是引申义，离初义很远了。

实的繁体　篆文　金文

经商赚了钱就叫赢，又叫贏（简作赖）。《说文解字》以赢释赖。赢字常用，好懂。赖字则不常用，难懂。刘邦少时，无业游情。刘太公责备他"亡赖"亦即无赖，不赢，不能赚钱养家，并不含有侮辱人格的意思。赖即赢，所以甲骨文赖画个胀鼓鼓的钱袋，内盛二贝。金文赖从■囊省，内盛一贝，仍是胀鼓鼓的。篆文改从束。束是两头开口的囊（可作），亦钱袋也。又在贝上添刀。刀也是钱的一种，称刀布或刀钱。篆文变得太多，很难与金文搭上继承关系。

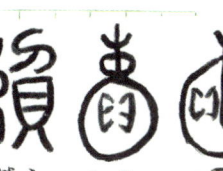
赖的篆文　金文　甲骨文

得的篆文　两个金文　两个甲骨文

人生总有一次在路上拾得钱。古人由此造出得字。看甲骨文是伸手拾贝币。再加行字左旁，表明是在行道上拾得的。看金文亦如此。到篆文表示右手的又字加一点成寸字，说不出啥道理，纯装饰性。推而广之，从事一种职业赚了钱也叫得。修道有了心得也叫得——不过换一个写法，字作德。贝币太俗，换之以心（思想）。精神方面的得曰德。

价值的价，物价的价，繁体作價。價字从人从賈（简作贾）。《红楼梦》贾芹名字拆成"西贝草斤"。小说解娱乐嘛，不是文字学。认真说来，賈上非西。賈古音gǔ，义指商人。说具体些，行曰商，坐曰賈。行商谓长途贩运，坐賈谓开店营业。賈字从贝，上面是罒的象形字作声符。试将賈的篆文与战国陶文作对比，便知我说不谬。罒为罩形网，賈字上部正象罩形。不过并不参与字义，纯声符而已。賈后来又作姓音jiǎ。加人旁成價钱的價。

賈的篆文　战国陶文　篆文罒

買（简作买）字为啥从网？持贝入市购物，事类持网入水捕鱼，作比喻也。篆文变网为窗的象形字，求其受看，并无深意。篆文也有不这样写，仍从网的。

買的篆文　金文　甲骨文

貴（简作贵）字《说文解字》认为是形声字。篆文貴从贝，上部是臾的象形字作声符。此说可疑。簣是用草编的筐子。试看篆文贵的上部明明是两只手，中间一个入字，何尝有半点像匡子。去查金文吧，金文不见贵。幸好金文有遗（简作遗），可以从中看出贵是怎样写的。原来贵的上部是双手握棍——权杖，表示地位尊贵。贵的本义乃指尊贵。从贝表示财富。贵了自然就富起来。价格贵贱已是引申之义。

篆文贵

遗的繁体　篆文　金文

婴（简作婴）字最早出现于商代的青铜器上，是为商代金文，被释为"子荷贝"。说者谓男子肩挑贝币去经商。本来，商朝那边的人会做买卖，所以做买卖的人被称为商人。但是"子荷贝"释错了，这是婴字。婴本义指项链，古称"颈饰"。不是"荷贝"，是戴贝壳串成的项链。《荀子·富国》说："处女婴珠宝"，婴作动词用。缠绕于颈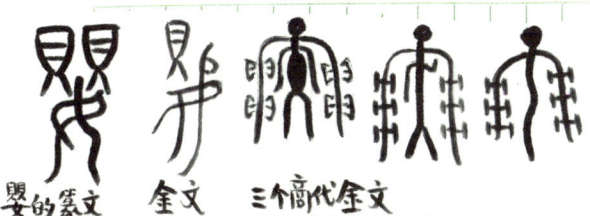曰婴。古人冠帽有绳系颈，谓之冠缨，络马的皮绳叫马缰。樱桃取名于女的缨珠。初生男曰儿，女曰婴，乃借用。本字作婴，见《释名·释长幼》。

婴的篆文　金文　三个商代金文

087·风和虹都是虫

流沙河
中国作家协会四川分会

虫这个字在甲骨文读 huí，就是后来的虺字，专指毒蛇中最毒的蝮蛇。三角形大头，细颈，短身。金文和甲骨文正象其形。

虫的两个篆文　两个金文　甲骨文

后来篆文有了虺字，虫就充蟲的简体字而读 chóng，写法亦有改变。请看虫的篆文已不像蝮蛇，而更像蚯蚓小虫。三条小虫聚在一起，就成繁体的蟲。古人用蟲表示蟲类这一概念。他们认为蟲分五类：兽叫毛蟲，鸟叫羽蟲，鱼叫鳞蟲，龟鳖叫介蟲，人叫裸蟲。难怪俗呼虎为大蟲，蛇为长虫，九头鸟（蜀语）叫九头蟲。

篆文 虫蚰蟲

古人所谓的蟲与今大异。今则以蟲泛指昆蟲。

《说文解字》有它无蛇，它就是蛇。它今音 tā 而古音 shā。它字为啥不加虫旁？因为它记（应该）象蛇形，又加虫旁可能误读为两条蛇。在甲骨文，它与虫极相似，为了不致互混，所以往往在它头上加止（趾）成跎，意思是千万别踩着了。这个跎是它字异体，同为今之蛇字。卜辞常见问话"亡跎"或"不跎"就是问"没蛇吧"。先民居处草莽，最怕不小心踩着蛇。卜辞问"没蛇吧"意思是询问向神灵

蛇的古写　篆文　金文　甲骨

甲骨文 跎

白鱼解字稿本
第二五〇面

"不会有祸患吧"。今人互相问候"没啥吧"就是从"没蛇吧"承续来的，啥即蛇也。

　　前面说到九头鸟又叫九头蟲，以证鸟为羽蟲。古人认为風（简作风）与蟲有关系，而现代人很难理解。風字从虫（蟲的简体）凡声。風与鳳（简作凤）曾经是一个字的两种写法，区别是一从虫一从鳥（简作鸟）。既然鸟也属于蟲类，風鳳便为一字。远古神话说鳳飞过，天上就吹大風，所以甲骨文画一只鳳在卜辞里读作風。旧时蜀人遇吹大風则云："天上过九头蟲啦！"犹与远古神话遥相呼应。九头蟲原来也是鳳鸟的原型。

風 鳳
繁体 篆文

鳳 鳳
繁体 篆文

　　不但天上的風，天上的虹原来也是蟲。看了甲骨文虹你就明白，先民认为虹是蟲怪，双头有角，一身卷拱大张其口。卜辞有"虹饮于河"的记载。历代传说都有虹饮溪水的怪事。虹这个蟲怪带三分邪恶，所以《淮南子·原道》说："虹蜺不出，贼星不行，含德之所致也。"蜺是虹下的副虹，其色浅。虹则七色漂亮悦目，却是人间衰德的象征。汉代刘熙《释名·释天》说，"阴阳不和，婚姻错乱，淫风流行，男美（媚）于女，女美（媚）于男，互相奔随"，天上就要频频出虹。虹名"美

甲骨文虹

风和虹都是虫
第二五一面

人"乃谓其媚人也，使人迷惑悖乱，做出丧德的事。北宋曾慥《类说》引传说云："首阳山有晚虹，下饮溪水，化为女子。(汉)明帝召入宫。曰：'我仙女也，暂降人间。'帝欲逼幸，而有难色。忽有声如雷，复化为虹而去。"你看，皇帝都迷乱了，多邪恶可怕呀。甲骨文虹双头怪蠹，不仅媚人，还能带来灾祸，所以卜辞记录虹出，卜问是否"有艰"。

作为文字，画那戴角张口的双头怪蠹，未免笔划太繁，终久要演变成简易的形声字。早在商代晚期的青铜礼器上已有虹的形声字了。下面右向左排列，先是从虫（虺）从日工声，然后从日从虫（虺）工声，再后左工右虫（虺），最后左虫（虺）右工，与今虹用字全同。

商代晚期的四个虹字

虹的语源是弓。英文虹叫 Rain-bow（雨弓），可作旁证。发明弓箭后，先民晴映日光而显现的彩虹，其形似弓悬天，所以虹用同音的工做声符。

虹在欧洲人观念中是希望的象征，源于《旧约·创世纪》所载神与人立约，不再用洪水淹灭人类，而以虹为信物。这与我先民视虹为妖异大不相同。

088·蛙和大腹虫

流沙河

蛤蟆与蟾蜍相形似而不同类。蛤蟆鸣，蟾蜍不能鸣。蛤蟆指的是蛙类，包括黑斑蛙、金线蛙、虎纹蛙、雨蛙多种。鸣声哇哇，所以名蛙，这叫"其名自呼"。蛙字从虫圭声，圭在这里显然音 wā。蛙的篆文不从虫而从黾 mǐn 的繁体，声符放在其上。古人往往连称蛙黾。蛙状其鸣声，黾象其大腹。《周礼》规定设置专业的捕蛙户，名曰蝈氏，哪里蛙噪，就去捉拿。所谓"蝈氏掌去蛙黾"是也。蝈在这里也就是蛙。蛙黾连称，概括蛙类。整个蛤蟆 hama 之名，以音求之，就是古之蛙黾 wāmǐn。蛤即蛙，蟆即黾，古今音变所致。

黾的篆文省略四肢，强调大腹。籀文加左右手，表示捉拿，旁证《周礼》所言不虚。蛙黾鸣时，鼓其胸臆，显得十分努力，所以勉励他人努力，嘱其"黾勉"。甲骨文黾与篆文和籀文大不同，并不强调大腹，而四肢皆具备，作腾跃状，更像蛙类。看来是面面俱到了，结果却被淘汰。强调大腹的篆文黾终成被后人接受，隶变黾的繁体，保留着篆文笔划。有趣的是别的虫类，其种类和形状与蛙类不相干，仅仅由于其身大腹，也来傍上这个黾字。鳖，俗呼甲鱼，大腹。鼋是一种大鳖，亦大腹。鼍为扬子鳄，俗呼猪婆龙，体型与蛙类绝无相似处，唯腹稍大，字也从黾。最可笑的是蜘蛛和苍蝇，也要标榜大腹，搭蛙黾的便车。

鳖 鼋 鼍 蛛 蝇

鼍是简体。繁体作鼉 tuó，單声。异体字作鱓的，亦以單为声符。單声怎么会读成 tuó，使人困惑，只好归之于古今音变吧。單为中国龙之原型，拙著《再说龙》有详说。

蛛结网以觅食，有智似谋，故称智蛛，字作蜘蛛。蛛的两个金文比上面的篆文古老，字亦从黽（简作黾），可知象的是蛙黾形，而不是蜘蛛形。朱字义为植株，作为蛛的声符，并不参与字义。篆文朱字从木，腰上一横，指示此即植株。

蛛的两个金文

朱即株之本字，原无异议。后人见朱的金文和甲骨文有作木腰上一圆点者，联想到蜘蛛形，乃认为朱即蛛之本字。又见到甲骨文有疑似蛛字的，如图所示，乃释为蛛之象形字。窃以为蜘蛛胸部和腹部之间有腹柄相连接，而图所示并无腹柄，只是囫囵整体。又，蜘蛛八足，而图所示只有四肢。

朱的篆文　两个金文　两个甲骨文

疑是蛛字的甲骨文

看来仍然是蛙黾的黾字。卜辞朱为地名，(这两个甲骨文是中间魏家协会部分会的)后来周代邾国的所在。后人又有一说，亦很有趣。说是木腰上一圆点的朱字━━━━，在金文和甲骨文所见的，应●是珠之本字。原来朱字并非从木，而是象绳穿珠之形。圆点为珠，上下三歧者为绳端（绳乃三股绞成）。假设先民喜佩(丹砂矿)●珠，便好解释朱为何又有红色一义，如朱砂、朱衣、朱门、朱鸟、朱颜等。又，蜘蛛多有圆腹其●似珠者，蛛即珠形虫也。同株和蛛比较起来，用珠●解释朱字似乎更有道理。

蝇是简体。繁体作蠅，●字从黽表大腹。●从黽。如果●有资格算大腹，(试看)●昆虫界的大腹就太多●(蝇)。虱、蚁、蜂、蚜、螨、蝗、蠶等，谁不大腹。一般而言，昆虫全靠不停进食以维持其生命，所以(非)●有大腹(不可)。蠅字已●经从虫，或许是用黽作声符，而非取其大腹之义。黽 mǐn 蠅 yíng 叠韵对转，蠅字从虫黽声，也说得通。

蝇的种类甚多。我国最常见者为舍蝇，体长六七毫米，灰黑色，故呼为苍蝇。此外还有金蝇、绿蝇、麻蝇等。●蝇类飞翔，其声营营。《诗经·小雅·青蝇》："营营青蝇，止于樊。"营营正是其飞翔声。蝇无发声器官，以振翅鸣。此害虫之所以名蝇者，亦"其名自呼"也。

089·令人敬畏的虫

流沙河

中国作家协会会员稿纸

蛾蝶类的幼虫，蜀人叫蠋儿虫。如果虫体手呼为毛，蠚he刺人，则叫蠚辣子。蠋字见于《诗经·豳风·东山》的"蜎蜎者蠋，烝在桑野"，指的还是野蠶（简作蚕）。蜀与蠋不相同，蜀是家蠶。蜀字从目，目下或二虫或一虫都一样。从目表示此虫要人照看。什么虫需要人照看呢？当然是家蠶。推想起来，蜀字最初指野蠶虫。驯化家养后，让加虫旁的蠋去指难以驯化的野蠶，蜀则专指家蠶。有这一段纠缠，所以古远代中原人士往往蜀蠋不分。古代蜀国人能分得清楚。蠶叢（简作丛）开国，既然国以蜀名，标榜养蠶首功，蜀必定是家蠶。蠶叢即蠶虫，乃为复名。单名，中原曰蠶，蜀国曰虫。杨雄《蜀王本纪》用此复名蠶叢，便利中原人士了解。远古蚕本名叢（虫）。

《说文解字》："叢，聚也。"虫的繁体作蟲。小蟲多有聚居习性，所以蟲字具有叢聚之义。释蠶叢为蠶蟲（蚕虫）根据在此。

同样蠶字从二虫，上面是声符。这个声符也用于潛、僭、譖、簪诸字。二虫一虫三虫意思相同，总属虫类。倒是简体蚕字从天从虫，意谓大自然赐与人类的虫，比形声的蠶字更具内涵可讲。

蜀的两个篆文　两个甲骨文

蚕的繁体　篆文　甲骨文

蚕乃合乎情理很成功的简化字，不属官方生造，民间早就有了。这种简化属于文字正常的演变，我遂拥护。你看甲骨文蚕，难以规范书写，不简化行吗？

《说文解字》："禹，虫也。"文字书嘛，就字释字。若是史书，那就该释为"古帝王名也"。禹字从虫从九。九是肘的象形字。又（右手）字刀撇拖长倒拐，变成九字。肘关节向内弯，置于虫下，表示致敬，说明此虫具有神格，乃神虫。这位神虫躯体甚大，因为禹yǔ声表示惊叹，相当于今之"哟"。先民见蜀地有植物块根大得骇人惊叹一声哟叫，所以名叫芋，正如见虫大得骇人惊叹一声哟，所以名叫禹。从字形和语源可推知禹是有神虫，躯体甚大。禹和禺为一字。禺即《庄子·大宗师》的禺强，或作禺京，北海之神。禺有大义。人头大谓之颙是其证。禺京者，大鲸也。禹为何虫，终于现形。夏朝开国帝王取禹为名，他是蜀地西羌之人，以属龙图腾。古人以为鲸鲵亦属龙类，取名为禹即禺（大鲸）便容易理解了。

旧时华北有一种可怕的虫，名蠍（简作蝎），属于蛛

禹的篆文　古文　金文

禺的篆文　金文

形纲动物，而非昆虫。蠍具双螯、八足，长尾毒针，螫人惨痛。毒液使人神经麻痹，有致死者。蠍有无毒的，古名蠆（简作虿），体大色深，步行举螯翘尾，状甚威武。古代武舞有所谓万舞者，仿蠍步也。万在卜辞为地名，后又用以指十千，本义遂被遗忘。甲骨文万象形，省略八足。金文蠍下置肘，表示致敬。由畏生敬，古今常情。

萬 萬 萬 萬
万的繁体 篆文 金文 甲骨文

多数蠍类有毒，另立名称曰蠆chài（简作虿），以便与万区别开来。古语说毒刺剧烈，连称蜂虿，而无称蜂蠍者，蠍固无毒类也。于是在万和蠆这两个小概念上，再造一个禼字，以涵盖之。由于商民族的始祖取名为禼，所以古文双螯改作长发飘飘。古写的禼，俗写作蠍，从虫歇声。简作蝎而与另一种虫名混同，甚无道理。

蠆 蠆
虿的繁体 篆文

蠍 禼 禼 禼
蝎的繁体 古写 篆文 古文

这个禼chī不是離的简化字。这个禼是山神。字从山从禽省。古书说"山有夔"，怪兽独足屈此。又有作螭者，说是无角龙。还有作魑者，则近鬼怪矣。不管啥模样，向它致敬，总保险些。

篆文离 嵩

第 三 页

090·令人恐惧的虫

流沙河

> 出自《诗经》骂人"为鬼为蜮"

蜮比蝎更可怕。语以"鬼蜮"比喻阴险之徒。俗呼此为溪鬼虫。《说文解字》："蜮，短狐也。似鳖，三足，以气射害人。"又名水弩、射工，含沙射影而致病，难怪以溪鬼名。《五行传》说："南方淫惑之气所生，故谓之蜮。"可知蜮字音huò而不音yù，《新华字典》错了。

真有这种虫吗？真有，学名弹涂鱼（又名跳跳鱼）便是。长三寸许，体扁，前宽后窄，腹软背硬，故曰"似鳖"。眼突出（惊人），头面怪异，故以"鬼"名。左右胸鳍有力，能在滩涂跳行，尾着地被误认为"三足"。栖息在海边或河口附近，能含泥涂弹射岸草上小虫，猎而食之，故名水弩、射工、短狐。射人影而致病，则出于丰富的想象力，未足采信。

蜥蜴种类繁多。其中有一种体型比较小，学名避役，又叫变色龙的，在古代单名易。体长一二尺（未计长尾），其色青碧，浑身疙瘩。两只眼球突出，可以各自活动。颈部有肉鬣作冠状。这种蜥蜴可以因光线和温度等环境以及自身情绪的变化而改变其皮肤的颜色（以此退敌避害）。甲骨易象其鬣冠和长尾形，四足者作三足。

易的篆文　　五个金文　　　　三个甲骨文

认真说来，已不像了。易在卜辞作动词用，其义一为赐与，二为变换，无一处作名词指蜥蜴。说易的原义指变色龙，亦推测耳。这个推测，从字形的演变过程看来，是可靠的。古人有谓易字上日下月，阴阳结合，引起变化，又谓上日下勿，为即旗上飘带云云，皆妄说也。《易经》之易指事态之变易，溯其语源，当出自变色龙。其体色之易变，又孳生出容易简易一义。锡矿炼锡，由于此种金属熔点比铁比铜都低，容易取得，故名为锡。这种蜥蜴变色吓人，由此造出警惕的惕字。

　　卜辞有记载商王卜问牙齿文字痛的："疾齿，唯易？"和"疾齿，亡易？"问的是"齿痛是换牙吗"和"齿痛不是换牙吗"。字易作改换讲，此一证也。

　　旧时两广偏僻乡间，常有蠱（简作蛊）毒诉讼。甲病久不愈，控告乙放蠱。所谓放蠱是指甲在乙的饮食内阴下蠱毒，致乙死病。明代李时珍，大科学家了，他都信这个。据他所著的《本草纲目》说，养蠱者置百蟲于一皿，使其互相吞食，剩下唯一活蟲，焙干碾碎成末，便可用来放蠱害人致死。蠱字从蟲从皿，制正是制作方法。所谓百蟲包括

蛊的繁体　篆文　三个甲骨文

蛇■、蛙■、蜥蜴、蜈蚣、蟯螂、蟑螂、螳螂、蟋蟀、蚂蝗、蚂蚁、全蚕、蜘蛛等等。今人听了■■失笑，古人深信不疑。蛊毒诉讼不知判了多少冤案，良可太息。三千五百年前，商王胆战心惊问卜："不惟蛊？"（不会有人放我■蛊吗），见于卜辞。汉武帝在宫中追查巫蛊，刑杀上百的人。到1954年，■最高人民法院院长谢觉哉发现广西■■报告有■放蛊案，■其荒谬，命其撤案。

蛊到底啥呢？据《左传》说，原来粮■（专指仓粮）放久了飞出的小虫，虽有害而无毒。■■■■■蛊字从皿，皿乃饭碗，代表粮食，并非皿养百蛊。《说文解字》说蛊是"腹中虫"，又说"皿蛊为蛊"，■不知■皿只代表■仓粮，遂致以讹传讹，愈传愈怪，害民不浅。

仓粮小虫名声搞■得如此之臭，■被人随便拿来说事。精神病发作了，恍恍惚惚，谓之蛊疾。心理疾患，疑神疑鬼，也叫蛊疾。被人煽惑，叫蛊惑。见美女而迷窍，也叫蛊惑。须知其间并无一条虫啊！

令人恐惧的虫

第二六一面

091·螳螂与蜾蠃

流沙河

强本来是虫名，难怪从虫。下面三个强字篆文。第一个是虫名的强。第二个双弓叠合成一弓，表示这是"双料货"，也就是硬弓，即强弓。杜甫诗云："用箭当用长，挽弓当挽强。"本该用这双弓的强。奈何此字已被废置，只好借用虫名的强。第三个左象形右声符，也是硬弓的强。奈何又被借作强壮的强，而和硬弓脱离关系。今写书法"自强不息"爱用彊字，显示古奥，炫人眼目。

虫名的强　硬弓的强　强壮的强

回头说虫名的强。强是何虫，许慎弄不明白，只得根据《尔雅·释虫》之说，在其所著《说文解字》中说："强，蚚也。"又说："蚚，强也。"强蚚互训，仍未说清楚到底是何虫。后人有说强是米中的小黑虫，几成定论。

《尔雅·释虫》说这种虫爱用腿脚拭擦身上，而米中小黑虫据鄙人的观察，未见其有擦身动作。苍蝇倒有这个动作，但不可能名之曰强。除了苍蝇，螳螂也有这个动作。它不但用腿脚拭擦身上，还用口器三瓣大牙清理双臂，使之洁净灵敏，以利擒捕猎物。螳螂还有一个动作，给我留下深刻印象。每值猎物挡路，行将快速出击之前，它总岿然不动，双臂像人打拱作揖，似在祈祷。哈，明白了。

难怪强又名蚚qí。蚚字从虫，从祈省，祈亦声。古人视螳螂为正在祈祷之虫，所以名蚚。蚚虔双声对转，所以互训。

　　螳螂堪称虫中猛兽，名强不亦宜乎？细心的读者说，强qiáng壮的强，有时候又读jiàng，例如倔强。不错，蜀人叫"强拐拐"，指为人固执者。字或作犟。我想起了，螳螂固执而愚。孩时燃一炷香，让螳螂向上爬，算是残酷取乐。螳螂每次爬近火炷，双臂被灼。于是退后两步，舔被灼处。随即又向上爬，又被灼。虽百灼而不肯回头，固执不可理喻，可谓犟矣。

　　篆文强字，左旁的弓应是双弓叠合省作一弓，作声符用。右上象螳螂的双臂展开，右下从虫。许慎将螳臂和弓组成弘字，说是声符。于是强字解作从虫弘声，恐怕错了。

　　许慎显然不认为强这种虫是螳螂，所以《说文解字》另立堂蜋（螳螂）条目，说此虫"一名斫父"。我想该是蚚父，蚚错成斫了。

　　现在说蠃luǒ是什么虫。《诗经·小雅·小宛》："螟蛉有子，蜾蠃负之。"其间一大冤案牵涉二虫，更足见古人之质朴有趣。螟蛉，桑虫，就是名蠋的野蚕，肥白可爱，蜀人叫蠋儿虫。蜾蠃，古人叫细腰蜂，

蠃 蠃 蠃 蠃
篆文　两个金文

螳螂与蜾蠃
第二六三面

蜀人叫吊脚蜂，学名胡蜂。头黑，体瘦长。身有黄黑相间斑纹。尾有毒针和产卵器。喜在土墙上或竹筒上打洞做窠。窠做好，去找小螟蛉，抱着飞回窠，在窠内聚齐，然后衔泥封堵洞口。必等蜂事毕飞走，不再回窠。衔泥封洞时，振翅发出呼呼声。古人说，细腰蜂正在念咒语，曰："像我像我。"窠中的小螟蛉真听话，就变成细腰蜂的幼虫。发育成熟后，便破洞飞走。古人认为凡大腰皆雌性，不相信龟鳖类有公的。又认为凡细腰皆雄性，不相信细腰蜂有母的。细腰蜂不能生育，所以抱走小螟蛉做自己的儿子有充分的理由。何况据郑玄说，细腰蜂"取桑虫之子，负持而去，煦妪养之"，以父职行母爱，堪称仁慈到顶。真相说来可怕，原来细腰蜂同样有雌性。它抢走小螟蛉回窠中，先打毒针，使之麻痹，昏睡不死。接着产卵在小螟蛉身上，使自己的子女破卵壳而出后，有新鲜的肉食。鲁迅先生著文揭发出残酷的真相，让读者明白这一场冤案，并由此斥责国人的麻木。这一来煦妪的母爱撕下了画皮，细腰蜂之凶狠歹毒，要招国人的愤怒申讨了。

然而昆虫常识提醒我们，细腰蜂是益虫。除了捕食桑树上的螟蛉之子，还捕食棉蛉、稻螟蛉、玉米螟等害虫，于农业有功。天地本来非仁，亦非非仁。甲吃乙，乙吃丙，自有其道理。

蠃的两个金文象形。头胸部、细腰、腹部、尾针、六足（侧视见三）和双翅，皆可指认。演变成篆文，完全走样了。中间又添虫字，多余。

092. 六种虫的取名

流沙河

螟是螟蛾的幼虫，蛀食稻心为害。《尔雅·释虫》："食苗心，螟。"蜀人叫钻心虫。它躲在稻苗茎秆内，悄悄冥冥作恶，所以叫螟。现代人说"暗箱操作"，或许是拜螟为师吧。《说文解字》释曰："吏冥冥犯法，则生螟。"揪住官员不放，大方向正确，惜乎违反科学常识。

《诗经·小雅·大田》："去其螟螣，及其蟊贼。"毛传郑笺一致认为"食根曰蟊，食节曰贼"。其说失之烦琐。窃以为蟊贼不必分开讲，只是一类虫。以音求之，即蚂蚱也。北人叫蚂蚱，南人倒过来叫蚱蜢。稻蝗，蜀人叫油蚱蜢儿，烧吃甚香。蝗类包括飞蝗、稻蝗、竹蝗、棉蝗、蔗蝗等。飞来遮天蔽日，庄稼啃光，不分什么根什么节。造成蝗灾的，乃飞蝗。蝗类在民间叫蚂蚱。《诗经》恶名蟊贼，译蚂蚱二音耳。

蝗又名蚛 zhōng。字又作虫旁一个众字，读 zhōng。前面说了，蝗虫南人叫蚱蜢。蚱蜢两音急读之，拼成 zhōng。读第一声写出来是蚛，读第四声写出来是虫旁一众，所指皆蝗。

蜘蛛单名蛛，可以而不可以单名蜘。蛛本来该作知，意为"有知识的"，是修饰词。蜀人叫哲蛛，赞它有智慧。知识和智慧见之于结网，坐待飞虫送肉上门。网结成，便作坐禅老僧入定状，停在网心不动。凡是留一处，不再动迁的，那就叫住。蛛者住也，由此得名。蛛字从虫从朱，篆文从黾（简作黾）从朱。黾即蟆，亦虫类。从朱，朱是株的本字。栽在一处不动，所以名株。株亦住也。就是先民视蜘蛛为久停不动之虫。当初结网时，动得可勤啦。它以网心为出发点，不停旋转牵丝，拉出由小到大许多个同心圆，直至网成。人在思考问题时，走来走去转圈子，谓之踟躇。这是蜘蛛作动词，用之于人者。《诗经·邶风·静女》："爱而不见，搔首踟躇。"踟躇同踟躇，当以音求义，不要扣住字面拆开讲。

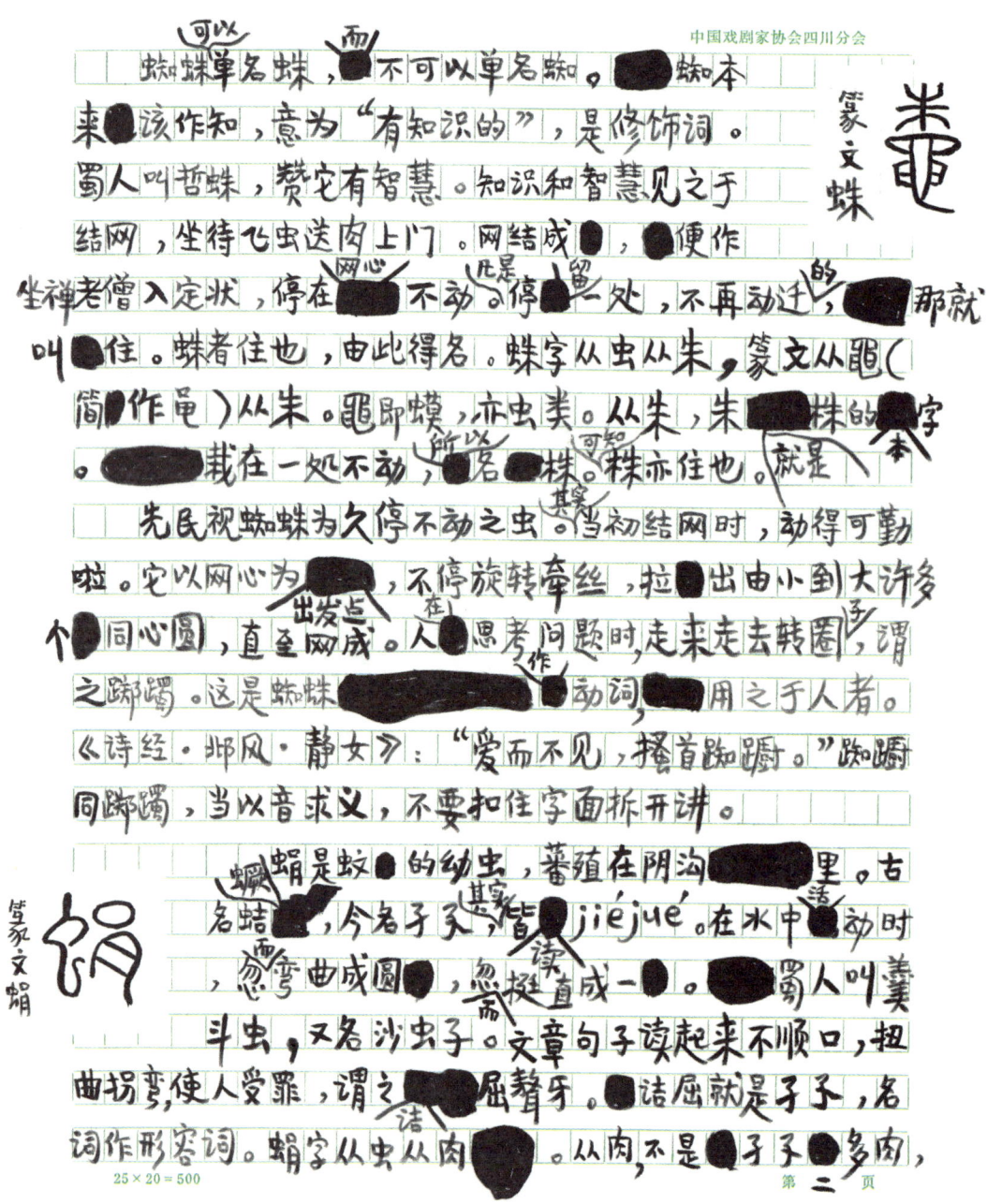
篆文蛛
篆文蜎

蜎蜎是蚊的幼虫，蕃殖在阴沟其里。古名蛣，今名孑孓，皆读jiéjué。在水中动时，忽而弯曲成圆，忽挺直成一。蜀人叫羹斗虫，又名沙虫子。文章句子读起来不顺口，扭曲拐弯，使人受罪，谓之诘屈謷牙。诘屈就是孑孓，名词作形容词。蜎字从虫从肉。从肉，不是孑孓多肉，而是说它可充饥的肉食。篆文肉上圆圈便是圆字，声符。

蜗牛、蜗（简作蜗）。蜀中儿歌："牛儿牛儿快犁田，妈妈给你二百钱。牛儿牛儿快转弯，妈妈给你二百三。"牛儿指蜗牛。蜗牛驮着圆壳慢爬，三四小儿围着它唱，天趣盎然。蜗壳上的理纹如旋涡。蜗字从虫从涡省，盖取名于旋涡河上的。

田螺生活在水田里，有异于生活在湿地上的蜗牛，虽然都驮着圆壳。蜗壳平埕微凸。螺壳甚凸呈圆锥状。螺字晚出，从虫从累。累，古作纍。上面似田非田，乃是回字讹写。看回的古文，象回水之形，你就明白了。累本指粗绳索。捉将官里去叫"身陷缧绁"，就是一根绳索绑了。绳索从此端到彼端，乃一串回形纹，就象田螺壳上的纹理。可知其取名于回形纹，正如蜗牛取名于旋涡纹。

篆文蜗 蜗

篆文田螺 田螺

回 回 回 己
回的篆文 古文 金文 甲骨文

六种虫的取名
第二六七面

093·捕鱼和养鱼

流沙河

六千年前半坡村陶盆上已有画鱼（简作鱼）。不知又过■多少年，魚画的形态逐渐减笔，最终成魚字。魚字象形，世界上各民族都能一眼认出这个魚字。象形文字里最象形的当推魚字。甲骨文魚逐渐减笔，到金文又转繁。最后定型于篆文，魚头成■人字，魚尾成■火字，已经不像魚了。

魚的篆文　两个金文　三个甲骨文

捕鱼曰渔（简作渔）。甲骨文渔至少■三种写法。第一种，看见溪水鱼跳，于是"临渊羡鱼"，乡村少年■跳下去捉。第二种，钓魚。第三种，网魚。比较而言，第一种映照出人情不远，古今攸同，而笔划又简约，最为可取。

渔的三个甲骨文

如果渔得大鱼一条，狂喜之后，■首先要做的事，你猜是啥？答：快拿秤来称吧，看有好重。用秤chèng称chēng大魚，称的繁体最初■内涵就是这■。作为衡具的那一杆秤省略了，看来似乎是■直接用手掂重量。读者问：你怎能断定称的是一条魚呢？我

称的两个繁体　　金文

说，我认为甲骨文有鱼与此相似，所以其实是隶变作毌者鱼字。请看下面两字，彼此相似，非虚言起。还有一个旁证，就是衡字。许慎说是"牛角触，横大木"，认为作声符的行字中间从角从大。其实戴角动物甚多，怎能断定其必为牛。大木也不可单作一个大字。《说文解字》误解衡字。衡是衡器，即秤。作动词就是称。前面说称大鱼。后来称粮食所以加禾旁。衡字从鱼，讹作从角从大，遂致误解难通。窃以为正确的衡字应该从鱼行声。今所谓衡量和平衡，皆取义于衡具，也就是有杆有砣有盘的星点秤（其小者称金银或药物叫戥子）。吾人称秤时，秤杆横于前，所以衡又借用作横，例如合纵连衡、衡门、衡行、衡决。甚至头发上的横簪、楼台边的横栏、车厢前的横木都叫衡。许慎所谓牛角上的横木当然可以叫衡，之终非衡原义。

渔得多鱼而归，喜悦之后，也会发愁。此物易死易烂，不比粮食可存期年。除少部分鱼市遂卖现钱而外，还剩大部分鱼，赶快鲜藏起来，他日分批再卖。鲜鱼价

彼此相似

衡的篆文　金文

正确的衡字

捕鱼和养鱼

第二六九面

钱比比咸鱼高得多，首选鲜藏。一是盆养，二是池养。若是小鱼，养大了还可以多卖钱，也算生财之道。

鲁的篆文　两个金文　两个甲骨文

捕鱼曰渔。鱼捕回，养起来，不再叫渔，而叫鲁（简作鲁）。其理正如打仗，俘获敌人回来，不杀而活养之，就叫虜（简作虏）。虜字中间从贯省贝，意为用绳（贯）作一串，防逃跑也。虜鲁音同义近，盆鱼池鱼也可以视之为俘虜啊。

古文字鲁，下面似口非口，盆也池也。后来口内添了笔划，似曰非曰，似日非日，盆水也池水也。

鲁后来作地名，是孔子和孟子的祖国。设想其地古多养鱼行业，因而名鲁，便好理解。鲁莽、鲁钝、粗鲁、愚鲁，都是借作卤用。卤指盐碱地，土层荒芜的死板，不长庄稼，比喻人的脑子死不开窍。

白鱼解字稿本
第二七〇面

094·大鱼和小虾

流沙河

鲲(简作鲲)鳏(简作鳏)都是大鱼。本为一字。《说文解字》收鳏字，不再收鲲字，免得重复。兄弟，古称昆弟。显然昆有大义。不过，严格说来，昆乃同音借字。本字是罤(kūn)，上眔下弟。鳏字以罤为声符，省作眔。由此可知鳏古音与鲲同，最初本为一字。说是大鱼，究竟是哪种鱼，古人语焉不详，我们只能猜度。

《庄子·逍遥游》里的鲲，长数千里，那是远古神话，当不得真。《诗经·齐风·敝笱》里的鳏，说是大鱼，却能钻入鱼笱，其长不可能超过一公尺，未免又太不神话了，也当不得真。窃以为鲲鳏大鱼的传说与鲧gǔn有关系。鲧(简作鲧)为禹之父名。传说他治洪水不成功，被殛于羽山。其子禹继续治水，终成功，由此成为夏朝开国之王。像这样的父子，先民眼中的大人物，必有来头，身具神性。禹被说成是一条龙，禹父鲧当然也属于龙族。治水嘛，离了龙不行。鲧被说成是属于龙族的一条大鱼，即鳏或鲲。鲧gǔn鳏guān音近可转。

鲧字从鱼系声。系声就该读xī，为啥读gǔn？此乃一大疑案，许慎说不清楚。看金文鯀，像用丝绳钓鱼，其实不是。现在拿掉鱼旁，专说声符系字。原来甲骨文系是用手（爪）把两股或三股丝绞合成█线。这种绞合动作曰绩。丝叫绩丝，麻叫绩麻。湘中绩麻叫䜌（简作挛）麻。䜌 luán 的篆文和系的甲骨文相比较，█多出一只手，而意思相同，都是█丝成线。鯀字系声，系在这里音 luán，不读 xì。鯀可读 luán 正如鲲可读 luǎn（卵）。所以鲲又可以释为魚卵。《尔雅》说："鲲，鱼子。"魚子即魚卵也。说这么多，无非阐明鯀和鲲都源于远古█大魚█传说。大魚█传说█到我童年仍然存在█，那时大人讲"鳌魚眨眼地翻身"的神话。鳌，传说中的大鳖。傲有大义。

　　海中最大的魚是鯨（简作鲸）。传说与神话█的大魚█从鯨来。鯨字从魚京声。京有大义，城大所以叫京。鲲█音近，所指同源。古代中原人无由见海鯨，传说不免发挥想象。

　　古人有认为鮒（简作鲋）是小魚的，盖源于《庄子》涸辙之魚的寓言。你想，泥路上█车辙内█居然有一条魚，那肯定小得很。此魚名鮒，足见鲋是小鱼。他不知鲋乃鱼名，非关大小。鲋有小的，也有大的。鲋就是鲫（简作鲫），鱼身侧■■（而薄）宽，似乎易于附着，故名。孔子有■■■■■■八代孙名鲋，就是抱着礼器投陈胜造反军的那位。■鲋■（为）常见鱼类。

孔子有子名鲤。鲤亦常见鱼类。身有纹理，故名。

古人粗疏，虾也拉入鱼类。篆文蝦从魚是其证。后人觉得不对，改为虫旁。（简作虾）■篆文蝦从魚从霞省（声）。蝦类捞起■后，■■壳转为红色，■如朝霞之色，所以字从霞省雨头，作声符。■甲骨文■鱼身而■（长）须，让人■■猜许久，方悟此乃蝦■，而非鱼有长须者。研习古文字，趣味正在此。

蝦 蟹 ■
虾的繁体　篆文　甲骨文

海（洋）出大蝦。《尔雅》郭璞注，说长可二三丈，须长数丈，■未知■确否。山东沿海，呼大蝦为鰝 hào 蝦。以音推测，即浩大之蝦而已。予生内陆，见过最大的海蝦长不过一尺。

鰝
篆文鰝

大鱼和小虾

第二七三面

095·鱼名探源

流沙河
中国戏剧家协会四川分会

赫哲族自古蕃息在吉林东北混同江沿岸地。其民用鱼皮缝衣裳，旧时称为"鱼皮鞑子"。早在汉代，■为秽貊国，已以鱼皮输入中国。用■剥皮的鱼名鲂（简作鲂），读音同颁bān，又名斑文鱼或斑鱼。鲂字从分，谓刀剖也。甲骨文从八，谓扒皮也。篆文比甲骨文多一把刀，八变成分。八的初义是扒树皮和扒兽皮，后借用于数字序列。

鲂的篆文　甲骨文

鱻（简作鲜）怎样讲？■鱼羊为鲜？非也。鲜字从鱼，羴省声。羴乃异体字，正体字作羶shān（简作膻），义为羊肉的膻气。鲜字借用羊肉的膻气来转喻鱼肉的腥气。鲜的本义即鱼腥气。活鱼和生鱼肉都有正常的应有的腥气。鱼死已久，鱼肉已坏，那就是臭气了。鲜的篆文有二，鱼羊组合延续下来，三鱼组合被淘汰了。金文同样有二，放在下面的那个是三鱼，放在上面的那个，羊角之下三斜横表示三只羊，也就是羴字。《说文解字》说鲜是羴省声，是有根据的，金文可作证。不过，许慎又说鲜是一种鱼的名字，缺乏证据支持，我未采纳。

白鱼解字稿本
第二七四面

鱖（简作鳜）属硬骨鱼纲。大口细鳞，身有黑斑，肉质鲜美，为名贵的淡水鱼类。鳜鱼身体不能弯曲，仿佛僵倔，所以鳜字从厥，厥亦声。厥倔义可通，音相同。由此可知鳜字既以厥为声符，本应读jué。今音已转为guì，俗呼桂鱼。桂是写别字了，仍作鳜为是。

另有一种与鳜鱼不相干的海鱼名鲑（简作鲑）。鲑guī鳜guì音近，容易混同。鲑亦属硬骨鱼纲。口大而斜，鳞细而圆，为大中型的经济鱼类。在我国主产于黑龙江流域，俗呼大马哈鱼。鲑鱼生殖季节溯河而上，作长距离的洄游，必须到出生地去产卵，仿佛游子归家，故名鲑鱼，意即归鱼。鲑音同归。

鯢（简作鲵），俗名娃娃鱼。《说文解字段注》作者清代段玉裁先生不信世间有此鱼，后在四川雅安目睹，方才信了。此鱼头似鮎，能上树，四脚，啼声如小儿。鲵ní字从兒（简作儿），兒亦声。兒古音ní而今音ér。鲵在《庄子·外物》义为小鱼。指娃娃鱼的鲵通称大鲵，以区别之。大鲵长可三尺，重达百斤，为现存最大的两栖动物。顺便说说，兒字象形。小兒眉目分明，鼻口省略，头顶骨未合拢，双手爬行。

庄周与惠施濠梁上观鱼，辩论鱼快乐否，事见《庄子》。那一群鱼，书上写明，名■叫鲦鱼。鲦的繁体，从鱼攸声。鲦，蜀人叫白条鱼。为啥攸声而音同條（简作条）？不奇怪，條字也是从木攸声呢。攸，长也。攸有tiáo yáo二声，分别写出来就成连绵词遥迢和■窈窕，皆具长义。鲦鱼瘦长，故名。

鲍（简作鲍），当今富人吃，古时穷人吃，岂不怪哉？不怪。今之所谓鲍鱼指的是一种软体动物，肉味鲜美，为海味之珍品。古之所谓鲍鱼指的是盐渍的咸鱼。富人吃鲜鱼，不吃咸鱼。鲍鱼就是打成包运去卖的咸鱼，所以鲍字从包，包亦声。《孔子家语》以"鲍鱼之肆"■言其臭。暴君秦始皇死，以车载鲍鱼掩盖其尸臭。一名而二物，读者宜明察。

鲛（简作鲛）是海里的鲨（简作鲨）。鲨皮粗厉，古人用来沙磨木器，所以叫■沙鱼，而字作鲨。■殊不知《诗经》早就有鲨字，指的乃是南方溪涧中的一种小鱼，长不过四五寸，厚肉细鳞，体圆似鳝，其尾不歧。■栖息■沙沟■，吹沙而游■名吹沙鱼，而字亦作鲨，遂致混淆。

096·鸟隹之辨

流沙河

鳥（简作鸟）为何又叫隹zhuī？《说文解字》回答：尾羽长的为鳥，尾羽短的为隹。后人多不赞同这个说法，因为从鳥之字也有尾羽短的，从隹之字也有尾羽长的。今人审视古文字的笔划，发现鳥字张嘴，隹字闭嘴，便认为善鸣的为鳥，不善鸣的为隹。针对这个说法，也能举出若干反证。所以在此另辟思路，提出愚说，就教读者诸君。

鳥的篆文　甲骨文　隹的篆文　甲骨文

1949年底，南下大军入蜀，多属陕西、山西、河北、山东、河南诸省人氏。每与蜀人交谈，呼铁椎、木椎、大锤、钉锤为椎子和锤子，必引起蜀人捂嘴讥笑。蜀人俗呼男根为椎子和锤子，只在骂架斗嘴时偶用之。盖以隹代指彼物，正如北人以鳥diǎo代指那话也。蜀中客家千年前曾经是中原的北方人，至今仍保留着这个语词。予昔年在农场劳作，见某客家妇呼其幼子小名"大鳥哥"，乃深信方言之难以改易。回到正文来，我由此想到，呼鳥类为隹或许是远古时南人的方言时代。早在甲骨文，鳥隹二字已经并存了。推测距今四千年前，华夏（中原）称鳥，南蛮称隹。形成文字时，虽然都鳥隹二字象羽族之形，但是读音各异，所以一物两名，并存至今。

简体鸡字■两个繁体，一从隹，一从鸟，其间并无是非可言，互为异体罢了。奚字放在左旁，■声符。雉鸡叫声jījī或xīxī，"其名自呼"。这里不用奚义，仅借■奚声■雞字■读音。奚字象形，本义是抓人的小辫子，被抓者当然是罪人了。不过此事与雞毫无关系。甲骨文两个雞，一象形，一形声。形声的雞张嘴啼叫，头上戴冠，和象形的雞一样，都是公雞无疑。公雞到籀文和篆文

雞 鷄
鸡的两个繁体

雞 鷄 （籀文） （甲骨文×2）
雞的篆文　籀文　两个甲骨文

被规范为鸟和隹，也是不得已。显然公雞是吃亏了。

鳴（简作鸣）指鸟鸣。公雞抗议说："看甲骨文和金文，明明是我在叫，到了篆文就变成鸟叫了！"从前乡下人无钟表，都是雞鳴起床。皇宫都设专职雞人，头戴雞冠帻，鳴锣报■晓呢。鳴字本从雞，而且是公雞。造字如此，反映出先民对报时的迫切需要。

鳴 鳴 鳴 鳴
鳴的篆文　金文　两个甲骨文

雏的繁体作雛。本指小雞，北人呼雞娃子，川人叫雞儿，《说文解字》谓之雞子（不是雞蛋）。雛字以芻为纯

符。芻（简作刍），牲畜饲的草料。象割下的两篓草料。草料与小雞不相干，取其芻声而已。本指雛雞，后来泛指雛鳥。请看甲骨文，右边明明是一只雞，而且是公雞。雛的篆文 甲骨文

予曾用砖石砌雞坮于庭院之一隅，养雞十餘只，日日捡蛋，心中快乐，成为文革时期最美好的回忆。蜀中人家若只养两三只，便用竹编雞罩，比砖石砌雞坮省事得多。雞罩无底，早晨放雞出来，只须将罩提起，彼等自动跑开。此时正好净扫雞屎，堆在院角积肥。雞罩上方有洞，便于伸手入内捉拿雞。只有雞市场上，贩子才设置有底的雞笼，关雞七八只，任顾客挑选。

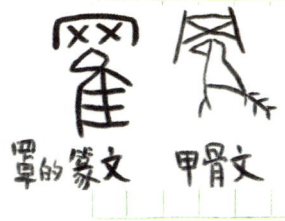
罩的篆文 甲骨文

你看罩的篆文上面是网（繁作網），却非魚网鳥网。网在此就是罩。一切罩子都是无底，由上扣下罩着。雞罩亦復如此。养雞用罩，养鳥用笼，所以网下的那个隹在这里必定是雞。再看甲骨文，果然是公雞。

现今罩字从网卓声，已是形声字了。《说文解字》解罩为"捕魚器"。养雞之罩形似捕魚之罩，借用罩字也说得通。

鸟隹之辨
第二七九面

097·鸿雁和鹰

流沙河

在吾国典籍里，鸿（简作鸿）乃名鸟。《月令》有"鸿雁来宾"的记载。武王伐纣，渡黄河而北上，适逢鸿雁北飞，仿佛天军赶来助战，士气大振。后世诗词文赋，感叹春去秋来，罔不寄兴鸿雁。

鸿的两个篆文　　金文　　两个甲骨文

回想童年，春秋二季晴日，必有鸿雁列阵飞过故园。届时群儿拍掌欢唱："雁鹅雁鹅扯长，扯根笋竿晒衣裳。"鸿雁受惊，阵列大乱。移时整队，排成人字而去。

俗以江鸟解鸿，错了。篆文从水从鸟，谓为水鸟，工声。读hóng者宏也，谓其躯体宏大也。鸟类躯体宏大，在苦饥的先民眼里，意义非凡。两个篆文，从鸟从隹皆可。本属候鸟，南来北往，可以两从。甲骨文未从水，只是工声。右边是隹是鸟，亦难深究。

鸿为混称，包括大雁、天鹅、野鹅在内。天鹅色白，比大雁大，又单名鹄（简作鹄）。古人行文往往鸿鹄并称，相当含混。鹄hú以告为声符。古人练习射箭，箭靶画鹄，鹄中一圆点曰的，所以叫作鹄的。此处鹄读gǔ，不读hú。

篆文鹄

的字原指女子额妆的红圆点。左白是脸，右勺是声符。

白鱼解字稿本

同鸡一样，雁也有两个篆文，一从隹，一从鸟。其间并无是非可言，互为异体罢了。《说文解字》认为从隹的雁是天上飞的，即鸿雁的雁，从鸟的鴈是家中养的，即今⬛之鹅。后人早已不⬛这个⬛，等同雁鴈，互⬛异体⬛。⬛清代段玉裁为了维持⬛的这个说法，竟说雁字从人是因为⬛，而鴈字从人却是因为"⬛人"。同是从人，却有二说。其实从人是指雁阵在天⬛排成人字⬛罢了，何必咬姜喝醋生造⬛奇谈。至于雁鴈左旁的厂ān，那是声符。

雁的两个篆文

先秦典籍记载，⬛家鹅叫作⬛鴈的，不过有时字又作雁。古人送礼讲究，要送射猎来的飞雁，那是"野味"，很值钱呢。如果用家鹅冒充飞雁做礼品，便要被人嘲笑为鴈（家鹅）。鴈品一词由此生焉。鴈是繁体，简作贗了。

篆书文 鴉

鹅（简作鹅）也不一定指家鹅，天上飞的野鹅也叫鹅呢。古人把家鹅叫作舒雁，把家鸭（简作鸭）叫作舒凫（简作凫）。舒为形容词，动作迟缓也。飞雁，蜀人叫雁鹅。

鷹（简作鹰）与雁的篆文易生夹缠，因为字形有相似处，读音又相近。字形之所以相似，原因是鹰的篆文写错了。按照《说文解字》原文，鹰字该有两篆文：第一个篆文"从隹瘖省声"，第二个篆文"从隹从人人亦声"。

鹰的这两个篆文不知被谁合并成一个篆文，完全弄错了。更何况这两个篆文自身就有问题，这样就错上添错，错得无法解说。不得已，请先抛开篆文，直接考察甲骨文吧。甲骨文鹰左旁是隹，右旁是人平抬双臂，露出胸膛。这是最初的膺字。膺即胸膛。最初的膺字就这样简单，只须平抬双臂，显露出胸膛来，便成。金文怕读者读不懂，挂一点在胸前，指示说："就是此处！"这个只有三划的膺是作声符用的，不是人字。鹰的金文和甲骨文是形声字。所谓"瘖省声"完全无根据。

最初的膺字正如最初的腋字。平抬双臂之下挂一点，正如两腋之下各挂一点，都是指点身体特定部位，让读者去领会而成字的。

鹰的篆文　两个金文　甲骨文

鹰的两个篆文

膺　腋(亦)

白鱼解字稿本
第二八二面

098·雀雉翟隼鹤鹭

流沙河

所谓小鸟依人，说的是雀。雀字从小从隹，意即小鸟。雀栖瓦檐之下，古称瓦雀。羽色棕黑多斑，今呼麻雀。雀目夜盲，所以人患夜盲症谓之"雀暮眼"。

雀的篆文　两个甲骨文

儿童被戏弄说："看见麻雀走路，必中状元！"张目凝视既久，方知此鸟跳跃前进，绝不跨步。古人一大迷信，秋季"雀入大水为蛤"，载在官方《月令》。

雉是学名，俗呼野鸡。字从矢，是声符，但也参与意义。雉栖息在林间草丛，受惊时突然腾飞而起，迅速远逝，且不转弯，正像飞矢那样，故名。古人插雉尾的长羽在车上和船上，谓可加速前进。其根据乃"物性相感原理"，亦迷信耳。

雉的篆文　两个甲骨文

还有一大迷信，同样载在官方《月令》，就是冬季"雉入大水为蜃（大蛤）"。正是由于这类迷信，才使古人对大自然心怀敬畏，不敢妄动一山一水一草一木。

雉以矢 shǐ 为声符而音读 zhì，是因为古音可通。甲骨文雉也有作夷旁，以夷 yí 为声符的，也是因为古音可通。夷即弋射，所谓矰 zhēng 缴 suó，就是矢尾系丝线射飞鸟。从夷从矢，意用相同，都是形容雉之迅速直飞远逝。

雉喜整治栖息场地，弄得干干净净。《周礼》设置清除野草的专业户，名曰薙氏。后人加草头作薙字，与剃字通。清朝开国，下薙发令，规定剃发留辫，违者杀头。其实早在甲骨文里，雉就常作动词用了。卜辞记载商王询问"雉众"或"不雉众"。雉众即整顿部队。

雉有一种尾羽特别长的名翟dí，俗呼山鸡。翟字从羽，是强调其尾羽，不是说此鸟头上有羽冠。切勿望字形而生义。翟的尾羽，古人舞蹈执用。戏曲演将帅的，冠上插饰"野鸡翎子"就是翟尾。翟作姓用音zhái。

篆文翟

隼sǔn为猛禽。隼科包括小隼、游隼、燕隼、红脚隼等。比鹰小，俗呼小鹰。隼捕食鼠、兔、小鸟。游隼长尺馀，性凶猛，能捕食野鸭，故又称鸭虎。捕猎物时飞行迅速，所以隼的第二个篆文加"走之"便是迅字，义为疾速而行。《说文解字》不知这是隼字减笔，但知义为"疾飞"。

隼的两个篆文

古人训练游隼，作为猎鸟兔的助手。出猎时，游隼站在猎人左臂膀上。篆文的那一横即臂膀也。隼与迅今音异，古音同。迅字从减笔的隼，隼亦声。隼捕猎物甚准，所

白鱼解字稿本
第二八四面

以准𣾀(繁体作準),从水隼声。榫头■(必须一丝不差)準确■入卯眼,所以榫■字从木隼声。

隼又名鶻(简作鹘)。鶻读hú。也是因为飞得太快,忽然而至,故名。唐朝皇帝训练鹰犬助猎,专设雕、鶻、鷂、鹰、狗五坊,职掌业务。以此推断,鶻必是隼。

鶴(简作鹤)身高颈长,屈居鸟笼,很不舒服,总想从格栅间伸出头去。惜乎栅太窄,仅■出嘴■而已。造字诙谐有趣。后世迂夫子■■,皆另作■极无趣之解说。

鶴的两个篆文

鶯(简作莺)这种鸟,历来说即黄鸝(简作鹂),又叫黄鶯,沿习上千年矣。本来世间并无鶯这种鸟。《诗经》中说"有鶯其羽",乃形容桑扈鸟羽毛灿烂闪光,鶯在这里是形容词,通熒(简作荧)。

莺和鹗的繁体 篆文 繁体 篆文

那么"鶯迁乔木"之说又是怎样来的呢?误读来的。《诗经》:"伐木丁丁,鸟鸣嘤嘤。出自幽谷,迁于乔木。"这里只说某鸟鸣声嘤嘤,怎能断定其名为鶯呢。原来黄鸝又名鸎(简作鸎)。其字从鸟从嬰(简作婴)省女。嬰是女子戴的贝贯项链。黄鸝颈毛有斑纹似项链,所以又名鸎。但这也不是鶯。大约到了南北朝,形容词的鶯变成了鸟名,才取代了鸎的。

099·鸱鸮与鹳雀

流沙河

头上长角的鸟，你见过吗？鸟不可能长角，这是常识。下面这只鸟，看其甲骨文，确实长了两只角在头上。不是骨质的硬角，而是毛角。头上长毛角的鸟是鸱鸮（简作鸱鸮）。这只头戴毛角的鸟，其字萑上不是草头。现今被简化作草头而字作萑huán，大错特错。萑为芦苇一类植物，非鸟也。

萑的繁体　篆文　两个甲骨文

我们现在说的是鸟，是头戴毛角的鸱鸮。所以这个萑的繁体，按照《说文解字》之说，应该"读若和huò"音同祸，就是蜀人呼为"鬼冬哥"的哥之音转。此鸟冬夜鸣声huō-ò，人家以为不祥有祸。

鸱鸮一科多种，包括雕鸮、耳鸮、草鸮、小鸮等，头上皆戴毛角，泛称一鸮或枭（简作枭）而皆音xiāo。鸮类夜晚叫嚣，故名。

篆文鸮从号，号叫也。篆文枭从木，住在树洞内，人不见其脚也。鸮类脸貌奇特，两眼不像一般鸟类生在头部左右两侧，而是并列生在正面前方。眼周羽毛呈放射状，形成"猫面"，俗猫头鹰。周身羽毛褐色，带小斑点。飞行无声，夜捕鼠和小鸟以及昆虫为食，应被视为益鸟。可悲的是古人误认作食母的恶鸟，播祸的妖

篆文鸮　篆文枭

白鱼解字稿本
第二八六面

鸟，横加迫害。《周礼》■■设置杀灭妖鸟的专业户。古书上鼓动说鸮肉可口，逗引射手技痒。■予曾见乡下人售猫头鹰，云可治偏头痛。冤哉枉也，令人叹息。

■■■鸱（简作鸱）与鸮原非一物。鸱指猛禽鹰类。鸮亦猛禽，故名鸱鸮，见于《诗经·豳风·鸱鸮》。据说这首诗是周公作的。诗以一只小鸟的口吻，呼鸱鸮之名而控诉其"取我子"又"毁我室"之罪，非常怵目惊心，一读难忘。鸮字篆文从隹，籀文从鸟，说明隹鸟可以互换。隹部和鸟部有不少的字皆■仿此例。

鸱鸮■又作鸱䲜（简作■䲜）。鸮xiāo 䲜xiū双声对转，䲜即鸮也。又名鵂鹠（简作鸺鹠），特指小型鸱鸮，亦即小鸮。鸣声连转，如云"休留休留"，亦是其名自呼。

舊（简作旧）原来是鸟名，后借作新舊的舊。舊字■非草头，■是鸱鸮的毛角。舊■名鸱鸮的小鸮。舊字■臼为声符。新舊的舊本该作臼■，俗呼雏窝。古■时村庄■有公用的大石臼，历百年而不坏，资格最老，所以先■民用臼做形容词，形容事物的古老。

雅 鸮
鸮的篆文 籀文

鵂鹠
鸺鹠

舊 舊
旧的繁体 篆文

前面说了，草头萑的繁体指已不再是芦苇，就为应该 huán 改音huò，所指为戴毛角的鴞鹖。此字毛角之下加两个口，就变成鸛（简作鹳）。鹳字古写无鸟。看篆文、金文、甲骨文便明白鹳字来右旁鸟是后添的。两口并列音guán，是鹳字的声符。鹳为大型涉禽，羽毛灰色、白色或黑色，头无毛角，嘴长而直，形状像鹤（鹳）生活在江河湖沼附近，日守水边捕食鱼虾蛙蛇。筑巢大树，高烟囱上，楼阁甍上。古人以为鹳在高处俯察出下面人来人往，一定看得仔细，由此造察看的觀（简作观）。

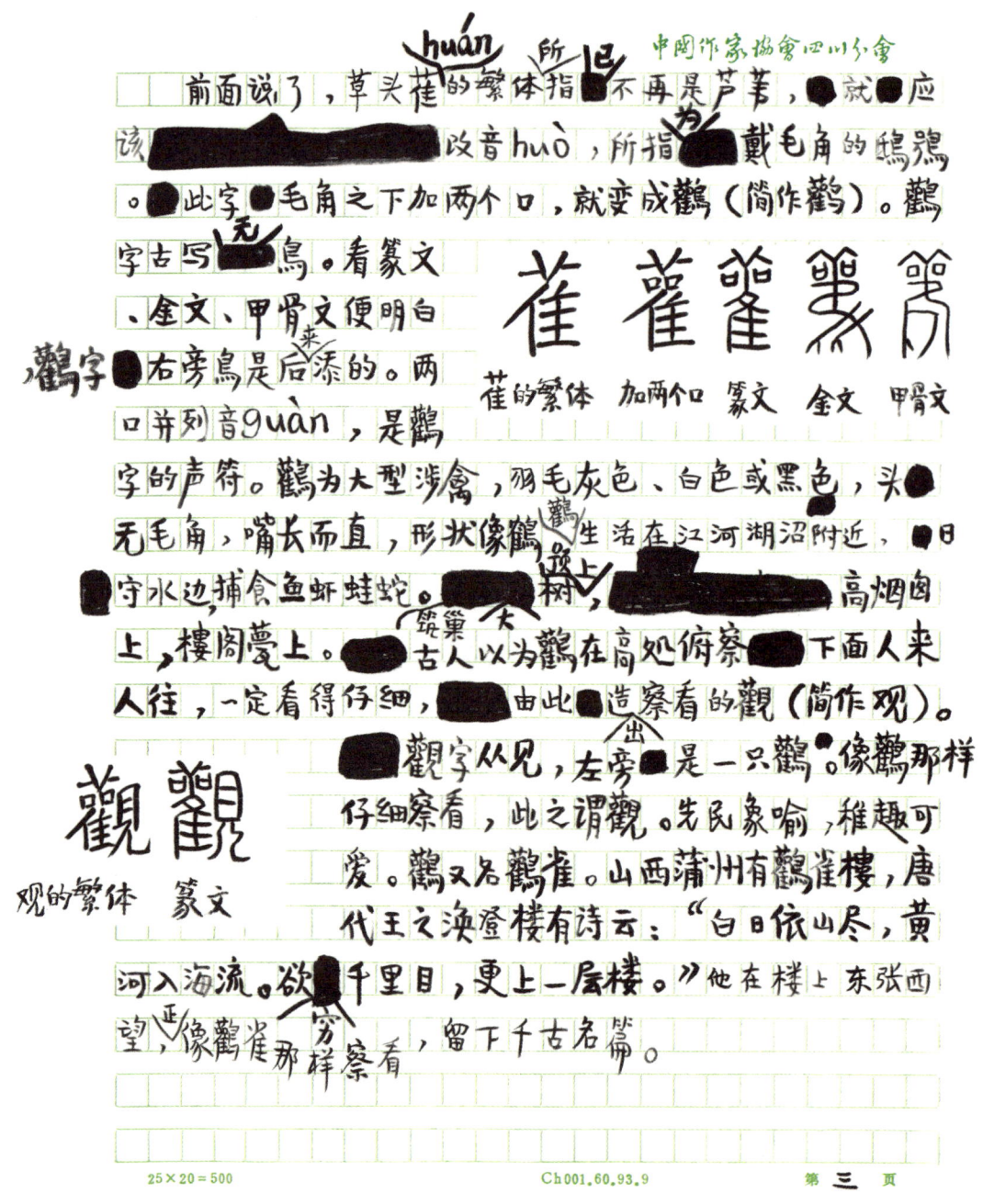

萑的繁体　加两个口　篆文　金文　甲骨文

观的繁体　篆文

觀字从見，左旁是一只鹳。像鹳那样仔细察看，此之谓觀。先民象喻，稚趣可爱。鹳又名鹳雀。山西蒲州有鹳雀楼，唐代王之涣登楼有诗云："白日依山尽，黄河入海流。欲穷千里目，更上一层楼。"他在楼上东张西望，正像鹳雀那样察看，留下千古名篇。

100. 从隹的一些字

流沙河
中国作家协会四川分会

篆文两隹并列，二鸟成双一呼一应，曰雠（简作雔）。雠字从言，又可以是两人言语呼应。古人校对书籍，两人各执一册，一人逐字逐句诵读，一人回应是否有误，所以谓之校雠。两人交易，一人喊价，一人还价，也叫雠（jiào），俗作售。售字乃雠二鸟省作一鸟，言省作口。雠又通仇。仇有正反两义：嘉偶曰仇，词义《诗经》"君子好逑"又作"君子好仇"；怨敌曰仇，仇人仇家末变。字从比此。

雠 雠 雠 雠
雠的两个篆文　　两个繁体

雌雄原本说鸟。雌字从此，此义为女脚。女脚比男脚小，雌鸟身体比雄鸟小。雄字从厷省，厷，大也。雄鸟身体比雌鸟大。

雌 雄

集合原本说鸟。群雀或者群鸦（简作鸦）共栖一树，曰集。如果不同种群的鸟共栖一树，那就叫雧（简作杂）。集的甲骨文画一鸟代表群鸟。金文承之，亦然。

集 雧 集 集
集的两个篆文　金文　两个甲骨文

夏急暴雨来些，群鸟提前回巢避雨。总有迟归冒雨回巢的，三五成群乱箭般的从先民头顶上迅速飞过，耳边但闻霍霍之声，使人惊怵难忘。这个印象拿来造成霍字，

霍 霍 霍
霍的篆文　金文　甲骨文

Ch001.60.93.9　第一页

作形容词，广泛使用，例如疾病"霍然"而愈之类。

雋（简作隽）jùn 字上隹下弓，义为鸟肉味美。如果鸟肉不美，何必在下面用弓弹打它呢？用弓弹打，可知鸟肉味美无疑。文章好，有味道，称赞说"隽永"，亦即味道长。先民补充说："好比吃飞禽！"简体变弓成乃，少写一划。

篆文 雋

離（简作离）字今义为离别，古义为遭遇。屈原《離骚》抒发愤懑。"離骚"二字今译便是"遭遇忧愁"。飞鸟遭遇长柄罕网，如甲骨文所示，这就叫離。鸟遭网曰離，人遇祸曰罹。離罹音同义通。篆文罕网柄变曲，鸟省掉，剩一爪，网柄上添一又（右手），右旁添隹。若不细心辨认，很难看清篆文和甲骨文的承续关系。鸟也好，人也好，一旦有所遭遇，便告别旧轨道，所以離又作離别讲。

離 離 罕
离的繁体 篆文 甲骨文

奮（简作奋）的金文，鸟在衣中拼死碰撞。人有衣。鸟无衣，以笼为衣。鸟下的田不是农田，而是猎田。在猎田被捕捉，关入笼中，鸟有碰撞不已而致命者，其奋勇可知矣。篆文衣错成大，遂至无解。

奮 奮 奮
奋的繁体 篆文 金文

奪(简作夺)的金文也是鸟在笼中，与奮相同。不同者鸟有冠，可能是雞，农家养的。强盗进村，牵牛拖猪，还要捉笼中雞。有趣的是奪字从寸。寸，法度也。盗亦有道，按规矩抢夺。

奪 奮 奪
夺的繁体 篆文 金文

雖(简作虽)是何物，你想过吗？此字从虫(蛇)唯声。唯在此读若谁shuí，音近率shuài。《孙子·九地》说常山蛇名率。率字无蛇义，乃借作雖字。雖才是蛇名，难怪字从虫(蛇)。这种蛇很厉害。雖然很厉害，接着来但是，也就不足畏了。于是做文章用雖然，我们不再追问雖为何物。

雖 雖
虽的繁体 篆文

顧(简作顾)字晚出，最早只有雇字。甲骨文所示为鸟上门似飞来看顾农家。人上门来谓之顾客，鸟上门来自然要谓之雇鸟。古人说有九种雇鸟。其实皆候鸟，季节到飞来。先民天真，认为它们按时飞来眷顾我们，所以雇字从鸟从户。

顧 雇 雇 雇
顾的繁体 本字 篆文 甲骨文

前行曰進(简作进)。为啥鸟下一止(人脚)为進？鸟飞只能前行，不能退飞。人脚之上一鸟，表示人在前行，这就是進。金文漆从行省，篆文承之。行的左旁与止结合，隶变所谓"走之"，而成進字。

進 進 進 進
进的繁体 篆文 金文 甲骨文

从隹的一些字

101. 子规鸟及其他

流沙河
中国作家协会四川分会

"子规夜半犹啼血，不信东风唤不回。"
"胡蝶梦中家万里，杜鹃枝上月三更。"
上引宋人诗句，子规（简作规）杜鹃（简作鹃）一鸟二名。唐人李白诗云："蜀国曾闻子规鸟，宣城还见杜鹃花。一叫一回一肠断，三春三月忆三巴。"可证子规即杜鹃也。

上溯到屈原《离骚》云："恐鹈鴂之先鸣兮，使夫百草为之不芳。"鹈鴂（简作鹈鴂）朱熹注音弟桂。蜀人叫李桂阳的就是这种鸟。李桂阳乃此鸟的叫声，"其名自呼"。前举子规、杜鹃、鹈鴂以及《说文解字》的窃鴂（简作窃鴂）全是李桂二音的不同写法。

再上溯到孟子嘲弄"南蛮鴂舌之人"说活听不太明白，鴂即鹃也。《说文解字》有鴂无鹃，知鹃为晚出字。鹃啼有的四声，听似"割麦插禾""幺姑包脚""快点包谷"，有的三声，听似"李桂阳""你归呼""窃归"。四声鹃和三声鹃都是鴂，啼声听不明白，故有多种译法。

四声鹃即布谷鸟，属杜鹃科（Cuculus），却不是子规。子规乃三声鹃李桂阳，古人称蜀魄鸟，与蜀国古传说有关系。扬雄《蜀王本纪》引于《太平御览》者云："望帝使臣鳖灵治水。（鳖灵）去后，望帝与其妻通。（望帝）惭愧，且以德薄，不及鳖灵，乃委国授之，去。望帝去时

中国作家协会四川分会

子规鸣，故蜀人悲子规鸣而思望帝。望帝，杜宇也，从天堕。"■■知耻主题，感人千■载■后，洵精神遗产也。引文内子规字作圭旁一鸟，我改作规，特此说明。

鵴字从鸟夫声。夫guài，guī音近可转，知鹅鵴即子规。那么李桂阳呢？子■古音李。《说文解字为："李，果也。从木子声。"是其证明。

篆文鵴

子规北方没有（但有四声鹃的布谷）。许慎北人，或未见过此鸟，所以《说文解字》说巂（简作巂）有毛冠。巂guī即子规，或作子巂，也就是三声鹃李桂阳经查头上并无毛冠。字从山，是说此鸟栖息山区密林，每年暮春迁来蜀国平原地带，日夜啼叫不久■又回山区去了。鸣声凄厉哀伤，写入诗词频率极高。巂字下面从内从口，是呐喊的呐字。古蜀人以为它是望帝的归魂在呐喊，所以造字如此。作为地名，■蜀有越巂■，■改音xī。

巂的繁体　篆文

乌（简作乌），今■呼乌鸦（简作鸦）。乌全身黑，远看不见眼睛，所以篆文鸟无目便是乌。三个金文，先是巨喙即大嘴鸦，逐渐符号化，竟变成"於"字，读音仍同乌。试将篆文於和第三个金■文作

乌的篆文　三个金文

子规鸟及其他

第二九三面

比较，已经相近了。由于金文烏逐渐变得走了样，最终变成於字。读音也逐渐变，烏wū最终变成于yú。

烏鴉复名。烏说其色，鴉状其声。古人■感叹烏乎，后来字作嗚呼，相当于川话的"哦ǒ■嚯huò"，一点也不深奥。

燕的篆文■全体象形。头、喙、身、翼、尾俱有了。三千■年前，殷人礼拜燕子，尊称玄鸟。《说文解字》谓齐鲁称燕子曰乙。燕子叫声乙乙，"其名自呼"。乙的篆文象燕飞之侧视。

焉字在古籍皆虚词。造字之初，焉乃鸟名。《说文解字》："焉，焉鸟。黄色，出于江淮。象形。"金文焉从鸟，延省声（省掉延字左旁）。篆文焉上部是延字再省，下部是鸟，无■头无颈，非常可怪。小时候在老家，年年秋末冬初，总有一大群白颈鸦不知从哪里飞来，聚集门前古槐，尖声聒噪。《尔雅》："燕白脰，乌。"乡民叫银脖子老鸦，古名和燕子同，或许这就是焉。颈白身黑，一晃眼似乎无头颈，正如篆文所示。金文焉从延省。延者，远举也。謂此鸟从遥远飞来也。遗憾的是許慎说是黄色，与白颈鸦不同。

102. 羊与从羊诸字

流沙河 中国作家协会四川分会的

远古游牧生活，衣食俱取于羊。古文字羊为羊头图案化，富有艺术趣味。彼时牧人要求不高，只要羊在就好，谓之吉羊。后世字作吉祥。其实甲骨文里笔划最繁，瞪着大眼的羊就是后来造的祥字。公羊曰牡羊，又名羝。谓其好斗，互相角抵。母羊曰牝羊，又名羜。谓其能生小羊。字这个字的原义为家中添子，象意。

羊的篆文　金文　三个甲骨文（大眼为祥）

很多人写美字下面从火，错成羔字。小羊曰羔，篆文很像错写的美。许羔字从火，似乎难解。家漠北草原苦寒，母羊产子，需用暖室，故从火吧。羔者烤也，烤火的小羊也。

羔的篆文　金文　甲骨文

羊多成羣（简作群）。羣字从羊君声为单纯的形声字，羊与君王不相干。君字从口，发号司令要用嘴巴。尹是手提权棍，为君之义自见。当然，尹也作声符用。

群的繁体　篆文

慈善，完善，皆是后起之义。善的初义是说羊肉好吃。字从羊从二言。二言的意思是"争着说"，可见羊肉真的好吃。隶变简化二言，作善。

篆文善

羊与从羊诸字
第二九五面

艺美，貌美，亦是后起之义。美字从羊从大，是说六畜肉食，羊为首选。并非如美学家所说的羊壮大就很美，■是说羊肉鲜美第一。不过此说亦有疑点。甲骨文美有从羊的，也有不从羊，而像人头上插羽毛为装饰以显美的。存疑可也。予识一塞尔维亚人，写篆文美，长腿细腰卷发，俨然现代美女。

美的篆文　三个甲骨文

今之四川羌族同胞，在《说文解字》为"西方牧羊人也"。古代羌为大族，崛起华夏之西，累遭商朝派兵弹压。甲骨文羌多有绳捆械系，在卜辞里用于杀祭，等同牲畜。异体羌字■犹有捆系残馀，使人不安。今夏四川大地震又损羌胞，伤哉。

羌的异体　篆文　金文　两个甲骨文

養（简作养）字从羊从食（饲），义为養羊。后来扩■义而为養猪養狗養儿養花，乃至養痈。进而营養修養，越跑越远。甲金二文执鞭赶羊，前人有释牧者。最初或许有别，牛曰牧，羊曰養。金文所执实为柯之古写，盖折树柯■当作赶羊鞭也。〈以字形考察之〉

养的繁体　篆文　金文　甲骨文

白鱼解字稿本
第二九六面

義（简作义）与羊有关系。羊群有领头羊，走在最前，仿佛示范。群羊视领头羊为榜样，亦步亦趋。试以竹笙设一栏，领头羊一跃而过，诸羊相继跃过。此时纵然收去竹笙，后面的羊走到那里照样跳跃一次。义字从羊，取榜样的意思。义最初指儀（简作仪）。

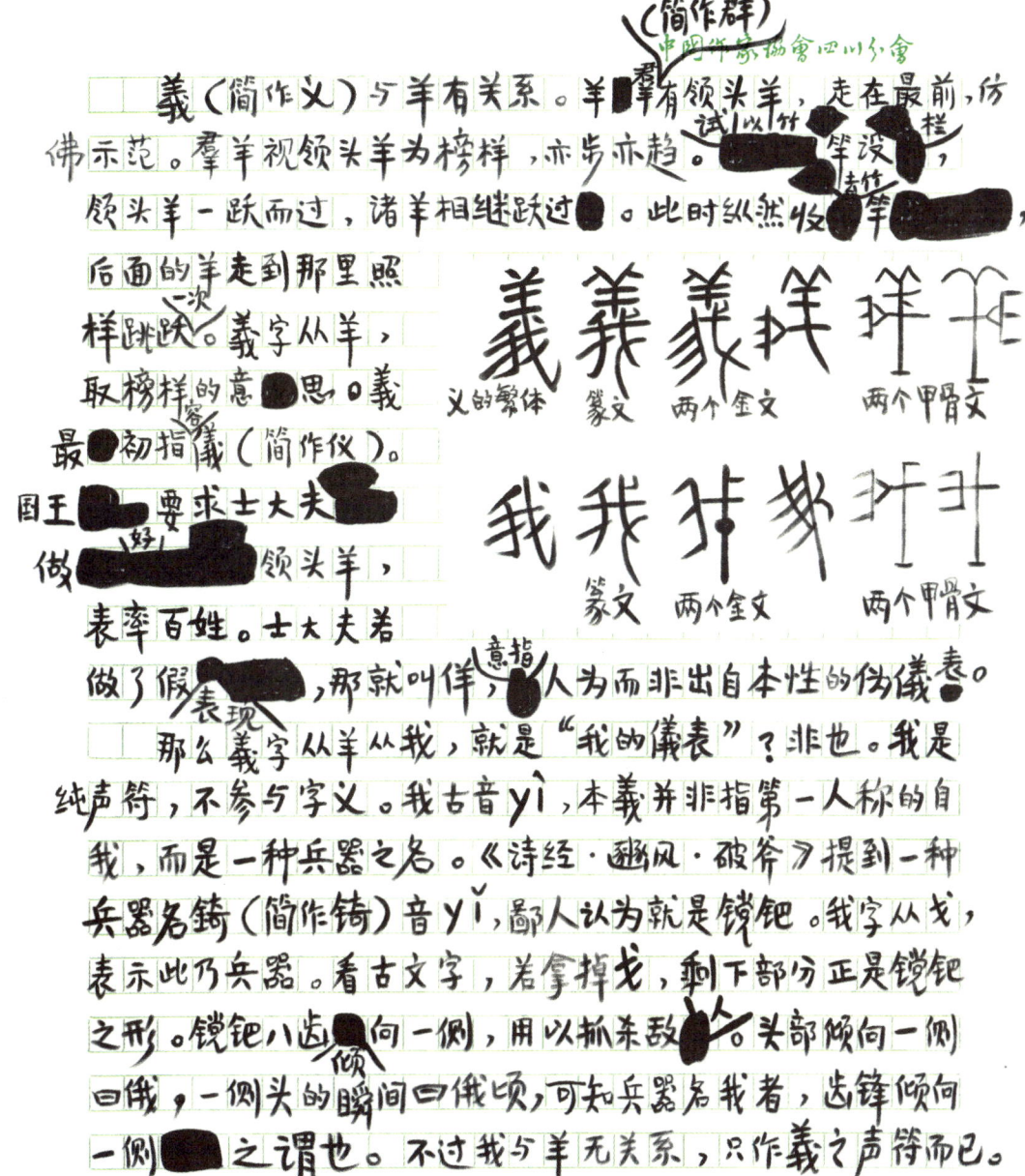

国王要求士大夫做好领头羊，表率百姓。士大夫若做了假表现，那就叫伴，意指人为而非出自本性的伪仪表。

那么义字从羊从我，就是"我的仪表"？非也。我是纯声符，不参与字义。我古音yí，本义并非指第一人称的自我，而是一种兵器之名。《诗经·邶风·破斧》提到一种兵器名錡（简作锜）音yí，鄙人认为就是镋钯。我字从戈，表示此乃兵器。看古文字，若拿掉戈，剩下部分正是镋钯之形。镋钯八齿倾向一侧，用以抓杀敌人。头部倾向一侧曰俄，一侧头的瞬间曰俄顷，可知兵器名我者，齿锋倾向一侧之谓也。不过我与羊无关系，只作义之声符而已。

103·牛与从牛诸字

篆文牛象牛头形。双角，背脊（正面看），两眼，鼻端，俱可指认。公牛，牡。牡有大义，丹花（芍药）之大者叫牡丹。母牛，牝。相当于人称她。牝字从匕，匕亦声。匕象女倚卧形。女阴亦曰匕。

羊曰养，牛曰牧。词汇丰富■可言，方有准确■。篆文牧从牛，右旁从又（右手）■卜声即今扑■打的扑（繁作■撲）。扑牛就是牧了。甲骨文或执棍或执柯都是挥鞭。

牟是牛鸣。牛上的三角形并非私字古写，而是牛口。牛口这样写，目的是■要和告字区别开。牟的牛口在上，告的人口在下。告字明明上牛下口，如何又说是人之口呢？《易经·大畜》："僮牛之告。"僮兮撞字，我认为。予在乡村目睹■牛若撞人，农夫便用三尺木棍横捆在牛角上，给路人提个醒。这是牛主人的无声宣告，所以告字的口是人之口。"僮牛"又有作"童牛"者，注家皆以童昏幼牛解之，错了。

公牛性猛，动辄撞人，故谓之牻（简作牤）。其字从牛芒声。横不讲理之男，蜀人叫作芒子。又有小男孩憨弯可爱者，愿呼芒娃，或说芒乖芒乖的■芒皆音máng。公牛逗人爱。

长大要骟。古时骟牛曰犍，今时骟牛叫㸿jiè。
㸿字从牛害声。也可以视之为从割省
。骟不是要用刀割吗？害字中间三斜
一直,不是丰富的丰，而是象锯齿形，
读音同㸿，意为用刀来回拉割。蜀人叫解gěi。

公牛中有极少数品种最优良的不骟，留作种牛，古人
称之曰特。特出，特异，特殊，诸义来自种牛
。又称朴特。木材未经加工曰朴。朴特意为
未经阉割手术之特出公牛。予曾在配种站瞻仰
过从国外引进的"朴特"，饲以精料，寒暑关怀备至。站长说
："每月开销在它身上的钱，相当于正处级！"特殊待遇
用于特牛，不亦宜乎。

主人带到配种站来配种的叫牸牛(母牛,古人也)。前面说过，字者家
中添子也。文与文组合成的叫字，已属后起之义。除了
牸牛和种牛，以及肉牛，还有幼牛，其馀的不论
公母都有劳役要服，或耕田，或拉车，或转磨。牛耕田
曰犁。犁的繁体右上非刀，乃象木犁之形。古写和篆文同，
黎做声符，右上为木犁。史载汉代赵过
发明牛耕。其法为牛曳轭,拉动铁铧
木犁，农夫随后扶犁前行。至今

犁的繁体　古写　篆文

牛与从牛诸字

第二九九面

仍用赵过之法。赵过之前也有牛耕,那是两牛用角拉动铜尖木犁,效率太差。

牛拉车曰牵(简作牵)篆文从牵,牛走在前,颈上贺(盖象轭形)系绳(玄)的绳,彼端连着车辕车厢,都省略了。牵牛一词首见《诗经》,还有释为牵车之牛,所以我才这样解释牵字。

牢为牛棚,罥称牛圈,一瞥便知,不劳解释。黄河流域冬季严寒,棚内保温,所以篆文棚门紧闭,密不透风。监狱亦须必须紧闭,故也称牢。古代祭祀牢牲,牛曰太牢,羊曰少牢,不直接说杀牛杀羊。

物,篆文从牛勿声。勿本义为杂色旗,所谓勿旗。物则指杂色牛。古代祭祀牢牛,规矩烦琐,就连牛的毛色都有里讲究。卜辞里"十勿牛"就是十头杂色牛,"物牛"也指杂色牛。《诗经》里"三十维物"是三十头杂色牛。世间动物品种繁杂,好比杂色牛(物),所以统称万物。

牛割颈放血后,就算杀了。接着解牛,从剥皮件始,开膛掏空内脏,再解成块件。整体解成若干块件。件字表示人对牛体加工,分解成件。部件、零件、杂件,莫不和牛有关。扩义为量词用,衣以件称,货以件计。又泛用于文件、邮件、软件、事件,乃愈行愈远矣。

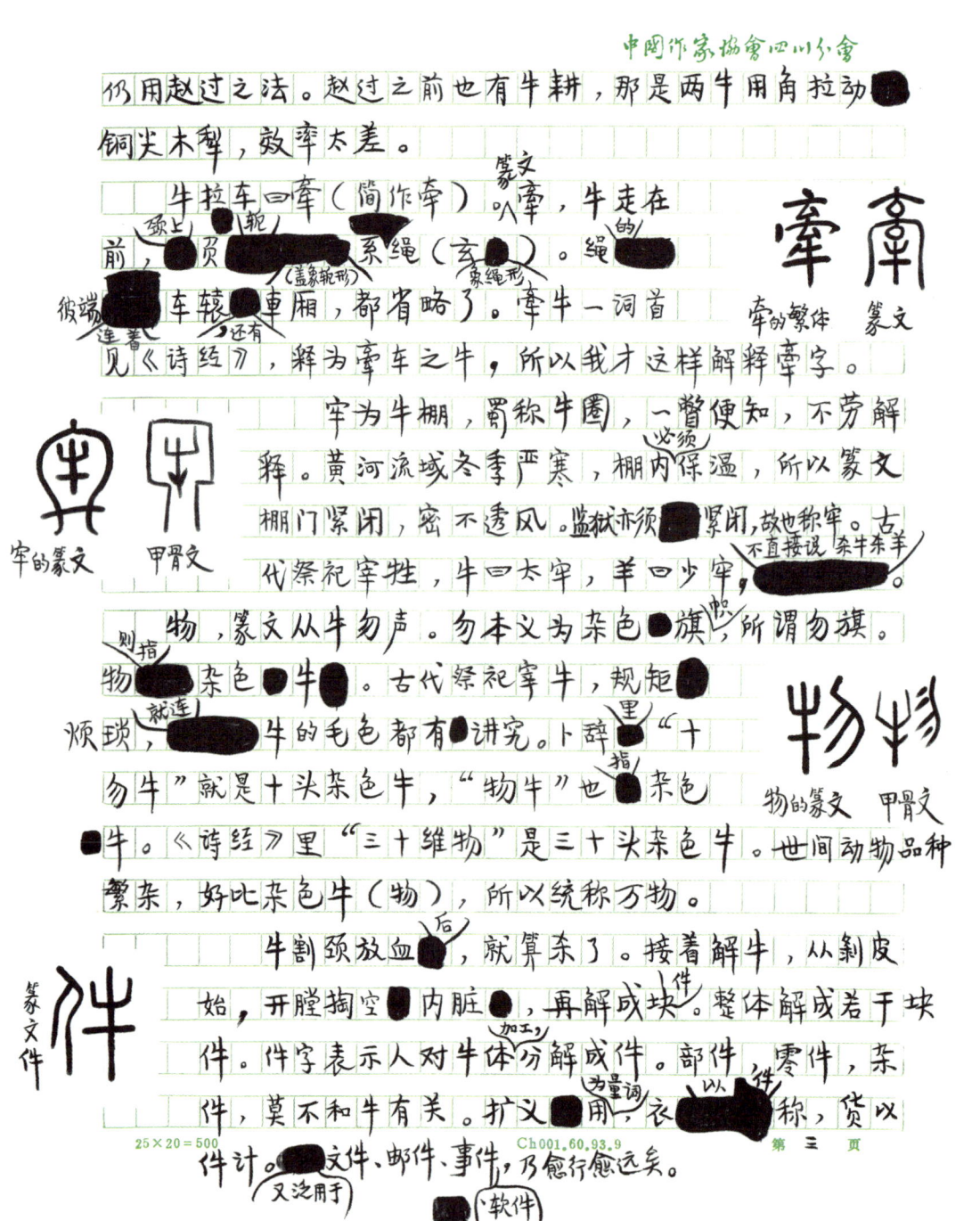

牵的繁体 篆文

牢的篆文 甲骨文

物的篆文 甲骨文

篆文件

104·马与从马诸字

流沙河
中国作家协会四川分会

马的繁体　篆文　金文　甲骨文

羊牛字正面看，馬（简作马）字侧面看。甲骨文和金文以馬眼代馬头，鬃毛背毛，双脚有蹄，尾。篆文眼变头颈，突显鬃毛，四脚，尾。隶变承袭篆文，一笔不差。牡馬曰騭（简作骘）。其字从馬陟声。陟zhì义为登高。牡馬登牝馬（而）交配，故名。牝馬曰騍（简作骒）。《本草纲目》还称課馬，盖谓其有产駒（简作驹）之课程欤？《月令》说"累牛腾馬"，累(者)重叠也，腾(者)上升也，皆交配(事)。

騭　隲的繁体
騍　骒的繁体

馬以毛色命名者，青白曰驄（简作骢），谓葱色也，浅黄发白曰驃（简作骠），谓漂白也。驃若改读biāo，义则为骁勇。汉代霍去病为驃骑将军。马毛色不纯曰駁，谓其多色交叉如爻也。交叉则不一致，互相错迕，衍生杂駁、反駁诸词。

驄　骢
驃　骠
駁　驳

馬颈安置枷具（轭）以便挽车，曰駕。馬上(造字)加（枷），(正是)如此。车夫右手执绳控马，左手挥鞭赶马，就叫駕馭（简作驾驭）。馭字正是右手控馬。

駕　驾
馭　驭

两马并列■，共挽一车，曰骈（简作骈）。《说文解字》释骈为"驾二马"，即一车驾二马。二马并列，一左一右，步调一致，用力相当，全靠车夫控制有术。概自六朝以及初唐，文章盛行字句两两（偶）对成趣，如"驾二马"一般，（同时要求文字）讲音韵协和，（藻）词务求丰赡■靓美，

骈（骈） 骊（骊）

后世谓之骈文。例如王勃《滕王阁序》："（内的对句）逸舟唱晚，响穷彭蠡之■滨。雁阵惊寒，声断衡阳之浦。遥吟俯畅，逸兴遄飞。爽籁发而清风生，纤歌凝而白云遏。睢园绿竹，气凌彭泽之樽。邺水朱华，光照临川之笔。"文多四、六字句，所以又叫■四六文，或骈四骊六。骊又同骈，亦二马也。骈字并声，并为■二人。骊字丽声，丽为二■鹿。

马体大曰骏（简作骏）。马身高曰骄（简作骄），乔即高也。马低能曰驽（简作驽），（如■俊杰也）（似）奴才也。马懒惰曰骀（简作骀），暗吐衔铁以怠工也。

骏 骄 驽 骀

惊骇（简作惊骇）指马而言，马易受惊而骇。《说文解字》："惊，马骇也。""骇，惊也。"惊骇二字互训。后乃移用于人，吃惊恐骇是也。

人间姓冯（简作冯）与马有何关系，不知当初造此冯

字绝非出于姓氏需要。馮字从馬冰声，不读今音féng，要读古音péng。形容马队孔武壮，在《诗经》里作彭彭。例如《大雅·大明》："檀车煌煌，駟騵彭彭。"郑笺云："兵车鲜明马又强。"彭彭作馮馮方才合适。篆文馮左旁是古写的冰，象河冰破碎后撑拱之形。《论语》里的"暴虎馮河"，馮乃借用，本应作淜。

闖（简作闯）是馬棚开门，群馬争出之状。作形容词，说人莽闖。作动词，说人闖江湖。李自成号闖王。当初和他一道造反的还有个闖塌天。

騙（简作骗）字从馬偏省声，义为从旁一跃上馬。垫脚上馬石又叫騙馬石。偏郎旁也。欺騙字应作諞（简作谝）。諞嘴迹近吹牛，言多不中。不中则偏。諞亦从言偏省声。

騷（简作骚）字从馬蚤声。蚤字拿掉虫，剩下爪甲的字，象形。人用爪甲给馬搔痒，为騷字之本义。騷馬近似刷馬，刷掉皮毛间的寄生虫和卵。有騷必动，生出騷动、騷扰、騷乱诸词。

马与从马诸字

105·豕与从豕诸字

流沙河

豕是野豬（简作猪）。篆文长吻（蜀人长嘴筒子），此为野豬特征。四足，短尾。甲骨文多出三根鬃毛，但只两足。然且张口有蹄，大腹，更象其形。豕古音xī，读音同豨。此为小野豬尖叫xī声的。"其名自呼"又添一例。野豬生性凶猛，往往迎敌而上，拱翻强手，獠牙致命。猎人说"一豬二熊三豹子"，厉害可知。先民则怎样驯化野豕，其间种种经验，我们无从得知。但从文字里能侦悉到最关键的一步，就是手术阉割。彘zhì的甲骨文正是用矢镞割腹豕以阉之的写照。豕变温驯后，不能再称豕，名之曰彘。彘，滞也。行动迟滞，不再横冲直闯猛蹦跳了是。篆文不顺水推舟地写成矢旁一个豕，而把豕变形，在四面足间的腹下置放一矢，以存真相。篆文彘下面看似二人者，非此字也，乃四足也。彘后来读音转成zhū，写出便成豬字。彘zhì豬zhū双声对转。

　　《说文解字》："豬，豕而三毛丛居者。从豕者声。"三毛丛居是说一个毛孔内长三根毛。予曾协助杀豬刮毛，仔细看过，佩服这位"五经博士"许先生眼睛尖。豬字者做声符，不必讶异。试看煮者诸堵赌暑署都等字，便能猜出者字的古音来。

豕豸长
豕的篆文　两个甲骨文

彘
彘的篆文　甲骨文

繁体豬

豚是小豬。准确说，是肉■嫩的小■豬。从又，表示可以提来提去，非■是小豬■。从月（肉）■强调其肉■，切勿错过。■篆文肉象豬腿形，盖以豬腿代表肉类。甲骨文肉作戴符母A形，后逐渐变成月（肉）。小豬■敞放，喜爱逃跑，所以豚加走之便是遯字。后■清高之士隐居山林，谓之遯世。■豬逃遯，主人追逐，所以豕加走之便是逐字。不过更像农■赶■野豬。旧时野豬■下山■庄稼，农家吆喝追逐，夜■不■安寝。甲骨文逐，野豬■后画一止（左脚），是人在追。金文■行字左半边，追到人行道上了。行字象人行道。■前面■谈到■豕（野豬）■阉割变成■豨，■。家豬不论公母，亦须在■年前予以阉割。用■话说，公曰骟，母曰解。乡下有■骟豬匠，一请就来。■骟或解，几分钟■便做成。篆文豕腹下添一笔便是今用豕字。古代豨为酷刑，施于刮搞男女■的双方。显然这是骟解之技移于人体。

豚的篆文　故　钗文　甲骨文

肉　月　　作偏旁篆文　　钗文　甲骨文

遯　小豬逃跑

逐的篆文　金文　甲骨文

今用字　旧用字　篆文　甲骨文

公豬曰豭,见于《左传》。

乡下除騸豬匠,还有牵豭豬配母豬者,中国作家农家专業户。若母豬需配种,豭豬牵去其家,主家交钱收钱。甲骨文家正是"豭牵去其家"之象。古代婚配,女来就男曰嫁,男去就女曰家。可知家本动词。豭豬牵去就交母豬,其事类同男去就女,所以家字要这样造。古人质朴,不觉得这可笑。家,屋下豕挺阳具,正是豭甲骨文细绳字。许慎说家字是豭省声,完全正确。

戏剧起源于看野兽打架。剧,繁体作劇。劇字初无右旁的刀,看篆文便明白。此字上虎省,下豕,意思是老虎同野豬打架,其劇烈可知矣。想一想古罗马斗兽场,便知予说不谬。此字右旁加刀,表示人同兽血战。第三者旁观,正是精采戏劇。

劇 劇 豦
剧的繁体　两个篆文

象字篆头亦即豬头。篆文下面四足一尾。彖tuàn字义为肥腯tú,就是川话说的肥嘟嘟(应作腯腯)。篆字从竹象声。《易经》卦辞曰象辞,象借用为断,推断之辞也。

篆文象

彙 彙
汇的繁体　篆文

彙,豬头豬身两足一尾,胃省声。圆圈内一米字象胃形,为胃省。彙huì 即猬,刺猬。猬科动物古人误认为属豬类,所以字造如此。刺猬针毛丛聚御敌。下级搜集情况,分丛聚之,向长官报告,谓之彙报。今简作汇报矣。

106·犬与从犬诸字

流沙河
中国作家协会四川分会

犬尾上翘，是其特征。孔子说："视犬之字，如画狗也。"许慎说，有悬蹄的方可称犬。悬蹄，俗呼飞爪，为已退化之蹄爪。无悬蹄的便是狗了，以此区别。推想狗先被人驯养，用来警夜。狗善吠吼，所以名狗。狗吼古音可通。犬保留更多的野性，而特长于嗅觉。嗅的嗅，古皆作臭 xiù。臭字上自（鼻）下犬。犬鼻善嗅，用于狩獵（简作猎）。獵字从犬，右旁声符读 liè，是形声字。做声符读 liè 的这个字是何意思，所象者何，有必要深究之。原来就是子字金文变形。甲骨文子头留胎发，手臂爬行。金文加添躯体双脚。古人讲究十二生肖，子属鼠，所以头既改下作篆文鼠形。这样变形弄得面目大改，认不得了。其实就是个很简单的子字。子古音 lǐ 近 liè，獵字右旁，做了声符。

獵则有獲（简作获）。獲字从犬从又，手牵獵犬。头长毛角的隹音 huò，做了声符。隹的一个毛角被误书为草头。简体跟着错成草头，给人印象，以为打獵在草下。这个字大不通。

犬的篆文　两个甲骨文

臭　篆文　甲骨文

獵　猎的繁体　篆文　金文

子的篆文　金文　甲骨文

獲　获的繁体　篆文

羊合群，犬尚獨（简作独）。对主人尽忠，但是难以容忍同类。这样释獨方便。不过当初造此獨字，却是专指古蜀国传说的一种怪兽，名獨谷兽，见《山海经》。川北乡间旧有送獨谷兽归天的仪式，少时见过，印象深刻。

獨 獨
独的繁体　篆文

　　两犬监守一言，为獄（简作狱）。此非以言治罪。夹在中间的本该是辛字。为了獄字字形结构匀称，辛变了，添口成言。篆文言字上辛下口。辛象雕刀形，就是镂刀。用此刀给罪犯刻面，此属黥刑。所以，镂刀夹在两犬中间代表罪犯，这样造成獄字。

獄 獄
狱的繁体　篆文

　　群犬追逐，这就叫跑得风快，为飇（简作飙）。古写三只犬。实际用于文章中，往往加风（简作风）成飇biāo。龙卷风亦名飇，缓读之为扶摇二音。所以《尔雅》："扶摇谓之飇。"蜀人形容赛车则分高速，说："好快，一飇就过去了！"

飇 猋
飙的繁体　古写

　　请看两个然字，略有差异。第一个为今书，第二个为古写。古写正确。然字下面从火，上面从犬从肉。左月（肉）右犬义为犬肉，其字音yán。字典查不到这个字，因为它被獻（简作献）字顶替了。用犬肉汤祭祖宗，不能说朝二页，

然 肰
今书　古写

要改口说这叫"羹献"。献读yàn，犬肉的雅称。犬肉用久生变，义转为贡献，竟忘其犬肉之归路矣。

旧时居宅，墙有狗洞。请看突字，狗从洞窜出。在狗这是突出，人则感突然。又看默字，狗不发声偷咬人。从犬黑（墨）声，大可玩味。从犬诸字，如哭戾、犯、狂、猖、狡、狞、狭、猛、猾、猥、猜、猝，皆写狗态。读者自可意会，不烦一一唠叨。

打狗打狼，要打它的腿。一棍子扫在后腿上，狗便跛了，拖着后脚逃了。篆文犬尾拖一棍，以见其义。

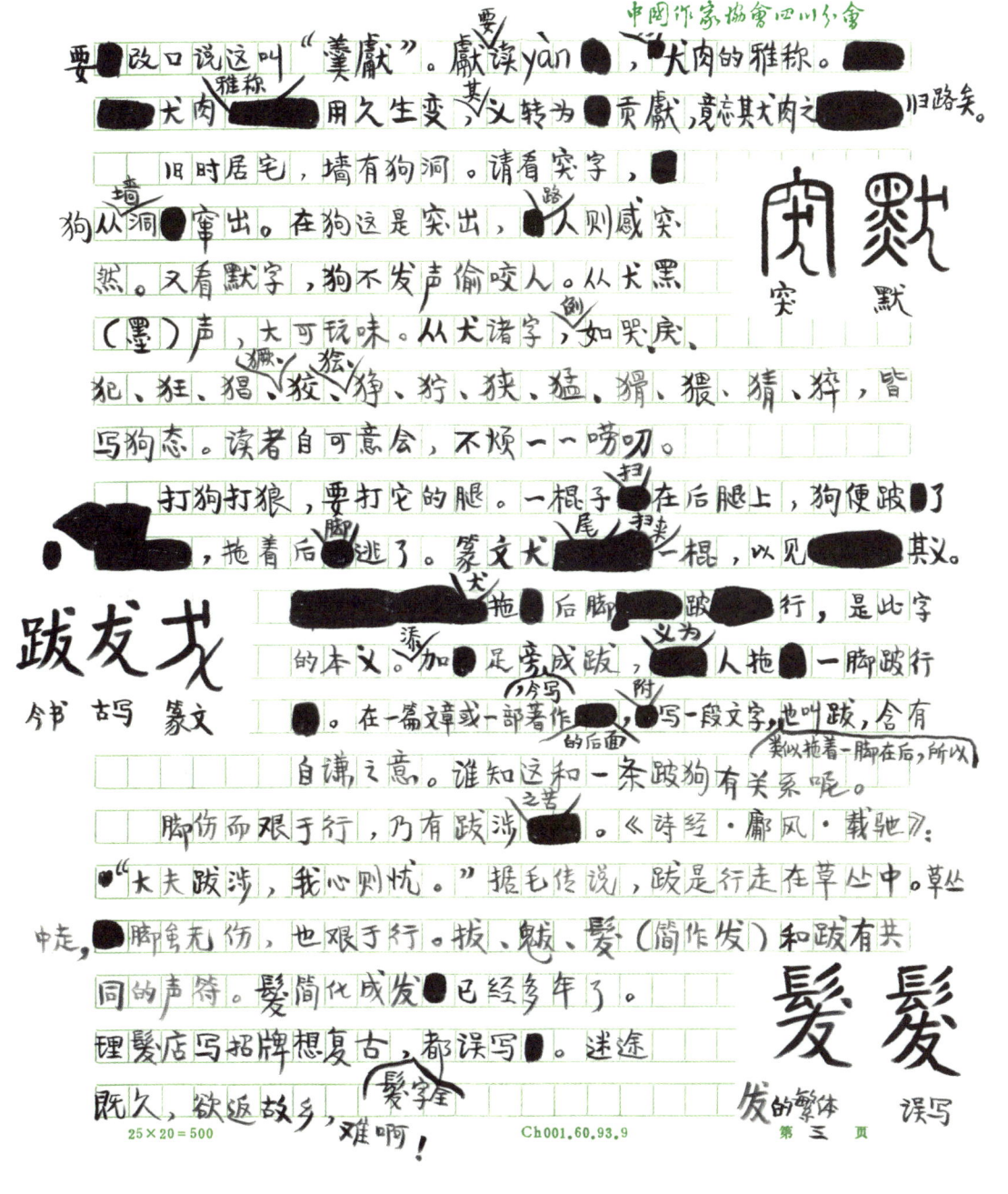

拖后脚跛行，是此字的本义。添加足旁成跋，义为人拖附一脚跛行。在一篇文章或一部著作今写一段文字，也叫跋，含有自谦之意。谁知这和一条跛狗有关系呢。

脚伤而艰于行，乃有跋涉之苦。《诗经·鄘风·载驰》："大夫跋涉，我心则忧。"据毛传说，跋是行走在草丛中。草丛中走，脚虽无伤，也艰于行。拔、魃、髮（简作发）和跋有共同的声符。髮简化成发已经多年了。理发店写招牌想复古，都误写。迷途既久，欲返故乡，难啊！

107. 猫科猛兽及其他

流沙河
中国作家协会四川分会

家貓（简作猫）由埃及经印度传入中国之前，《诗经》里已有貓。指的然不是家貓，而是一种浅毛虎，后来为呼山貓，属于猛兽。聚讼已久，不知究为何物的豸zhì，鄙人推测就是《诗经》里的貓。看古文字，知悉这种猛兽张开大口，耸耳曲身，拖着长尾。从豸之字，有貓、豹、豺、貔、貂等，多属猛兽。推测豸属猛兽，并非瞎猜。家貓传入中国之后，夺去貓名。《诗经》里亮相的浅毛虎只好放弃貓名，改名叫豸。

豸 豸 豸 豸
篆文　金文　甲骨文

《说文解字》无貓有貍（简作狸）。貍就是《诗经》里的貓，即豸。豸貍古音通，本来是一物。后世貍貓连称，曾指野貓。

貍 貍
狸的繁体　篆文

豹字从豸，形态似貓（浅毛虎），勺声。勺是瓢的象形字，读piáo。豹奔着飘，故名。甲骨文虎身而有圆形斑，我猜应该是金钱豹，繁为豹字。

豹 豹 豹
篆文　甲骨文

豺，比狼小，比狗瘦。豺字从豸才声。木残为才，通柴。柴声之字多有小义。豺瘦，所谓骨瘦如豺。语同肥胖如猪，皆以动物比人。不必写成柴字，柴不存在肥瘦问题。

豺 豺
篆文

容貌的貌为何从豸？原来有两个篆文。最初没有豸旁，

貌兒
貌的两个篆文

兒 mào 是双臂爬行的婴儿的面貌。篆文省去身体和下肢，突出面部。面部两眼连作一线，口鼻两耳皆省。后来添加豸旁，义转为貓科猛兽的外貌。但在实际使用时仍们偏重于指人，代替了兒字。

从豸之字还值得一提的有貘。貘似豬，长鼻圆柱形，能伸能缩。为热带哺乳动物，善游泳。这和中国古代所谓的貘相去太远。《说文解字》："貘，似熊而黄黑色。出蜀中。从豸莫声。"清代段玉裁注说："《尔雅》谓之白豹，《山海经》谓之猛豹。今四川川东有此兽。采薪携铁饭瓢入山，每为所啮。"传说此兽食铁。《诗经》里的驺虞是其别名，说是"白虎黑文，不食生物"，称为仁兽。《山海经》说"出孟山"，予以为即岷山。此兽据考证为熊貓。"不食生物"，食竹。古人观察欠精确，难免讹传。

貘的篆文 金文

虎字笔划当从古文字推求之。如果一笔一划细心比对，便知楷书虎字整体象形，不可拆开来讲。卜辞虎字数见，皆如甲骨文所示之大口、巨目、利爪、长尾、身斑。一条卜辞问："甲申，王其擒虎？"另一条卜辞说："王梦有死大虎。"似乎三千五百年前

虎的篆文 金文 两个甲骨文

中原多虎，与今大异。虎兮归来，要靠周老陕了。

少时闻诸长辈，虎一胎若三只，其一为彪，凶猛异常。今知虎旁三撇乃表示有纹彩。汉代班彪字伯皮，彪为虎皮花纹，非猛兽也。彪见虎之美，而虐则见虎之恶。虐从虎省，从爪人，谓虎抓人压笼。《说文解字》："虐，残也。"谓残酷也。

远古未有金属冶炼，炊用土釜，就是陶锅。其字从豆（盛菜肴的高脚碗盏），虎省声。虎为纯声符，不参与意文。这个釜的古写已被淘汰，今书作釜字了。虽然已淘汰了，但是作为声符，还保留在从戈的戲（简作戏）字里。戲是用戈矛比武艺，与虎无关。戲是比武，劇为老虎野猪打架。戲劇之起源可想而知矣。

貓科猛兽除了虎豹，有獅（简作狮）。古称師子，又称狻猊（音读酸傀）。《穆天子传》说"狻猊野马，行五百里"。《尔雅》说"狻猊食虎豹"。梁山泊英雄有浑名"火眼狻猊"者。此兽来自西域，国人罕见，故多瞎说。要人当知晓者，师子三字古音与狻猊同（子古音傀），皆兽名之译音。

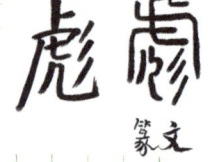

108. 小鼠到大象

流沙河

中国作家协会四川分会

鼠字整体象形，不可拆开讲就可以。不可主张鼠字从臼，从二爪，一尾。拆开讲不通。只可以说整体象形，神似而已。许慎定义鼠为"穴虫"，极简而确。鼠的种类繁多，今说其二。先说鼹，从鼠晏声。蜀人叫地老鼠。隐匿地下，挖掘洞道，伤害作物。鼹鼠耳小矮胖，肢短，头尖吻长，形态异于家鼠。《庄子》："偃鼠饮河，不过满腹。"偃鼠即鼹鼠。晏是匽的今书，古写作匽。《说文解字》："匽，匿也。"因为隐匿地下，又呼隐鼠。人怀隐忧，谓之"鼠思"，见于《诗经》。再说鼬，从鼠由声。俗名黄鼠狼。能放屁因退敌，又名臭鼬。鼬似鼠而形态捕鼠以食。古人迷信定有神性。香港民间拜的"黄大仙"便是鼬——黄鼠狼姓黄嘛。鼬是形声字。黄大仙有象形字吗？有。尤就是象形字。甲骨文和金文尾长且大，屈之腰张口。特征为尾下垂。犬古文字尾之上翘，知此非犬。甲骨文有祸旁者，黄大仙能祸福人也。(不然谁去拜它)。

兔(简作兔)与鼠皆属啮齿类。兔字象形。长耳大眼肥躯跳行，甲骨文画形态抓住特征。篆文亦侧视，两足一前一后，有短尾，长耳讹作人字。兔是野兔，卜辞有"☐塱辛丑王逐兔"的记载。野兔逃跑若不用犬而用人脚步去追，那是追不上的，必逸无疑。逸训逃，又训失。对兔而言，是逃脱了。对人而言，是失掉了。

逸逸篆 篆文 金文 甲骨文

野兔落☐网，屈成团，是谓之冤。人受屈，不得伸，亦冤也。弯曲竹篾，编成箩筐。筐冤同音，义亦屈也。冤为屈兔体，筐为屈竹篾，仅此不同而已。

冤圂 篆文 甲骨文

冤的篆文网变成冖（盖巾），意在简省笔划。清代段玉裁注《说文解字》认为免字和兔有关。他说兔跑太快看不见脚，就是免字，又为逃脱。段先生未见过甲骨文，不知免的甲骨文象人戴羊角帽之形，免即冕。或者这样说吧，免是古写，冕是今书。免和兔的简体兔字毫无关系。

免 甲骨文

客游峨眉，且睹群猴守候路旁，忽悟猴者候也，候客来喂食也。猴是形声字。猩猩、大猩猩、长臂猿等与猕猴有区别，称之为猿，古写作猨。以其善攀援，故名。爰的篆文和甲骨文，上面一只手递棍子给下面一只手，义为援引，助他一臂之力。猨攀树干，引体向上，故字从爰得声。

猴的篆文 甲骨文 猿猨 今书 古写

□ 猱为今书。古写结构一望而知其为象形。篆文可■头面和身躯，止为前肢，巳字为尾巴，其下为后肢。金文加卤■yóu旁做声符。甲骨文长吻双耳有短尾。予以为是猕猴或山魈。《说文解字》释为"母猴"。非雌猴，母猴即沐猴或马猴，谓其体型巨大。薛蟠诗句"闺房里攒出个大马猴"即此物。

猱 夒 夒 夒 夒
náo 古写 篆文 金文 甲骨文

□ 犀兕都是犀牛。角入中药，皮做盔甲。犀为独角犀牛，体型巨大。兕为双角犀牛，体型较小。犀字从牛尾声。兕字象双角一前一后形。

犀 犀 兕 兕
xī   sì

□ 卜辞有田猎获象的记载，足证三千五百年前中原气■候温和，植被茂盛，迥异于今。许慎称象"南越大兽"，可知到■东汉中国已无象■。其■实早在战国末年，韩非已说"人稀见生象"了。象字象形。手牵象，就是爲（简作为）。爲训做。手牵象做啥事？答：耕地。远古农业用象耕地。春雨地湿，牵象走动，一番■来回■践蹢之后，便可播种。这叫象耕。

象 象 象
篆文 金文 甲骨文

爲 爲 爲 象 象
繁体 异体 篆文 金文 甲骨文

小鼠到大象
第三一五面

109. 屋盖下面有事

流沙河

屋盖作为部首音mián，象■平房■形。为何音mián？原来是由"不见"二音拼成。入住其中，得以藏身，外面的人就看不见你了。汉朝皇帝住未央宫。宫内大厅，皇帝在此办公，名曰宣室。屋盖下的亘huán是声符。皇帝坐在宣室发布政令，就叫宣布。传达四方，就叫宣传。宫字屋盖下不是吕（简作吕），而是许多院落互相隔离，象形。至于官字指的并非官员，而是官府。官府里部门多，这一堆那一堆。屋盖下的便是堆字，■象分堆■形。

远古人类皆盛行过生殖崇拜。示的古文即象男根悬垂之形。后来文明日臻，始知掩饰。《说文解字》："示，天垂象，见吉凶，所以示人也。"释示字上两横为天，下三竖为日月星。

看文字的演变经过，乃知宜字上面原非屋盖，而是分格容器。内盛两只猪腿，代表肉食。有肉贮存，那就很好。由此■出适宜■一词。冰箱有肉贮存，哪个傻瓜会说不适宜呢？

怎样才得安宁（简作宁）？答曰：一要女人在家屈腿坐●炕●做家务事；二要有屋●可居，饭碗不倒，心中稳定●。旧时男治其外，女治其内。在农家这便是男耕女织。宁字有丁者以丁为声符。

安宁 篆文　宁的两个繁体 篆

●财主称●殷實（简作实）富户。實者●财力●之谓也。看金文知其家有箱分格藏宝，箱外有贝币。篆文宝箱贝币组合成貫（简作贯），贯上部为钱串。一横是串，两叠是钱。

實賣賣　富富富
实的繁体　篆文　金文　　篆文　金文

《说文解字》："實，富也。"富则是家中有酒坛，酒香溢出一点点。●今富人，厅有酒柜●设，趣旨相同。

●賓（简作宾）以丏mián为声符。mián声与今读bīn●有距离。丏，古写●万，在甲骨文屋●盖之下居左，亦为声符。居右●者为主人。客人左脚已到屋外，即将步入。金文脚错作贝，莫非要客人送礼●？

賓賓賓
宾的繁体　篆文　金文　甲骨文

宿下看似百字，实则非百，乃竹席也。在甲骨文，竹编纹路尚可指认。这是席的象形古文。席旁一人卧下，●此之谓宿。

宿宿
篆文　甲骨文

屋盖下面有事
第三一七面

华北 严冬,西北风透墙隙而灌入,冷得要命。双手掬泥填缝(四个似工者为墙上的砖缝),为此而造塞字,音sāi。若读sài则指边塞,关塞。驻军防守,不让敌人乘隙而入。字又作寨或砦,皆音zhài。从木或从石,滚木擂石也。

塞 寘 寒 寒 寨砦
篆文 篆文 zhài zhài

寒、塞字形相似,篆文大不同。寒是室内铺草,人睡其中。室外结冰,寒冷可知。还有一处最为要紧,入冬以前必须塞住,那就是北墙上的通风洞,古名曰向,象形。《诗经·豳风·七月》说的"塞向墐户"为两件事。墐是抹泥填缝,户是窗户。通风洞和采光窗炎夏和春秋二季所需,冬天来了,就得堵死。

向 向
篆文

殷实富户要小心了。强盗入室,猛击头部,把你打昏,消除记忆,免被告发。寇字所以从元。元,首也。右旁卜下一又,粤独是字,就是扑打的扑,简写作扑。古写的卜下一又,与简写的卜左一手,正好接轨,而音义皆同扑(简作扑)。从又卜声,一个从手卜声,巧合。我拥护简体扑。

寇 宼 宼
篆文 金文

白鱼解字稿本
第三一八面

110. 建筑物种种

流沙河
中国作家协会四川分会

居字从尸古声。尸象人仰卧形，在古文字常与人字混用，是活人，非遗体。遗体字作屍。今屍字已废，不论死活，都用尸了。居字古为声符。巴蜀民间至今有居读gū，问："你这些年gū到哪里去了？"居也作名词用，指居宅。屋字从居省，从室省。取居字的尸，取室字的至（至即到），合成屋字，义为居室。

居居屋屋
篆文 篆文

漏字的古写没有三点水，义为房屋漏雨。其字显然也从居省。同样，層（简作层）字显然也从居省，曾声。曾是甑的象形字。下面大锅水沸，蒸气上冲，中间叠甑，上面冒气。用叠甑作比喻，層字本义《说文解字》说是"重屋"，亦即楼房。

屚屚層層
漏的古写 篆文 层的繁体 篆文

廟（简作庙）是宗庙，帝王供奉祖宗之所。字从朝，朝拜祖宗于此也。上面象屋盖的边缘，其下为朝字，走廊，作为部首音yǎn。旧时民居，走廊上炊厨（简作厨）或设马廐（简作厩）并非罕见。厨廐皆形声字。类似的形声字尚有廉和序。室窄曰廉。人所占有甚少，也跟着叫廉了。廉以兼为

廟廚廐
庙 厨 廐jiù

廉序

建筑物种种

声符，其理正如脸以佥为声符。jian声缓读便jian-lian，分化出尾音来。黄河流域居宅●坐北朝南，进大门的东西夹墙曰序。著述前面加(写一段)引子也跟着叫序了。

門門
门的繁体 篆文

左右两个户字，写法一正一反，组合成門（简作门）。先有户，后有門，皆象形。門为建筑物的入口，两扇合拢。人在門内看见月光，便知合拢不严，存在閒隙。引申义为空閒、休閒。字简作闲，今定作闲。人从門隙观看(路)人走过，一閃●（简作闪）便●不见了。閃字造得妙。居家听见敲門，問（简作问）是谁。外面回答。既聞(有了)（简作闻）之后，(方才)●应門。問聞二字●所以从門，极有道理。

啟𢻻啓啟
启的繁体 篆文 金文 甲骨文

应門之后，该啟则啟，不该啟则不啟。啟今简作启。其字从口表示先問清楚，(然后)从右手啟户。篆文右手●上面误加●一卜，义转为扑。敲門人●是贼吗？古人也会搞笑，是吧？

門有卷拱，顶部半圆，其形似圭，曰●閨（简作闺）。旧时豪宅多筑閨門，不限于女院也。閤●（简作阁）是

閨閤閭
闺 阁 闾

巷門。小巷进去，一家紧邻一家，若脊骨然。其字从門呂声。呂正是脊椎骨的象形字。两块脊椎今断联系，呂简作吕。閭（简作闾）字从門

囗（川话读kǎn）或声，义为门限。现代建筑物，_车辆出_，大门_不能_设门限_。阃字_用于科技领域，义_为极限。

古代_有_高大的建筑物，人见_而_呼："好高！"所以高字从口，作形容词。这类建筑物堑土为台，台上建楼，侧视便是甲骨文京。若在两侧筑墙，合围成城，就叫京城。

高 高 亩 京 京 帛 亭 高
篆文 甲骨文   篆文 甲骨文   篆文

京城外面郊区有瞭望楼，曰亭。字象形，丁声。路人亭下歇脚，就是停字。城市外缘一圈曰郭，就是城墙。最初城_郭不大_，南北二门而已。如篆文郭所示，空中鸟瞰，有南北二门楼，城郭一圈之内又有小圈，那是_王宫。

郭 亭 亭 亭
篆文 金文 甲骨文

除了城墙，还有围墙。囿（简作囿）林园也_。圃是菜园。圂（今作溷）是猪圈兼厕所。_囹圄囵皆有墙围住。囹圄是监狱，单称囹yǔ。监狱必有围墙。圉内原非幸字，而是执（简作执）字，义为抓住。_甲骨文执象人双手被铐形。_囿

囗 冏 井 囲 囿 田 囻 卅
金文 甲骨文   篆文 金文   甲骨文

义后转为马棚，圉人也就成马伕了。

圉 圉 圉
篆文 甲骨文

建筑物种种
第三二一面

111·衣被天下人

流沙河
中国作家协会四川分会

先民披■兽皮时，尚无文字。待到衣字出现，穿着已很讲究■。篆文衣象两袖和交领形。交领，上衣右襟

衣 夲 卒 交 裘 裘 衣 衰 衰
篆文 篆文 篆文 甲骨文 篆文

捲盖左襟，纽扣自然■左，古装片中惯见。当兵■穿制服，有特殊■标志。■篆文衣下一撇，代表特殊标志，就是士卒的卒字。甲骨文有衣内一人，这必定是动词衣■字。接着说吧，皮袍曰裘。篆文裘从衣求■声。甲骨文则象形，(整体)(着眼)毛草茸茸的。衰是蓑衣，有草编的，有棕编的，象形。这是农夫雨天穿的(若)，油布雨衣■比较，(那就)天寒伧了，所以衰字(转生)出衰败■义。本义(既失)，■得■又造一个蓑字。

初，始也。其字从刀从衣，动剪刀为缝衣之始。裁，从衣哉

初 初 裁 裁
篆文 篆文

省声，义为制衣。车衣工称裁缝。剪刀在手，裁布成片，缝制成衣。制裁一词移作他用，便具惩罚意味。

旧时富贵人家有喜爱炫耀的，(一天)换■衣(两三遍)，被嘲为"亮折子"。衣橱充盈，象征富(子女)。裕字从衣从谷

裕 裕
篆文

。谷，山谷。古语"谷量牛马"形容牲富数量之多。裕字从谷，表示衣服数量多不胜数。

白鱼解字稿本
第三二二面

先民披兽皮，都是毛向外，斑斓美观嘛。后来兽皮裁剪缀缝成裘，继承传统，毛仍向外。又后来由野蛮入文明，觉得一身毛茸茸的不雅，便在裘衣外罩一件面衫。面衫古人叫表。所以篆文表，衣在毛之外。表面，表现，外表，仪表，诸词皆从面衫来。古人立竿日下，测竿影之移动距离，用来计时。因为是公开的，所以这叫表。近代金属制计时器也跟着叫錶（简作表）。面衫单衣，薄薄一层。夹衣有裏层，表裏层缝叠成一件衣。裏今简作里，俗呼衣里、里子。衷即内衣。中即内。内衣贴身，密触肌肤，不免汗垢，所以又叫褻（简作亵）。猥亵一词由此而生。前面说到夹衣，春秋二季服用。冬季北方须穿能御寒的絮衣，就是表裏两层之间装填丝絮的厚襖，古人叫複（简作复）。篆文複右上为有盖的双层蒸屉象形。双层便具重複一义，借来造字命名厚襖。複，衣表用一种布料，衣裏用为一种布料，中间装填的又与表裏不同，可谓杂矣。複杂一词由此而生。

古装戏里，美女之亮膀子拖着长袖其趣，与今大异。注意察看，当能发现长袖实为两截，上截缝袖体和下截缝袖头子，又叫水袖，哭泣时拭泪用。袖体，从肩部到袖口，古人叫袪。因为横出而去，所以名袪。袖口向下接续一段白绸（筒子），这就是袖头子，古人叫袂mèi。袂，抹也，抹泪用也。难怪又叫水袖。猜想这袂最早应是抹帕缝在袖口，有实在用途的。男式衣袖同样有袂，所以朋友携手谓之联袂，bye-bye谓之分袂。袂从决省者（西式），谓其与袖体缝合，可拆洗也。

袪 **袂**
篆文　篆文

古人不穿我们穿的这种（西式）长裤（简作裤）。《说文解字》定义裈云："胫衣也。"就是仅有两只裤管，前不蔽腹，后不遮臀，只能笼住小腿和大腿。难怪后人误以为古人不穿裤。这种裤管民国时代叫作套裤，仍有老年人穿。至于蔽遮前后的封裆（简作裆）裤，古代也有，只是不叫裤而叫裈kūn。裤管短的叫前犊鼻裈。

裤 袴
裤的繁体　古写

《说文解字》定义被云："寝衣也。"非睡衣，乃被盖，也有叫被衾的。被从皮，皮亦声，谓其紧裹人体似皮肤也。这是单人被。双人被叫衾，即所谓大被。旧时家庭弟兄姐妹众多，兴用大被。古乐府诗说到的"合欢被"，想系夫妇用的双人睡袋。

被 衾
篆文　篆文

112. 葛巾麻布丝帛

流沙河
中國作家協會四川分會

葛巾是最古老的纺织品。葛巾用于衣着，取代兽皮。葛巾织成还须漂洗，方能使用。巾象搭葛竿上晾晒之形。由上俯视，中间一竖便是葛竿。搭葛巾的布与巾不同。布是麻纺织品，见于《说文解字》。篆文布从巾父声。麻布是机织的，宽窄幅度固定，便于计算面积，可以当作通货使用。《诗经》有云"抱布贸丝"，便是用布来买丝。巾字上面一横，晃眼误认为是市字，实则非也。此字音fú，为蒂字的声符（巴金本姓李名芾甘）。市场的市上面是一点，而非一竖拉通。篆文市象人肩挑一担去赶集。金文市用丁型杵竿（挑担者歌肩用）代表挑担，两点象货物形，止（趾代表脚）表示向前走。这些都与巾上一横读fú的字大不相同。此字指腰下的遮盖布，上面一横为简易的腰带（简作带）。此字就是后来的蔽字。

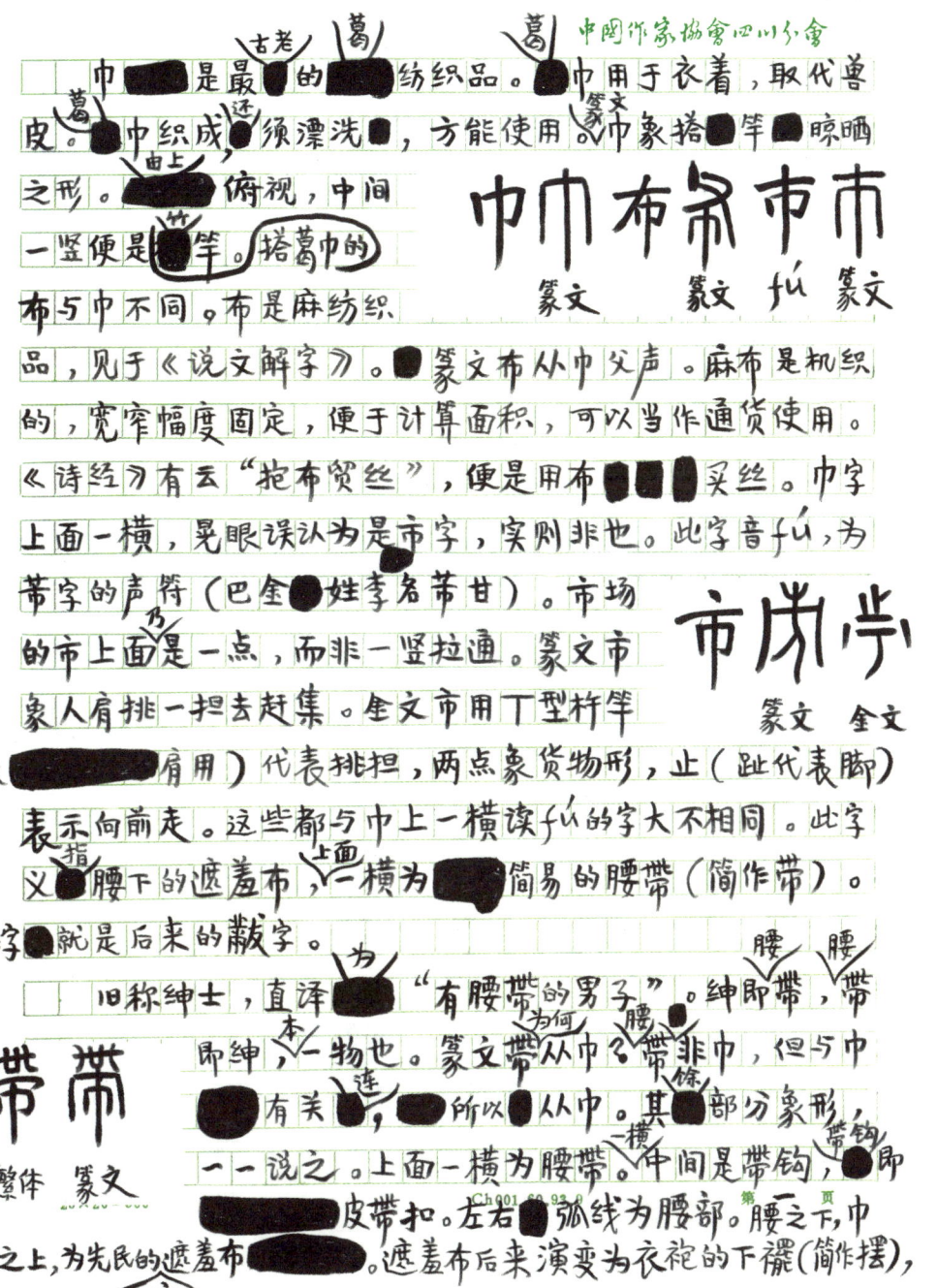

巾 巾 布 帛 市 市
篆文　　篆文 fú 篆文

市 帛 止
篆文　金文

带 带
带的繁体　篆文

旧称绅士，直译为"有腰带的男子"。绅即带，带即绅，本一物也。篆文带从巾，为何带非巾，但与巾有关连，所以从巾。其余部分象形，一一说之。上面一横为腰带。中间是带钩，即皮带扣。左右弧线为腰部。腰之下，巾之上，为先民的遮盖布一方。遮盖布后来演变为衣袍的下襬（简作摆），再后来演变为礼服前下襟的一方绣品，美其名曰黻抸。然而查其读音，黻与"巾字上面一横"义指遮羞布者相同。

元帥（简作帅）与巾有何关系？没有一点关系。帥字义为佩巾。古代男女左胸上部要佩手巾。帥和帨

帥 帥 帨 帨
帅的繁体　篆文　Shui　篆文

Shui原来是一个字的两种写法，作名词是手巾，作动词是拭擦。蜀俗呼餐厅侍者肩上搭的抹帕曰"随手"，令我困惑。后知应作"帨手"，出自《仪礼》，义为拭手。元帥字乃借用，本来应作元率。率，领先也。

前面说到布是麻纺织品。古代布帛连称，帛是丝纺织品。较之葛巾和麻布，丝帛显得更白，所以名帛。丝帛也是机织的，宽窄幅度固定，便于计算面积，而且

帛 帛　幣 幣
篆文　币的繁体　篆文

质地密致，色泽美观，更宜当作通货使用。古代强盗劫夺"布帛子女"就是抢钞票抓人质。帛又叫幣（简作币），谓其可以蔽体。古代富人衣帛，平民衣麻，穷人衣葛。丝帛既然可以当作钞票使用，幣便失去蔽体功能，义转为货幣了。幣字从巾敝声。敝字右旁从又卜声，即今扑字，左旁从巾内外四点，表示纺织品被扑打坏了。敝义为破败，自谦用。敝是幣和黻的纯声符，不参与意义。

白鱼解字稿本

第三二六面

士绅长袍，平民短衣。上曰衣，下曰裳。裳即围裙。今唯女性着围裙，古则男女皆着。旧时作坊里的工匠，厨房里的司务，例着围腰布，便是古裳之遗制。裳，本作常，从巾尚声。准制一件常，用布料有定，所以恒定曰常。经常，平常，常常，诸词皆缘围裙而造。常既有另用，只好另造一个裳字。

裳裳 常常
篆文　篆文

葛，藤野生，纤维可织葛纺线，巾。葛巾粗疏，经纬疏孔甚大，利于透风，适宜暑天穿着。希，从巾从爻 xiāo，义指粗疏的葛布。又通绤 xī。希所从爻即象经纬孔大，俗呼为複交眼之形。葛■■■衣穿着，身上凉爽。篆文爽正象葛衣凉爽意，令人想起两腋生风。

希希 爽爽
篆文　篆文

希多孔眼，通风透气，比喻前途有望，是谓希望。如果堵死，不通不透，就无希可望了。没有希望，蜀人说"没眼了"，正得希字本义。

从希之字有绨（简作绤）chī，义指细密的葛布，富人衣之。

113. 丝系索牵和虱卵

流沙河

絲（简作丝）作油炸麻花之形。一绞称为一束，二束称为一两（一双）。以两为数量单位上市，盖自古而然矣。甲骨文到简体字，丝字皆象成品丝二束形。

絲 絲 絲 系 系 系 系
丝的繁体 篆文 甲骨文　　篆文 籀文 甲骨文

从丝之字皆以一束代替二束，俗呼为"丝绕旁"，意在求简而已。甲骨文和籀文系为手爪提着丝线（简作线）表示悬系。悬系之物，不管是啥，必有一段距离。悬系着的是子，这便是孫（简作孙）。悬系着的是倒首，这便是縣。

孫 孫　縣 縣
孙的繁体 篆文　县的繁体 篆文

此縣字本义为悬头示众，而且读Xuán，是悬字古写。秦朝设郡，中央直属。在郡之下，又设地方政府。因与中央远距，所以借用縣字而改读Xiàn，今简作县。读Xuán的縣后改作懸，今简作悬。

子孙的孙，郡县的县，字从系而有悬系之义，当然不是真有丝线挂着。如果真有绳在手，拿去捆人，那就是係字了。係今被当作系字的繁体。其实係字从系从人，就是绳子捆人。《易经》有"係

係 係 係
系的繁体 篆文 金文 甲骨文

小子，失丈夫"即今之"拾得脂麻，丢了西瓜"，正用绳捆之义。甲骨文

係一瞥便知那是绳捆颈项，意象强烈。简化成系便淡化了。今人呼绳曰索。索字从丝起，最初或指丝线练成线。到了《诗经》时代，草成义已转为搓绳，见于《豳风·七月》之"昼尔于茅，宵尔索绹"。白日割茅草，夜晚搓草绳。绹义为绳。索，在金文为家中双手纺丝成缕，在篆文添加从八从草，就是扒取麻皮，制成麻绳，而省去双手。

索 索 （篆文 金文）

率，《说文解字》释为捕鸟用的毕网。说是上象丝网，下象长竿。许慎不知甲骨文率从丝水声，是形声字，上既无网，下亦无竿。原来率就是一条绳。率绳双声对转，可能最早所谓称绳为率。拖运重物，率绳居前，率先率领、直率、统率诸词生焉。

率 率 率 （篆文 金文 甲骨文）

用牛拖运曰牵（简作牵）。《诗经·小雅·大东》怨牵牛不拉车，乃知牵牛一词谓牵车之牛也，是牛牵车而非人牵牛也。由此角度解释牵字，察其篆文，这是牛走在前，贯辄与牵绳居后。再后有车，省了。似冪盖者象牛颈所贯辄，似玄字者象牵绳系辄上，一目了然。

牵 牵 （牵的繁体 篆文）

係、索、率、牵本四字从丝省，其实与丝已脱离关系了。

了者成泛符皆他制的家制的小金借"幺""丝"已化，草、麻，皆可作形符，用造字。请看字典"丝绕旁"的字，很多都与丝不沾边，这就叫形符的泛化。泛化之外，还有形符的雷同。试看幺字和幼字。篆文所见，幺与甲骨文丝之省写法全同，相比照，不过另是一字。幺yāo，《说文解字》云："小也。象子初生之形。"这里的子，既可以是鸡子鱼子的子（卵），又可以是种子的子（籽）。骰子上面的幺，很小一个圆点。小子叫幺儿。幼字从力幺声。篆文幺虽然是象形字，却不专指某动物某植物之子，它也可以是体虱（简作虱）之子。旧时人穷，换衣不勤，多生体虱。虱卵下在内衣的褶缝里，其名为蟣（简作虮）。虫旁是后加的，幾即蟣卵。篆文幾上面的两个幺正象四粒蟣形，从人，寄生在人体也，戈声。蟣卵极小，故幾训微。珠太小，又不圆，谓之璣（简作玑），用蟣卵作比喻也。明乎此字，再看幽字，便觉解法须另。幽的篆文从山错了。看甲骨文那不是山，是火。火上却非四蟣象形，只是幺字（二幺等同一幺）。幺，小也。小火不明亮，就是幽暗嘛。

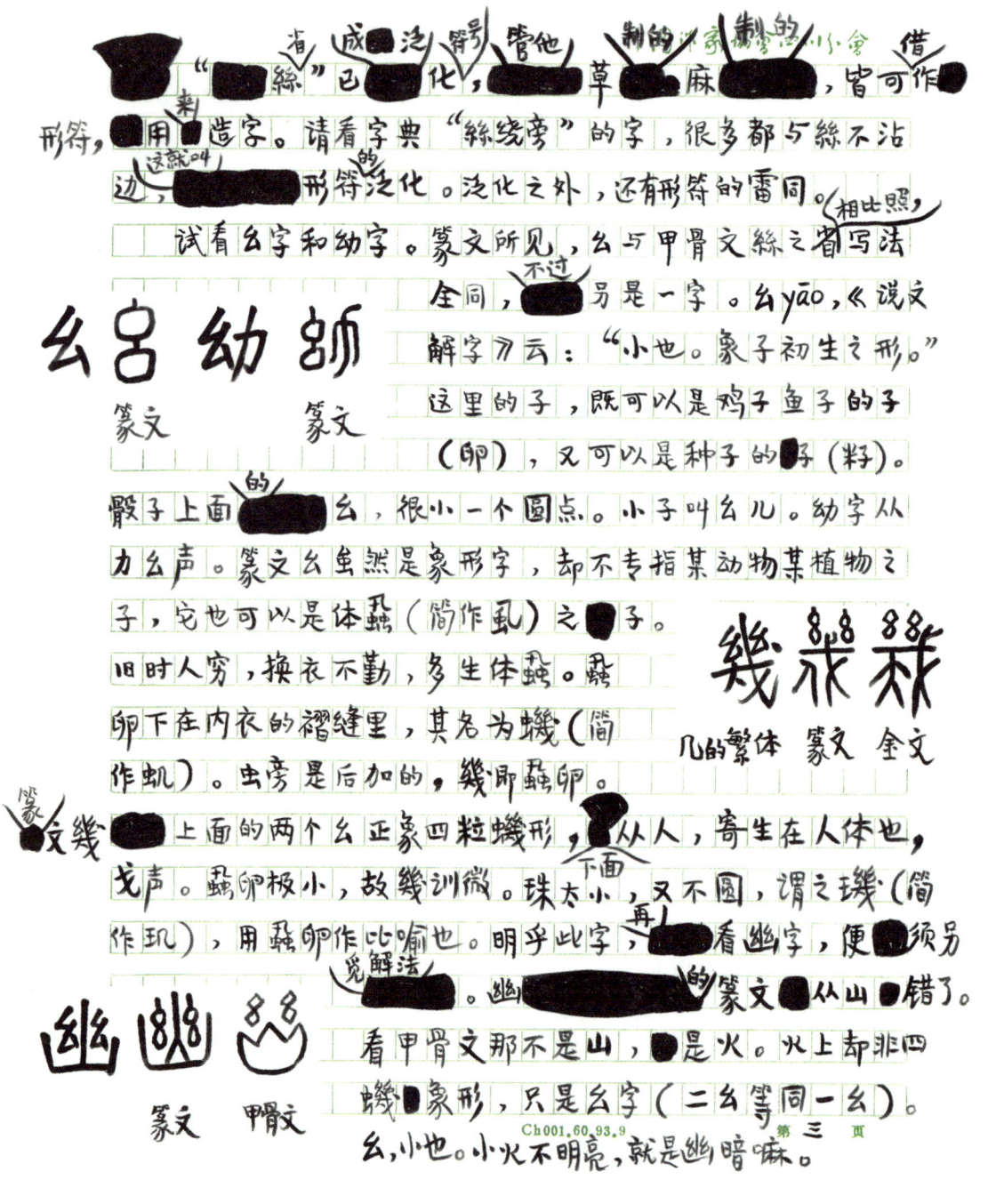

114・从丝省之字

流沙河
中国作家协会四川分会

金文絕（简作绝）很怵目，是刀割絲。篆文承续，从刀从絲省。不过添加一人，跪屈着膝关節（简作节）。这便是膝关節的節字之古写，作絕字的声符。由此可知絕字并非从色，因为颜面气色的色上面从人，絕字却是从刀。只是隶变图方便，权且写成色字而已。金文絕刀割絲刀在右，其实在左仍然是絕，在右在左意思一样。这样来看繼（简作继），便该是从絕（金文）从絲省，意思是已絕之絲接（又）起来。同样，斷（简作断）是从斤从絕（金文），意思是用长柄斧（原）将某物砍成两段。

亂（简作乱）的本义是治絲，就是整理素絲。看篆文是絲搭在杠架上，双手整理，已索的使之顺。需要治，需要理，絲当然是素的。所以亂这个字，除了治絲（又旁生）索亂一义。后来旁生之义成了主义，亂字本义便被遗忘，说起亂字大家都要皱眉头呢。

終（简作终）是什么意思？終了吗？错了。終字本义原是纠絲，就是把已经治顺的絲绞作油炸麻花之形，使之成束。絲既成束，工序完成。义为糾絲之終，于是旁生完成一义。日久，本义被遗忘，说起終字大家就只晓得完了終了OK了。

桑蠶（简作蚕）吐絲作繭（简作茧），沸水煮之，锅中是谓攪动不已，缲絲。由此开絲事始，造出以下诸字。

緒（简作绪）。絲头曰緒。在沸水中找出头緒抽出絲来。緒论、緒言、情緒、思緒诸词生焉。抽出絲头既多，各有所統（简作统），必须分别开。一絲为一紀（简作纪），此紀彼紀不能互混。传統、系統、紀律、紀念诸词生焉。細（简作细）指絲单缲出，尚未成綫（简作线），所以很細。仔細、細心、哉綫、綫人诸词生焉。缲絲剩馀坏茧，用簾网捞起来，曰紙。纸片裝填冬襖，可以御寒。后来用作书紙仿此方法所以造成，沿用紙名。缲絲抽出細絲，延续不绝，谓之絡繹（简作络绎）。绢上转，谓之繚繞（简作缭绕）。絡繹繚繞滥见于时文中。

績（简作绩）。絲和麻纺成綫，曰績。成績一词生焉。絲績成綫，不掺合别的纤维，谓之純（简作纯）。单纯、纯洁诸词生焉。

緒統紀細紙
绪 统 纪 细 纸

絡繹繚繞
络 绎 缭 绕

績純經緯
绩 纯 经 纬

白鱼解字稿本
第三三二面

絲綫上机，纵称經（簡作经），横称緯（簡作纬）。經綫緯綫，古用于經书緯书，今用于地球天球。

聚絲成束，曰總（簡作总）。總理一詞生焉。絲束橫纏，以免散亂，曰約（簡作约）。条約一詞生焉。絲束纏好，打个纥縂，曰結。總結、結婚、結果、結局諸詞生焉。成品絲以质地訂等差，曰級（簡作级）。階級、班級、級別諸詞生焉。

總約結級
总 约 结 级

机上經綫纵列密排，緯綫裝在梭中反復，来回橫穿。經緯相交，曰織（簡作织）。罗織、交織、被織諸詞生焉。机上經綫纵列被挟持于机綜（簡作综）。綜合一詞生焉。織成的帛，色白净，质密致，曰素。朴素一詞生焉。生帛用碱脱脂以便染色，脱脂工序曰練（簡作练）。熟練、老練、訓練諸詞生焉。絲織品有质地綢密者曰綢（簡作綢）。多色絲綫織成的綬帶和纓帶曰組。組織一詞生焉。編（簡作编）是絲綫編排竹簡。繪（簡作绘）是彩绣。繁是马颈裝饰的絲绦，今为繁盛。納（簡作纳）是絲織品进贡，今为納稅。緋（簡作绯）是染成红色的絲織品，今则用于緋聞矣。

織綜素練綢組
织 综 练 绸 组

編繪繁納緋
编 绘 纳 绯

115·君子动口诸字

流沙河
中国作家协会四川分会

上个世纪三十年代，苏联很有名的科普作家伊林先生，在其所著《书的故事》书中解释言这个字。他说，古代的中国人已具有声波观念。看他们造言字，口上三横正是表示声波传播。伊林只见过楷书的言字，故有此误。篆文言从口，上面辛省声，哪有啥声波哟！

言 言 言 言 言
篆文　金文　两个甲骨文

辛象雕刀形，即今之錸（简作锬）字，作言的声符。甲骨文里，言音本是一字。言古音yín，与■錸qín相近。两个甲骨文言，一个以箭头表示錸刀之锋，一个省掉箭头，剩下三角形，而錸刀之形显著。总之，言是形声字，不能凭想象乱解释。

发言曰言，交谈曰語（简作语）。語，篆文吾，金文从■叠合五。五象相交■之意。

語 語 語 論 論
语　篆文　金文　论　篆文

論（简作论）从言侖声。侖（简作仑）下是册字，古代的简册，今谓之书籍。简册编排总有一定之■理，这就叫論。孔子和弟子交谈的言■語■按理编排成书就■叫《論語》。

說 說 兌 兌 兌
说　两个篆文　金文　甲骨文

說（简作说）这个字古音yuè，就是后来的悦字，义为喜悦。看篆文知最初并无言旁，只有右边的兌yuè。再看金文和甲骨文，下为人，中为口，口上■

白鱼解字稿本
第三三四面

为"八字"纹"就"。人一喜悦，"八字"纹"就"显现出来（我刚照了镜子），所以造字如此。普通人喜悦了就多话，于是字义转为谈说，"音亦"转"shuō。

"語言譏誚（简作讥诮），意思就"隐微。譏从幾，誚从肖。篆文幾象"蟣形，从人戈声。篆文肖从小从肉，"是斩细的"肉渣。蟣和"渣"都是"隐微之物，所以作"声符，且参与意义。

識（简作识）字读shí（知識）又读zhì（款識）。查其篆文乃知中间的音"是繁化添加的，原来只是从戈从言。金文和甲骨文当初正是从戈从言。出土"青铜兵器，其上常有文字，谓之款識。巴蜀出土者往往有图"语，此即"前文字"。戈上留言包括文字图"语，"意在互相"区别，免得拿错。有了款識便于认知，知識一词生焉。

訐（简作讦）字音jié，义为以"言犯人，所谓攻訐。"字从干，一种古代兵器，可能是戈"。兵器不是吃素的，"从干便有进犯"义。訕（简作讪）字音shàn，义为以言犯上，所谓訕谤。

字从山，山向上顶去具，便犯上义。

　　許（简作许）字午声，可知古音不读xǔ而读wǔ。許的本义为应允，为认可。今人之点头认可说唔wǔ，古之許wǔ就是。計（简作计）字从十，其实非十，乃一纵一横之算筹。古时替人画

許 計 訓 誆 譯 謇
许 计 训 诳 译

計，口称第一第二第三，同时摆放算筹，以便对方知晓。张良在餐桌上为刘邦画計，擺筷子当算筹，事见《史记》。訓（简作训）字义为说教，要使听者服从。字从川者，从川之字如顺如驯皆具服从之义。誆（简作诳）字从匡，匡象三面围栏，囚床形，王声。匡床见于《庄子》，睡之安稳。甜言稳着对方，使他觉得安全，曰誆。大人哄小孩，四川人叫誆。譯（简作译）字之义，当从驛（简作驿）字求之。古称驛遞曰传，跑马传递文书便是。譯传言，今之翻譯亦传也。謇jiǎn字从塞省，言辞阻塞不畅，口吃是也。

　　会上两人争相发言，彼此不肯销待。《说文解字》用"强语"释競（简作竞）。强语就是争相发言。篆文競是两人并排，头上各安一个言字，便象二人争相发言之意。金文和甲骨文，言简作三角形下一横。头上的

競 競 **競** **竞**
竞的繁体　篆文　金文　甲骨文

白鱼解字稿本
第三三六面

116. 二三四五只手

流沙河
中國作家協會四川分會

　　旧时熟人见面，拱手行礼。拱字古写由左右二字的上半部组合成。篆文更明白易懂，象左右手打拱形。如果两人各出一手同抬一物，那就是共同的共，而与打拱无关了。孔子那个时代讲礼，要求士人聚会时必须"拱立"，规范手脚。旧时画孔子像都是"拱立"的。

　　拱手也可能不是在向谁行礼，如果拱持的是武器的话。兵字正是如此，拱持着一柄斤。篆文斤象平头横刃斧形，双手握柄斫柬，便是武器，其名为兵。后来兵字另有用处，如兵器、兵法、士兵、步兵，不得不又个造铸字作平头俞斧之专名。木匠用来削平木料，呼为铸锄者，系遗制也。与兵字类似的有戒字，双手拱持着一枝戈。戒就是持武器以警戒，就像持枪站岗放哨那样。由戒严而戒烟戒酒，乃至劝诫惩诫，衍生诸词。

　　战国时秦武王设左右丞相，作为行政首长。丞这个字在古文字象救人出坑形。篆文从旁援手，金文和甲骨文从上援手。丞相二字意为从旁协助国王视事。其实丞字本义只是拯救。黑社会说的"拉兄弟一把"从受方得丞义。

与丞字类似的有承字，不但从旁援手，而且有手从下托升。从下托升这只手最要紧，力捧着那个人的臀部，构成了承字的本义。奉承传承由此而来。看篆文奉承二字很相似。奉字从承省丰声。正如丞即后造之拯，奉即后造之捧。已经三只手，一在左，一在右，一在下，又加所谓提手，拯捧二字就四只手了。隶变后，前三只手不见了，只能看见一只提手。

　　舁yú字看篆文应该是二人对抬。古人打了败仗"舁尸而归"，担架正是二人抬的。與（简作与）字利用舁做声符，义为给予。给予何物？一瓢饮水。与在篆文就是瓢中盛水，瓢柄端有挂钩。路人求饮，一瓢水给予他。與字声符被简化掉，剩下一瓢水，当作简体字，便是今之与。

　　舉（简作举）字看篆文居然有五只手！其实只有一手。舉字利用與做声符，让下面的一手表达字义，就是举手。

古时文盲多，选领袖举手，所以叫选举。

　　輿（简作舆）字简单，从車（简作车）舁声。远古酋长出门坐二人抬。不是手抬，而是一前一后肩抬。此即肩舁，后人误作"肩舆"。发明車载以后，仍然叫舁yú，写成字则是輿。蜀人叫滑竿，字应作荷竿。负荷的荷，肩负曰荷hè。，义为車廂

輿　篆文　兴　篆文　金文　甲骨文

　　興（简作兴）字原本是夯字的古写。正如行又音háng（银行），興也有其古音hāng（夯）。甲骨文象对抬石夯之形。金文加口，夯打要喊号子。打夯先抬起，所以興训起。石夯方柱形，两棍夹持要紧，二人对面夯之。请再看甲骨文，正是俯视之形。

　　请从四只手回到两只手，说異（简作异）。看古文字，異最早是大人头上顶甾zāi瓦。甾即缶，蜀人叫钵钵。此容器演变成田形，易致误会。容器盛液体，小心扶稳当，所以举双手。異和戴本一字，古音同。用肩荷物曰负，用头顶物曰戴（也就是異）。

异　篆文　金文　两个甲骨文

有人说異字象人戴面具之形。非也。戴面具有顗（简作颛）字。甲骨文顗不举双手扶着，和異字大不同。

甲骨文顗

二三四五只手

第三三九面

117·双手万能

甲骨文有右手有左手，却无手字。金文始有手字，五指具备，概括了左右手。这个手字大量用于偏旁，便是所谓提手。带提手的动词形声字极多。先说扬（简作扬）字，左为形符，右为声符。篆文扬右旁是阳光的阳字。日晒地画，远看热空气在扰动，古人谓之阳焰。不过阳焰扬并不参与字义，只起注音作用。字从手，义为举起手。再说播字，也是左形右声。篆文播右旁番象兽类脚蹯形。上似米而屈其头者趾爪也，下似田者掌也。番同样不参与字义，只起注音作用。播字义为播撒。

爪字象指爪形，作动词加提手就是抓。从爪的孚和奚，在古文字相似，而字义大不同。孚是孵的古写。爪为鸡爪，子为鸡子（蛋）。母鸡孵蛋，用腹部加温，还要用爪翻蛋，使之受热均匀。母鸡孵蛋，轰之不走，极其固执。主人把蛋捡走，母鸡仍旧坚守岗位，窝中在加温不已。所以守信用又叫孚信用，母鸡给人示范。孚加人旁，便是俘获的俘。甲骨文卜辞内，孚作俘用，未见有作孵用的。今人多不信以鸡孵蛋说孚字，我信。至于奚，又为奴，殆无疑。金文和甲骨文为绳索捆人抓走。罪人惩罚为奴，古称奚奴。

爰和受是两人各出一手。爰是援的古写。篆文爰，上面一手递来一于（竿），下面一手握着，被拉上岸，是为溺水救援。甲骨文棍代于，只一斜杠。受则不分上下，甲骨文是一手递来一舟，另一人伸手接。怪哉，舟船巨物，居然手递！不怪，蜀人上菜品的木盘叫船盘，承茶碗的铜盘叫茶船。《周礼》祭祀用的彝器皆有承盘，古名曰舟。又，另个更老的甲骨文递的不是舟，而是凡（盘）。凡改作舟，取其兼任声符罢了。宴席上递承盘乃常事，取象造字，便于理解。后来又给递方造出授字，受则用于接应方。篆文舟省，只剩方盘三边。许慎未见过甲骨文，从何而知是舟省声？可能有师传吧？

争鬥（简作争斗）二字也是两人各出一手，就像他们唱的"该出手时就出手"那样。争，看甲骨文是争夺一件陶缶，蜀人叫瓦钵钵。事涉饭钵，岂有不争之理。

双手万能

第三四一面

到了篆文，陶缶没有了，替代的是一条曲线。这条曲线也是字呢，是曳yè字的古写。曳，用力拖扯也。互相拖扯，争义显出。至于鬥字，看篆文■■好像双手捧植物，莫名其妙。看甲骨文，■是两■人■打架。唉，这就是斗争了。

尋（简作寻）字也有两手，■■是■■度tuó展双臂横量竹席长度。甲骨文■显示正■■。尋■度量单位。汉代八尺为寻，合今五尺，1.70米，正是成年男子臂展之长，也是身高。甲骨文寻，竹席侧视变成一线，加口报数，又省臂膀，惟馀两手。篆文寻，一线变工，下手变寸，变得太厉害了。甲骨文里还有加所谓双人旁的寻，从行省，■是寻找之■寻。■字早■废，通用八尺尋代理寻找之尋。尋字■八尺本义今亦隐矣。

尋　篆文　三个甲骨文

得　　　　

寻找之寻　甲骨文

"出手"最可悲者该是執（简作执）字。執是被捕■，双■■镣。甲骨文象■被镣之形。古■■镣■■板■嵌合，腕夹在■■内，两端上锁。到了金文一变，镣具认不出了。篆文又变，罪犯也认不出了。隶变左幸右丸，不知所云。

执　篆文　金文　两个甲骨文

白鱼解字稿本
第三四二面

118·好歹都是手

流沙河

篆文又象右手之形。省掉食指和无名指，以三指代五指。甲骨文又，或解作右，或解作祐，或解作有，绝不含有"再次"的意思。古今相异如此。凡是从又之字，多有动手之义。先看这个及字，从又而义为逮，逮捕的逮。甲骨文一人跑一人追，追者伸手逮住逃者。后省追者，保留他的右手就足够了。到金文逮住了。犹嫌不足，添双人旁，也就是从行省，表明是在路上逮着的。篆文于象形欠准确，有误解作以饭与取食者。

远古地旷人稀，野外相遇，各扬自手，表示不拿武器，以通友情，偶有造字如此。甲骨文两手腕连双线表示"联系"者，未免蛇足。到了金文，添加菜盘，请客吃饭，促进友谊。古已如此，于今为烈。

甲骨文尚未造有无的有，又即有也。金文又下加肉，有肉吃便是有。古埃及象形文一人蹲坐，右手持肉，也是有字。可见人同此心，心同此理。农业丰收，古称"大有"，可以帮助我们理解先民心中什么叫有。

教育的教，甲骨文右旁是手拿鞭子扑打形，左旁是挨鞭的孩子，爻声。隶变左旁错成孝字，孝与教无关系。教字初义为家长打娃娃，边打边骂，旧时谓之"打骂教育"。篆文鞭打之形改作从又卜声，又成今之扑字，隶变为俗呼的反文。整理的整，篆文从今之扑从束，意为收拾行囊，正声。篆文束象两端扎口的囊袋形。不要声符正，敕chi字义为训诫，有管束的意思。

教 敎 敎 整 整
篆文　甲骨文　　篆文

手执权杖为尹，篆文象形。尹在古代乃官名，例如令尹、府尹、道尹。君字从口从尹，尹亦声。从口，发号施令。君在商代为地方官，并非只有国王称君。

尹 尹 尹 君 君 君
篆文　甲骨文　　篆文　甲骨文

前面说及字象伸手捕人形。服字古写则是罪人被捕后低头折腰，手置膝上，表示服罪之形。这古写巳废，早就通用服字。看篆文知服字多出一个舟旁（并非月旁），义为驾船罪人舟，服劳役。盖以操舟之劳概括各种服务事项。劳动惩役或曰劳动改造，看来古已有之。

服 服 反 反
篆文　古写　篆文

前已说到服字右旁象被逮后服罪之形。在此罪人左旁配置一副木铐，铐住双腕，便是報（简作报）字。今人但知报晚报公报学报，鲜闻报字本义。汉代治狱判案，须向上面呈报。待批准后，方能宣判。報字本义

報 報 [甲骨文] 撻 [古写] [甲骨文]
报　篆文　甲骨文　撻 tà　古写　甲骨文

就是向上呈报案情以及审理过程，并拟定判刑出条款。今人说到某件案子已经"报批"，本义犹存。古代朝廷刊发诏令和奏章以及官吏任免事项，也跟着叫朝报，后来又叫公报。此即近代报纸之滥觞也。看甲骨文，報字和執字相比较，仅多一手而已。

撻（简作挞）tà与打有区别。执法捶治罪人曰撻。甲骨文以一副木制腕铐象征罪人，举棍而捶治之。想起《水浒》犯人初到"喫一百杀威棒"或即此欤？

今以隶为隸之简化字。其实隶字古代早有，独立成字。隶字从又从尾省，抓着猎物的尾巴，表示逮住了。罪人被逮，罚为奴隸。隸字左旁本是柰字，作为声符，义指罪人。引申义为附属，奴隸属于公家嘛。隸的异体从又从米，男奴舂米，女奴择米，都要用手嘛。

隶 隶 [金文]
篆文　金文

隸 隸 糳 糳
繁体　篆文　异体　篆文

119. 投矛握笔摇铃

流沙河

中国作家协会四川分会

殳 shū 是古兵器殳矛之一，音近讹作梭标。甲骨文殳四种写法。最早的写法一看即是殳矛，直杆尖锋，颈有缨须。后来随意笔别走，直杆由曲而折弯，锋由钝而圆球，完全走样。殳矛遥掷曰投。

殳 shū 甲骨文有四种写法

投字古写从殳豆声，义为投矛。体育项目有掷标枪，便是古之投矛，或叫投枪。

投 毁 殳
古写　篆文

段字今有二义，一是姓，二是段落，皆非古义。段字从殳从石，须看金文，象手执锤捶打岩石之形。石器时代捶打岩石制作石斧石刀，有专业的作坊。段字义为捶打石。后来铁匠捶打铁，也叫锻了。

段 段 段 段 段 段
篆文　金文　假　篆文　金文

假字本义只是假借。金文两人各一手，一为爪，一为又手。从石，一人将石器交给另一人。假就是我们今天说的给。真假，假期，皆衍生义。

（简作盘）

甲骨文舟和凡（盤）常混用。两个甲骨文里，为首的一个便是用盤当船舟。从殳的般当然不是捶打盤子，而是篙竿撑船。金文不从殳而从今之扑字，仍是撑船。那时文字尚多疏漏，我

般 般 股 股 股 股
篆文　两个金文　两个甲骨文

们谅解古人随意，知道般字义为泛舟游乐就行。

白鱼解字稿本
第三四六面

沉舟游乐转一圈便回来，好比盘子之圆，古称"盤游"。般即盤游。卜辞有云："辛未卜，今日王般，不风？"正是盤游上船之前，先问卜有风否。

丑字见于甲骨文者莫不从又（右手）而屈其指，前辈多认为手字的古写，甲骨文无手字，丑即手。也有人不同意，说丑即杻chǒu，械具也。在手杻，在足械。在手之杻为木制铐，所以从木。古文丑象手指被铐形，实乃杻之古写。这种械具有别于腕铐，应该叫指铐。形制今已难说。未睹实物猜想而已。今之指环，旧呼戒指。顾名思义，■■■■即械指也。此或指铐之异化耶？

篆文失从手乙声，义为失掉。古音yì同逸。已到手之猎物未抓紧，逃逸了，应是失字本义。《说文解字》以纵释失。放松了便是纵，所以纵欲谓之淫泆yì，未收检而散失谓之佚■yì。甲骨文和金文未见失这个字，人便怀疑篆文失的从手乙声，认为笔划■错了，应是金文豕字。今将常见金文豕字两个摹写下来，请读者与篆文失对照比较，看看是否相似，会不会互混致误。我所识的金文太少，或许有相似者，井蛙便是我了。

筆(简作笔)字从竹从聿yù。聿象握笔之形，古今一贯，由简而繁，其间增益，一一可指。据《说文解字》称，汉代毛笔名称因地而异，楚叫聿，吴叫不律（不律拼音成笔），燕叫弗（读bù）。

聿 篆文 金文 两个甲骨文

五经博士许慎惯用儒家理想解字，他说："史，记事者也。从又持中。中，正也。"意谓写历史要中正，不要偏左偏右。周朝史官甚多，大史，小史，内史，外史，御史，女史，左史，右史，并非全是写历史的，多为办事官员。商朝更难说了。卜辞所见史字，应作事字讲。甲骨文无事字，史即是事。到了周初金文，史字

事 篆文 两个甲骨文 史 篆文 甲骨文

添笔划，才造出事字。何况甲骨文史，右手持的不是中字。甲骨文和金文中皆象场中摇旗之形，与史无关。甲骨文史疑作事字讲。古代宣布政事，摇铃聚众。右手所

金文中 甲骨文中

持，正是铃也。长柄直贯铃中，做成木舌，举高摇动，顾声远播。后来《周礼·大司马》所载振铎宣传仿此。直到民国年间，蜀中各县政府宣布政事，仍用鸣锣警众，以见传统不绝。事字很难象形，乃以摇铃象之。

120·见德觅相眼蒙眬

流沙河

眼睛二字形声，已属晚造。眼即目，睛指眼珠。甲骨文目多为左眼。注意内眼角，睑皮上搭下，谓之蒙古皱折，为我东亚人之特征。篆文目作偏旁，只好竖立，大不近情。篆文看，左手搭棚看远方。见（简作见）比看进一步，是本人去面见。

目的篆文　甲骨文　看的篆文　见的篆文　甲骨文

得字古写从见，似乎和眼见有关系，实则误会。金文明明从贝，变篆文时错作见了。贝币到手便是得，甲骨文和金文俱如此。隶变加行省，所谓双人旁，表示行道有所得。什么叫"行道有所得"？包含两层意思。一，走路拾得贝币。二，修道有了心得。两件事有相似性，毕竟意趣风马牛，不宜共用一个得，所以又造一个德。解释德字之前，还须先认直字。

古写　篆文　金文　甲骨文

甲骨文直，眼上一条垂直线。这是修建房屋，立柱筑墙为了取直，看铅垂线。直字本义就是正直，不偏不曲。直的古音同得，借作声符，左旁配个行省，即所谓双人旁，造出甲骨文德。后来又认为

篆文　甲骨文　　两个异体　篆文　甲骨文

既然是心得，而非走路拾得贝币，所以又添个心，形成篆文德。所谓道德就是修道有■了心得。德者，得也。

觅（简作觅）字不见于《说文解字》。《广韵》："觅，求也。"金文瞪大眼用爪刨，同我们翻箱子找东西一样。找字晚造，古皆用抓zhǎo。爪作动词，今写成找。俗字也，不可解。知道觅字从见从爪，义为找，就行了。觋（简作觋）字虽然从见，却只作声符用。见古音又有xiàn同现。觋是男巫。女巫，蜀中称觋娘婆，俗讹作仙娘婆。

觅 钗 觋xí 篆文

闹■市走一圈，光看不买，上海人谓之白相，最得相xiàng字真谛。伯乐相马，术士相面，找婚配的相亲，皆是此相，义为观察，不读互相的相xiāng。甲骨文是木匠观察一段木料，不是闲看一株树。国王找■人■代■视事，称之为相。与相相似，涕字古写却不是观察雨水，而是眼下落泪。遗憾的是这个古写从未当作泪涕的涕被古人使用过，它出场的机会都被后造的形声字涕夺去了。

楷文　古写　篆文　金文　甲骨文

一件锐器逼近你的眼睛，虽然事先保证绝不刺伤，你仍旧会眨眼，眨个不停。古人以此经验造出目旁一矢之字，义为眨眼，音shùn。后经演变，定型于瞬，成形声字。而目旁一矢之异体仅存于古籍中，为今人所不识，必查字典而知之矣。

瞬 瞚 瞚 眣 眣　三个异体　篆文　甲骨文

至于瞤（简作䀹）这个字，除了眨眼，更有眼皮跳的意思。汉代迷信"目瞤得酒食，灯花得财钱"。影响至今者有谚语"左眼跳挨，右眼跳财"。

甲骨文有见字头顶或面蒙幂巾之字，被专家识破，原来就是受蒙蔽的蒙。变成篆文时又添了一横，表示双层蒙蔽。古写不便于读音，演变为形声字的矇（简作蒙）。

矇 冡 冡　两个甲骨文

蒙　古写　篆文

目不明曰矇矓（简作蒙眬），正如月不明曰朦胧（简作胧）。眼睛看不明白，你说矇，我懂了。为啥又说矓？这与龍（简作龙）有关系吗？问得好。卜辞有一条，国王眼病问："有疾目龍？有疾不其龍？"这里龍即矓，眼睛看不清。哈，怪事！耳不明曰聾（简作聋），目不明曰矓，龙就那么惨吗？请传人放心吧。那时癃字尚未造出，不得不借用龍。癃，义为人体器官闭塞不通。聾为耳癃，矓为目癃。

121. 眼睛多种表现

流沙河
中国作家协会四川分会

女子眼中射电，媚惑男子，自古已然。睇dì 眄 miǎn 二字在《说文解字》同义，皆指含情斜视（简作视）。斜视犹嫌不够，还要流动眼珠，

睇 睇 睇 眄 眄 盼 盼
dì 异体 篆文　miǎn 篆文　bǎn 篆文

说是古人"流眄倾城"，效果更佳。戏舞台，旦角表演"流眄"之态，蜀人叫作"丢yí子"。写不起的这个yí字，推想该是睇之异体，从目夷声之字。字形异体字，音亦有可能异读成yí了吧？如果流动眼珠仍嫌不够，更有那么旋转眼珠，《说文解字》的上般下目之字，音bǎn 此字释云："转目视也。"也就是"西厢记"的"秋波那一转"。北人叫bǎn 媚眼，词牌有"眼儿媚"，皆即指这种武器。可惜《辞源》漏收这个bǎn 字。般字本义是船出去转一圈，亦即盘游。般下一目则是指眼睛的旋转了。

惧（简作惧）字从心瞿声。瞿字义为猛禽瞪目使人恐惧。上溯到甲骨文与禽无关，只是一人屈身，左顾右盼，很害怕的样子。篆文省掉屈身之人，左顾右盼也改成两眼平视前方，恐惧便消失了。

惧 惧 瞿 瞿
惧 异体 篆文 甲骨文

视（简作视）字从见示声。示为神灵，显示吉凶，所以

视 视 眂 示
视 篆文 古文 甲骨文

视有行注目礼的意思。后代视事，视学，就是注视

视察工作，仍存此意。如果看事物的目光不恭不敬，那就不叫视而叫艮gèn。此字不妨当作恨字看待。有以异者，恨为心中之恨，■艮为眼中之恨而已。从哪里看出有眼中之恨？■金文和甲骨文，眼睛■主人扭身向后，不屑一视。他如果扭回身，人与眼的方向便一致了。赖此细节，艮字取得狠义，艮犬为狠■。不过眼字却从睁眼得义，与恨无关。

睡卧二字义有差别。睡为眼睑垂下，准备入眠，从目从垂。卧则躺下休息，眼睛睁着，从人从臣。臣字象瞋目形，就是古写的瞋，义是睁大眼睛，注视事物。手下人叫去帮主子视事，称之为臣，已是后起之义。《说文解字》说臣字"象屈服之形"，是由于许慎未见甲骨文。

眉字象形，古文字的目上有眉线和眉毛。篆文夸张眉线，眉毛呈叠山形，令人想起东坡的"山似眉峰聚"。与眉易混者为省xǐng。省字义为省视。卜辞有"省牲""省牛""省田""省方""省西"的记载，都是外出视察工作。省字目上是生的省略。省视就是生视。生视者有别于熟视之

眼睛多种表现
第三五三面

无睹也，要用新眼光看个很清楚。后世目中生翳子，又造出眚 shěng 此字，从目生声，有别于省之从生的省略。翳子一点如星，所以生声（星字也是生声）。

驛（简作驿）字去掉馬旁，仍旧音 yì。此字从目，目下一幸 niè（不读幸福的幸）。幸 niè 的甲骨文是一副木制腕铐，象征罪犯。上面加个横目，义指司法衙门派出来的眼线。监视谓之眼，密报谓之线，所以此字从目。先有此字，然后才有加馬旁的驛。汉置驛站，馬递公文。三十里一驛站。站有长，自然员有眼线之责，监视地方，密报衙门。

睪睪　幸夲
yì 篆　niè 篆　甲骨文

民字居然也和眼睛有关系，真想不到。更想不到的是，民与今之民没有关系。远古部落战争，俘虏或杀或存。存者被刺瞎一只眼，拿来做本部落的奴隶，低人一等，称之为民。民盲音近，民乃半盲。古文字民象针刺目之形。

民民
篆文　故　两个金文　甲骨文

进入尧舜时代，百官称为百姓，被统治者称为黎民。黎有黑义，犹存半盲之义，虽然不再被盲一目。

白鱼解字稿本

第三五四面

122. 一口到四口

流沙河
中國作家協會四川分會

口象人类张口之形。吃饭，说话，接吻，嘴不能紧闭。取象于张口，表明在工作。人以口计，统计学称人口，可见这个器官如何要紧。篆文口角左右上移的。张大嘴巴照镜，所见正是如此。口字有时不指人嘴巴。举例，在鸣字指鸟喙，在吠字指狗嘴，在唬字指虎口，在启字指门洞。和噪字

篆文 一口　二口　三口

二口横排音huǎn，义为惊呼。古书都用讙字代替。讙通欢（简作欢）。二口之字 二口横排难看，作为偏旁，有哭。哭是人哭，为何哭字从犬？甲骨文哭，象人披头散发之形，古哭丧固如此也。推测散发人形笔划可能变异成犬字了。

哭的篆文　甲骨文

犬遇伤心事，嚎声呜呜呜，确实像人哭。所以前人有说，哭本犬哭，借指人哭，也有道理。

丧（简作丧）音sāng，死了人办丧事的丧。篆文由哭亡二字组成。稍有异者，哭字二口下移，以求字形受看。哭字在上，亡字在下。篆文亡由入隐二字组成。人或物入隐而不见了，也就是亡失了。字从二口之字，

丧的繁体　篆文　号之篆文

一口到四口

第三五五面

还有一个号è。篆文号下面是逆省（省走之），作声符。楷书变形求简，不再是逆之省，如今所见。从号之愕，义为惊讶。喧惊心嘛。热带沼泽有凶恶的爬行动物，使人惊恐，所以名鳄。繁体作鱷。噩è有惊恐之义。

二口横排之字作为偏旁，还有咒骂二字，不可不解。骂字好解。洪声斥责，故从二口，马声。咒语不同，有的需要洪声朗诵，有的需要细声暗诵，所以咒从义为惊呼的二口，就没道理。看咒字的古写，左一口，右一兄，原来就像非二口也。这是由祝字演变而来的，祝字开的分店。

咒的古写　祝的篆文　甲骨文

有以异者，祝象跪向神祇，口诵祝愿之形，而咒的古写则省掉神祇，加个口旁，强调口诵而已。神前祝愿，念念有辞，请求保佑。神职人员有庙祝，专司此职。兄字当初造出，并非弟兄。兄是最初的诵字。张口能诵辞章之士，受人敬重，尊称为兄。后移用于家庭之内，才有弟兄一说。于是又造从言甬声之誦（简作诵）。

二口纵排的吕，与嘴巴不相干。不必要的简化造出这个怪字，让人误解。繁体作呂，二口之间纵向联系，象脊椎之形。我们有脊椎骨二十一块，块块之间纵向联系。简化一刀，砍断联系，不再象形，便不好解说了。吕是最初造的膂字。膂，脊也。菜有糖醋膂脊，俗误作里。

一口二口说了。品却不是三口，而是三只相同的碗，象形。同一规格的器皿被视为同类。所谓品类，品即类也。旧时官分九品，亦即九类，九个等级。所谓品评，评等级也。同规格的器皿一起装箱，免得弄混，这就是區（简作区）。區字象三碗装箱之形。所谓區分，器皿分规格装箱也。嵒是岩的异体字。嵒字从山，上也非三口，而是磊磊然的三块石头，象形。癌长包块似此，所以字从嵒，嵒亦声。

器也不是四口，而是四件器皿。四在这里表示很多。很多器皿放在那里，如果是青铜的，乃至银的，就很值钱，有人来偷，所以叫犬去守。正因为有狗守，你才不会仿照嵒字之例，认为那是不值钱的四块石头。其实古人也不用真狗守盆盏碟碗，他们有厨柜嘛。造字用犬，意在暗示此乃器皿罢了。古人巧思如此。嚣xiao（简作嚣）字頁即面部加上手足，四口表示此人发声分贝甚高，难怪嚣字义为喧哗。嚣是真四口。真四口还有㗊yín。㗊字从四口，表示其人尽说假话，臣声。假话太多，需要四张嘴巴诉说，其人奸伪可知。《孟子》说，舜在家中处境难，因为"父顽母㗊"。㗊在这里义为唠叨骂人，嘴狠。

123. 口之多用途

流沙河

篆文甘象口中含物之形。美食入口，细嚼慢吞。观其迟迟嚥舍，便知味道很好，甘义自见（此由汉末）。甘蔗传入中国之前，饴糖珍贵，平常人家难得甜食，遂以甜为美味。舌甘为甜。果甜，所以名柑。含，从口今声（从今从口）。嚥，从口从禽（同擔）禽声，而禽又从今得声。可知嚥含不但义同，古音亦同。今的篆文象捕兽夹之形。兽肢被夹，食物被含，事有类同，所以含字从今得义，并以今作声符。吞，从口从天声。今人多误写成下口上天。天古音tīng，与吞音近。吻，从口勿声，《说文解字》说指口边。口边包括上下嘴唇以及左右嘴角。上下嘴唇闭合就叫吻合。今以吻触物，谓之吻。但时蜀人曰啵。原先蜀人不说接吻，只说打啵。

唇在《说文解字》绝非今本之嘴唇。嘴唇字作脣（简作唇），从肉辰声。辰乃古文蜃蚌。口边上下嘴皮能开合似蚌壳，所以脣字从辰。

古之唇字音义同霆。所不同者霆指电霹雳炸雷，唇指惊雷。人大被吃惊而张口似蜃蚌之开壳，所以唇字从辰。口张不下，从合口从方能见齿（简作齿），所以篆文齿口有缺。缺口表示张开嘴巴。上齿一排，下齿一排，中一横是舌。篆文舌字口上是干，《新华字典》错成千了。甲骨文舌，舌伸出口向上翻，见舌底之肌纹。既非干字，更非千字。

曰字义为意内言外，就是说话。说话也要张口，所以篆文曰口有缺。但又并非张口不下，而是一开一合，一合一开，所以缺口上有阀门，一开合自如。中一横是舌。吃，从口气声。看篆文知口在下，气在上。气即今之气字，象气流形。吃音jī，义结巴，口吃。嘴嚼食物，古用喫字，今用吃字，改音chī，视为喫之简化，结巴本义遂隐。吴（简作吴）篆文从大偏头，从口，象人唱歌之形。唱歌表情摇摆头部，古今皆然。吴字后来加女作娱（简作娱），吴娱为古今字。可字义为肯同。表示肯同就要发话，所以可字从口。其余部分，一横一竖象枝柯形，是柯字的古写，兼声符。纸上写个可字，翻看其背面，变成叵字。义为可的反面，就是不可。叵pǒ而由不可拼读成。用这种很怪异的方法造字，当然不合许慎六书之法，所以叵被视为俗字。

口之多用途

第三五九面

甲骨卜辞有"多臣多尹多君"的记载。推想比臣高一等的是尹，比尹高一等的是君。君应是商王下面的小首长。尹象右手挥权杖之形。君从尹从口，不但挥杖，而且下令，更神气些。春秋战国以后，国王称君，地位就更高了。吉祥的吉，篆字从士口。士本武士。士口是说"吃粮投军"前途美好。看甲骨文方知不然。下面很像是盛器如匜，上面明显是矛锋去了柄，盖以"刀枪入库"此不打仗了为吉祥吧。毕竟"兵凶战危"不打为妙。造字者此见识高超。

君的篆文　甲骨文　吉的篆文　三个甲骨文

古字篆文、金文、甲骨文都从十口。甲骨文数目字以直杠作为十。到金文怕误认，直杠中加圆点。篆文为了书写的方便，变圆点为横杠，如今所见。推想史前时代，部落兴衰存亡大事全靠口头种种传授，巫师成为故事。一代一口，十代十口，历三百年，是谓之古。古字本义就是故事。至今讲故事粤人叫讲古，四川人叫摆龙门阵。

古的篆文　金文　甲骨文

124. 聽聖聲馘聯職

流沙河
中國作家協會四川分會

耳 篆文耳象形（人耳之）。耳廓■耳孔皆可指认。注意是左耳。甲骨文有左耳有右耳，不一。耳主聽（简作听）。耳廓展开，便于纳声放■大■。聽

耳的两个篆文　两个甲骨　听的繁体　篆文　甲骨文

字右边是德■字的异体恿■，义为心得。德者得也，凡有所收益曰得。心中有所收益曰德。当初造这聽字，已有聽话进德的用意，不让你去乱聽。聽字左旁上从耳，下廷省做声符。就字形言，耳得为聽。简体听字汉賦上面就有，《说文解字》释为"笑貌"，听音yín。俗语"笑吟吟"或"笑盈盈"■来应作这个听字。麻将牌有聽用，虽然是繁体，全民都认得，何必简作听。甲骨文简单，口附耳为聽，管他进德不进德。

聖（简作圣）字从耳呈声。聖和聽■甲骨文■相似，都是左口右耳。稍有不同者，聖多一个人，

聖的繁体　篆文　金文　甲骨文

以人字（此字）做声符，表示读音异于聽而已。

推想■远古时所谓聖是指那些侦聽能力超常之人。聽力超常者■，狩猎■或争战■■■会被■呼为■■■聖人。后世■■文明臻进，表现突出，聖人称号才与知识著强和道德修养联系■，如老子和孔子■被称为聖人。聖字今人误书为"耳口王"，不知呈非"口王"。

聖字简作圣，不知《说文解字》早有圣字，从又从土，义为掘地，音guài。怪，从心圣声，可见圣字至今仍然健在，不能拿去做聖的简体字。若把圣认作聖，岂不误导人"圣心为怪"吗？

聲（简作声）字先看甲骨文，很容易看懂。一片石磬悬挂着，右手拿槌敲，其下有耳朵在听。经过篆文变成繁体，仍然是磬挂着，拿槌敲，耳在听，三千年一贯不变。声音无形象，古本借磬、槌、耳这三件具象之物，凑在一起，显出声音之存在，这就是象意字。读者当能看出，简体声字正是悬挂着的那一只磬。这样简化不离谱，很多人能当接受。

聲 聲 声的繁体　篆文　甲骨文

馘 guó 字异体作聝，义为割取敌兵尸体所左耳。异体的聝从耳或声。或就是古之國（简作国）。馘正体不从耳而从首，甲骨文也不从耳而得从首（用目代表首）。推想最初实行割敌首计战功，后嫌头颅太重，多割不便携带，这样改了改成割耳，一可杀百，很快升为将军，岂不美哉。看甲骨文，以目代首，悬系在戈缨上。改成割耳，绳串挂腰出，十分轻便。为此特造一个字，

馘 聝 或
馘的异体　篆文　甲骨文

那就是聯（简作联）。看篆文知此字从絲（简作丝）从耳，盖谓綫绳串耳，反映战地所见实况。甲骨文和金文不见聯字，是因为商周两代割首不割耳。秦加崛起西陲，侵有中原，奖赏"首功"，多杀为荣之后，才能篆文聯这个字旁诞生。此字今已普及，聯系聯鎖聯盟聯合国，谁肯去查明耳旁的来历。

聯 聯 联的繁体 篆文

《说文解字》段注："凡言職者，谓其善听也。"職（今作职）字从耳，表示善听长官吩咐。字右边是声符，音zhí。识的繁体作識，有相同的声符。这个声符的字义为能牢记。对職字而言，要能牢记才算善听。对識字而言，要牢记才算知識。可见職字的声符也参与字义，不是纯声符。

職 職 职的繁体 篆文

耻字又异体作聇。羞愧原属心态，所以耻字从心。内心羞愧而脸红，而耳朵发烧，所以从耳。正体耻则从耳止声。

耻 聇 耻的异体 篆文

聊，赖也。没依没靠就叫无聊。然而这不是聊字的本义。聊字从耳，右为声符卯。聊本义是耳鸣。刘向《九叹·远逝》有"耳聊啾而惆慌"。聊啾，闹叫。惆慌，张惶。今人说"耳朵闹"。人到老年耳鸣，日夜蝉噪不休。聊的声符字读liú，象漏斗插入容器口之形。柳留二字曾用此做声符。

聊的篆文

125. 人頭与鬼頭

流沙河

中國作家協會四川分會

首象人头形。眼耳口省去■，唯留自（鼻）。自上一横为额。额上为发。■金文同样。甲骨文诡异，人头似狗■头。

首的篆文　金文　甲骨文

秦■废分封，行郡县制。縣（简作县）为郡下新设置的行政单位。在这之前，縣是动词悬挂的悬（繁作懸）。篆文縣■

懸的繁体　古写　篆文　金文

左旁是篆文首的倒写，右边是系挂的系，象斩首倒挂■意。金文以眼代表全首，倒挂木上。縣被借去做了郡縣，只好另造懸字。郡以下称为縣，取其远离首都咸阳，维持一线系挂而已。

首与头（简作头）古音同，本一物。■篆文首上无发才是■头字。头字缓读变成两音便是髑髅。篆文面从头，■方框象面形，所谓国字脸。古代男女美容，脸■搽■粉增白。

头的繁体　篆文　面的篆文

故名■■面粉考，敷面之粉也。面粉可食，拉成条叫麵条，打成饼叫麵饼，搅成糊叫麵糊。麵今简作面。于是造麵字。麵

头字从頁（简作页），頁也是头，豆声。从頁之字甚

多，莫不与头有关。分说之。颜（简作颜）最初仅指双眉之间的印堂穴，后向上扩展到额（简作额）。印堂来所指看来亮色，古人说颜色好。大门上挂匾牌，通称匾额。春

頁 覓 𦣻 𩑻　顏 額 題

页的繁体　篆文　金文　甲骨文　颜　额　题

联贴门左右，门上贴横额方。视门为面部，门上便是额。额部下有双眉，上有发际，左右有太阳穴，界限分明，生出限额、定额、超额、额外诸词。额字古写作頟，各声。题（简作题）本义就是额。华夏疆域辽阔，名物因地而异。眉上发下和左右太阳穴之间的范围，甲地叫额，乙地叫颜，丙地叫题。题字从頁是声，正如提字是声。脸既然叫脸面，上方自然该叫题或叫题。题目也就是额头和眼睛。

颐（简作颐）字左旁声符，同时也是古写，从篆文演变来。口内包含大块食物，嘴巴和腮帮鼓突起来，《易经》上叫朵颐。

頤 𦣝 𦣝

颐的繁体　古写　篆文

请将古写向左推倒横看，口的周围正是颐之所在。大快朵颐，突嘴鼓腮，今人以为食相不雅，饥年却是令人羡慕的口福。颐主进食，故有养义。

人头与鬼头

第三六五面

园名颐和者，颐养天和也。

顷（简作顷）字从匕从页，义为头不端正。匕是餐具饭匙，四川人叫瓢形，调羹。调羹头部瓢侧看是歪捏的。顷字从匕，表示头歪。吾人侧耳倾听，头也歪往往为匿。不过时间短，遂有顷刻一词。颇（简作颇）

顷的繁体　篆文　颇的繁体　两个篆文

字皮声。皮古音bō，义为剥皮。请看第二个篆文，便知皮象手剥树皮。皮声之字，波为水不平，坡为地不平，颇为头偏。不平则斜，斜则偏，一回事。

颙（简作颛）9丁字从页其声，义指巫师驱鬼戴的面具。据说孔子像貌狞恶，"面若蒙倛"。驱鬼法事做毕，这种面具必须抛弃。谁捡回去，家中就会闹鬼。蜀人嘲滤愚拾回废物，笨哥买回假货，曰"捡颛头"。颛头在《周礼》又叫方相氏。顺手牵羊之徒东张西望，蜀人说"他在看哪里有方相"。甲骨文颛极富趣味，从人其声的异体字由此变来。尤可惊者，三星堆出土青铜面具与甲骨文所见一模一样！

颛的繁体　两个异体　甲骨文

白鱼解字稿本

第三六六面

126·头上毛最长

流沙河
中国作家协会四川分会

髮（简作发）字上为长毛■，下为声符。三斜撇象毛形。体毛最长■者为头发，长毛■真髮义。声符犬尾点斜撇，表示■外力拖扯尾■。犬被拖扯，只能■慢慢爬行。

髮 髮 搢 犳

发的繁体　两个篆文　金文

哈哈，这就是今日的爬字啊。爬字■做■声符，不参与字义。髮的两个篆文，前者与繁体同，后者■以首代替长毛，而首■已经有三茎长毛了。金文相同，但尾上无一撇。仔细观察，原来尾梢被首压住了，还是只好慢慢爬。

鬚■（简作须）字下面頁旁三撇■便是胡须■义已足，上面长毛就多余了。何

鬚 髯 冉 冄

须的繁体　冉的篆文　金文　甲骨

况胡须也有短的。鬚被简化，理所当然。男子汉大丈夫必定有须，所以说"必须"呢。髯字也该简掉■长毛，因为冉的篆文、金文、甲骨文都象络腮胡之形。不简掉是由于冉字借去做姓，络腮胡之本义被人忘记，不得不在上面保留长毛，以利认识。

鬢（简作鬓）■为■颊上■发，俗呼■角。别看笔划多

髩 鬓

得吓人，抓开看很简单。上部仍是长毛之发，下部賓（简作宾）是声符。试看濱（简作滨）为水边，海濱湖濱都是指边边上。可知脸颊上的头发生长在边边上，所以叫鬓。西式婚仪，有伴郎在新郎身边，有伴娘在新娘身边，通称男女儐（简作傧）相。鬓发自上而下侵入脸颊如半岛然，所以谓之鬓角，让人联想起非洲好望角。

拳谓手指卷曲

鬈 quán 指头发卷曲，正如蜷指虫体卷曲。古书竹简木牍，上下绳编，捲成简状存放。一捲就叫一卷，两捲就叫两卷。现代书籍不再捲此，仍以卷称。长毛之发，下加一卷，此字见于《诗经·齐风·卢令》之"其人美且鬈"。先贤皆以勇壮释之，不知古代亦以头发卷曲为美。蜀人鬈音 juán，所谓"烫鬈头发"指用电烫发，使之卷曲，好看。此风肇自上个世纪三十年代，实则古已有之。

髦 máo

人之头发，荣枯各异，遗传决定。头发有特别美者谓之髦，引人艳羡。髦者茂也，茂荣而盛密也。士人之杰出者，古称髦士，乃髦义之引申。近代仕女美发，样式翻新，招引众目，谓之时髦。意义扩张，纹眉涂唇，短裙低胸，也跟着叫时髦。一再扩张，一时趋新风习皆谓之时髦矣。

髦字上部仍是长毛之发，下部矛声。髳音同而义不同。其义为覆额的披发，俗呼披毛，即此髦字。又叫刘海，传说仙人刘海蓄此发式。蜀人叫"妹妹头"，唯小女孩蓄之。古礼不分男女，未成年者皆须在父母面前装幼稚，所以留髦在额，以娱堂上双亲。后世髦髳二字混用，不可深究。且罢。

髢字音dí，上部头发，下部也声。也声音dí，不必怀疑。你要晓得，地字亦用也做声符。也字古音dí，与今音大异。髢字义为假发，北方人叫髢髢。《诗经·鄘风·君子偕老》说美妇人头发黑亮"不屑髢也"，可知古代假发流行。

髡字音kūn，上部头发，下部兀声。兀声而读kūn音，似乎相隔太远，使我怀疑。我猜想这个兀不是音wù之兀，而是从人"人上一横"表示头上剃发。髡字义为剃发。古代小孩剃发，成人不剃，头发剃光因为乃是重刑。比髡刑更重的是宫刑（割掉男人的性器官），可见髡刑也够严重。比髡刑低一等是耐刑，也要剃发，不过放过鬓发和胡须不剃罢了。耐字从而从寸，而象胡须形；从寸，表示法制。后世借去作虚词用，而字本义遂隐，你知其为胡须了。

127·从囟门到鼻子

流沙河
中国作家协会四川分会

人头顶上有囟xīn，通称囟门，蜀人叫脑门囟。小孩囟门骨缝未合，皮下起伏颤动，清楚可见。篆文金文象有囟之形。其间交叉线那是五字。

⊠ ⊠ 腦 𦜉
囟的篆文 金文 脑的繁体 篆文

这里的五不是数目字三加二，五是后来造的毋字，表示此处万万不可触动，意在禁止。腦（简作脑）字从肉，为肉体之局部。右边象形，三茎头发在囟门上。脑本来指颅内脑髓，权且借可视的囟门表示之。篆文不从肉而从反人写，反人也是人，本应置囟下。今放在置左旁，避免字形瘦长难看，并无深意可言。

《说文解字》无惱（简作恼）。恼字晚造，左旁从心，俗谓竖心。佛经所谓烦恼意即烦脑，给脑子添麻烦，也就是伤脑筋。由此思路，造出一个惱字。造得不好，因为这个惱字从囟从心，与思字雷同了。

惱
恼

现在转说思字。思字上面本来是囟，隶变作田，使人迷惑。囟代表脑，脑下加心，从动脑到用心，便造成思字了。古人虽然说"心之官则思"，其实也明白先要动脑子，并非一味随心任性而为。慮（简作虑）字从思，上面

恖 慮 𧆣 𦥯
思的篆文 虑的繁体 篆文 金文

白鱼解字稿本
第三七〇面

虎头听人。其实这是虐（简作虏）之省做声符，同老虎不相干。篆文虑是思上虎头，而金文则是吕字做声符。

心字象心脏形。人和其他哺乳动物的心脏一样，都有四个内腔。居上位的为左心房和右心房，居下位的为左心室和右心室。篆文只见两个内腔一左一右，以及向下的心尖，其实并不太像。出于意识形态需要，《说文解字》说心"在身之中"而已，又拿去配五行。其实心脏又不中正，心尖都歪向左，古论心是"土脏"或"火脏"，毫无意义可言。

心的篆文 金文 两个甲骨文

心上一个烟囱的囱，此字音cōng。其实囱不像常见的烟囱，只是一扇可通风的窗子，象窗框和窗格之形而已。篆文一扇窗放心上，表示内心通泰，俗话说的"头脑开窍"是也。难怪加个耳旁就是聰其的聪（简作聪）。

Cōng 篆文 金文 甲骨文

当不加耳旁，然是指心之聪了。有趣的是金文和甲骨文，心上一个菱形符号，先贤不识，都猜错了。数十年后于省吾先生识破这个字，原来就是恖字。菱形符号是木匠用的三棱钢锉子，是锉的象形字，作声符用。旧木料内断钉，木匠就用銃把它銃出来。銃通了,留个孔。心上銃有打通的意思,所以銃不但是声符,也参与字义。想来也是,心要打通,有孔窍了,才算心之聪嘛。

心上一自(鼻)为息。用鼻正常呼吸,曰息。非正常的急促呼吸,口鼻并用,曰喘。息又叫鼻息,所以字从自,也就是从鼻。人快呼吸的同时,心跳跟着加快。古人认为心在管呼吸,所以字从心。其实是肺在管呼吸,息字不该从心。缓缓呼吸,在正常范围内,既然曰息,所以组成休息一词。人若静坐不动,呼吸可以很缓慢很微弱,接近停止,所以又组成停息一词。君子勤奋,不愿停滞不前,所以又说人应"自强不息"。息又引申出生长的意思,故有"休养生息"之说。放债有利息,便是生长出来的利益。

息的篆文 金文

事物烂熟于胸,谓之熟悉。悉,知也。悉字与狩猎有关系。老猎人能认出各种野兽的蹄印。悉字从心,古人以过程为认识属于心智活动。心上不是采字,而是蹯fán字的古写,象兽类脚印形。熊掌古称熊蹯。蹯字从足,右下是猎田(围场),右上是兽类的蹄印。蹯字晚造。最早的写法既无足旁,也无猎田,只有那个常常被错认作采的脚印。

悉的篆文 金文

128·送礼和找饭碗

流沙河

慶（简作庆）字之义，古今有异。今义为祝贺，而古义，从篆文看，内容更丰富。篆文顶上是鹿省，要送两张鹿皮去。鹿皮古称俪皮，俪者双也，要送两张才够意思。鹿皮是高值的皮币，等于今天的大面额货币，就是送礼钱去。中间是心，表达心意，要说几句贺喜的话。下面是止（趾）的倒置，要亲自送上门，以示郑重。比篆文更早些，金文简单，光送鹿去。鹿身上或有心或有文都一样，文是有花纹的梅花鹿，心是象花纹形，也是梅花鹿。甲骨文又不同，心放在文之中，表示纹身。这族成员送鹿贺喜，倒不在乎存在鹿身有无花纹。先民质朴，不乱送礼。

庆的繁体　篆文　两个金文　甲骨文

慶字可能另有更古老的初义，从甲骨文看出来。和前面那一个文的不同，这个甲骨文不见纹身的人，只有能戴角的鹿，颈有心形的花纹。慶恐是此鹿特有的名称，并无贺喜送鹿之意。愚以为慶就是传说的麒麟。麒麟二音急读可拼成慶，慶缓读成麒麟，本是同一物。此物罕见，见则大吉，所以衍出吉慶、慶贺义来。

又一个甲骨文

送礼和找饭碗

第三七三面

古今人情不远。我们念念不忘之事，古人同样常常挂在心头。旧时谋职，今日打工，俗谓之"找饭碗"。甲骨文大碗内一颗心，饭碗有了，心就安宁（简作宁），这便是最早的宁字。后来方碗变成扁脚碗的皿字，下面加丁（声符），碗里心不要了（意思仍是安宁的宁），不过要读作停。卜辞多"宁风"和"宁雨"的祭祀，宁都读作停，就是祈请大风不要吹了，久雨不要下了。又后来加屋盖，表明祭祀活动在祠庙内举行。到了金文和篆文，心又放回皿内，字义回归安宁的宁，不再读作停了。停宁叠韵，可以对转。一字两音，原不足怪。

宁的繁体　篆文　金文　三个甲骨文

　　安宁复词，拆开来说，家有饭碗则宁，室有女人则安，无非食色两个字（已非宁之本字），却是民生第一功。今人所说宁愿宁肯，义从安宁引出，非宁之本义。

　　宁愿本作寧願（简作愿）。願字从原，原（篆文）象山泉（之字）流出之形，有顺从之意，而从页表示首肯。至于愿这个字，《论语》早就有，是正体字（绝对）不该拿去做願的简化字。《说文解字》："愿，谨也。从心原声。"谨慎本来不错。乡愿却指没见识而胆小怕事随大流的庸人，孔子认为这些人是"德之贼也"。愿若做简化字，读者会误会《论语》记有

愿的篆文　金文

简化字。他们会不会把乡愿误写成乡愿呢？一瓣
　　恆（简作恒）字义为经常。在甲骨文都是弦月，工声。
那时尚未加竖心旁，这不是恆，应该是亙（简作亘）gèn。亙家义指
弦月，包括上弦月和下弦月，
历时近二十夜之久。圆月
历时不过三夜，何况还有阴天
，故不常见。常见的是弦月，　　恒的繁体　篆文　金文　甲骨文
所以亙字除弦月本义外，又衍出经常一义来。做一件事，经常
不辍，坚持不懈，人说是有恆心。亙加心旁，造出恆字。亙恆二字
读音都是工声转成。篆文把月错成舟了，牵合《说文解字》拿
心与船说事，勉强牵合，不能服人。很明白
　　恆字初作亙，支义属月相。民俗由此以为月中有恆娥。恆
既训常，遂名嫦娥。虽不实，但美丽。我不想杀风景，请谅解。
　　必字看似从心，和心脏或心情有关系，其实半点也不
搭界。必字义指汤瓢手柄。金属汤瓢非装木柄不可，很明白
否则烫手，不能捯舀沸汤。甲骨文
象汤瓢形，末端一撇指明手柄所在，
八声。蜀人称手柄为欛子，正是八声。
木旁一必应该是必字的异体。必八双
声，可以对转。

必的异体　篆文　金文　甲骨文

送礼和找饭碗
第三七五面

129·心思喻象之妙

流沙河
中国作家协会四川分会

愛(简作爱)字简化,人笑"有友无心"。足与男子同居者,今通称"女友"。瓦合瓦解,无情无义,不正是"有友无心"吗?简得好。不过还有更令人意外的字,这个繁体愛同爱情无关系。《说文解字》:愛为"行貌"也就是步行的样子。篆文上面音ài作声符用,下面是倒置的止(趾)之变形。虽变形,仍然代表脚。篆文上面音ài之字还要分解成两部分慢慢说。其上部分是既字的右边。看甲骨文乃知既字是坐对满器食物,掉开头打饱嗝,意思是吃过了。既字的右边就是后来的嗝字。嗝下加心,意为心中阻塞不畅,有事藏在心头,并不指爱情。《诗经·邶风·静女》:"静女其姝,俟我于城隅。爱而不见,搔首踟蹰。"爱义为藏,隐。男子来何找她。相悦,好,就是不用这个爱字。爱字本义是步履维艰,似有阻塞,不能畅行的样子,打嗝使人气不舒畅那样。

惠字含有爱义。不过这是仁爱之爱,并非男女之爱。惠字从心,上是惠字的古写。这就是说,古写惠字无心,心是后来加的。古写无心之惠象纺垂形。旧时

白鱼解字稿本
第三七六面

妇女居家，使用铁制纺垂，其形状为长轴贯圆饼，麻缠轴上，手搓旋转，纺麻成绳，供缂鞋用。甲骨文刻写方便，圆饼改成菱形，横置改成纵立，长轴不见了，只见散麻头，远撼。在卜辞中无惠，作句首虚词用，与唯相同，从未用过纺垂本义。篆文惠字义为仁爱，与纺垂的功用不相干，只用空作声符，这是后来的事了。

惠的篆文　故金文　古写　两个甲骨

卜辞常见唯字，作句首虚词用。句首为何需要放置虚词，我不理解。后接触山西农村一位老革命，他每次发言先发出 wei 来的声，使我恍然大悟，这就是卜辞和古书上的句首虚词之"唯"。卜辞有时候不用唯而用惠，亦取其 wéi 声而已。其后又有用惟顶替唯的。

惟的篆文　金文　　唯的篆文　金文　甲骨文

不过从字形看，惟字从心，唯省声，毕竟义属思想活动。《说文解字》分思想活动为多种：虑为谋思，愿为欲思，想为冀思，怀为念思，念为常思，惟为凡思一般的泛泛之思。《诗经》不用唯惟二字，则皆用维（简作维）。维义与系相同，是系住。一绳维系而已，生出唯一、唯有、唯心、唯物诸词。用绳也就是心头挂牵着思系，今曰思维。

心思喻象之妙

念为常思。常，不但是经常，而且是永远。常思永念之思绪教人无法摆脱。念，好比心被捕兽钳夹住了，永远摆不脱。念字心上一今。今就是捕兽钳，象形。请看A形钳夹左右撑开，夹内没有触机，上挂诱饵，一一可以指认。先民狩猎为生，取喻于捕兽钳，实不足怪。所谓今日，在他们看来，就是被钳擒的一日。昨日已逃走，明日还未来到，擒在手的唯有今日。永念难以排遣，所以念字从心从今，心似乎被钳住摆不脱了。喻象奇妙，令人陶醉。

古人造这个"安慰"的慰字，亦颇有趣。他们想象伤心就是心受伤了。伤得怎样？人心像一张小手绢，被暴力揉皱了，需要安慰。看篆文才明白，今通用的慰字是错体。正体上面从火，火被错成小了。慰的正体从心，上面应该是熨yùn，熨斗的熨。这个慰是俗字，写法不对。正确的写法，看正体便知。正体右上从寸，寸即手，拿。熨斗需用手。左上从尸从二，这是夷字古写。夷，平也。其下从火，火指燃烧木炭的铁熨斗。拿熨斗把一张揉皱了的心熨平，就是安慰。

白鱼解字稿本

第三七八面

130·悔忧悦惊惕

流沙河

悔恨复词，今已通用。单言之，悔为自恨。恨则兼指恨人，其义较广。男子悔恨而怒，女子悔恨而哭。甲骨文悔所以从女，从目在滴泪，从心在滴血，是象意字。看图识字也不容易，前贤把诊论误认作贝，未想到这是悔。易一个甲骨文，从女卉声，是形声字，又就被误认作每。篆文好认了，从心每声。

忧（简作忧）字和爱字为同类，亦行貌，仍是走路的样子。稍有不同者，爱为走路粘滞难看，忧为走路平和好看。事属步行，所以忧字也从倒置的止（趾）之变形。夊变形，仍然代表脚。历来都把忧字当作忧愁的忧，错成习惯，不可改。《说文解字》主张，忧字必须拿掉下面倒止，才训"愁也"。奈何此字不被接受，早已淘汰出局。要说宽，这真有点宽。

忧字上面从頁从心。頁（简作页）义为头（简作头）头部便是疼痛。心中愁，愁为心上秋，反映到，造字正如此。义与忧愁同相，还有患字。患字从心，贯省声。贯省掉横置贝，便是串字。贯串义同，古音亦同，象钱串形。钱串用铁钎贯串之形，细有孔铜钱，悬吊起来，便是一串钱。解析患字，串只是纯声符。若要从钱串上寻找忧愁之义，那是白费脑力。患，今常用于病患字。其实古籍忧字本身也有病义。还有恙字，从心羊声，《说文解字》其实训"忧也"。常常用于指称疾病。

喜悦的悦字，《说文解字》查不到。许慎认为悦是俗字，正字作兑yuè。兑非从八兄，八兄与喜悦扯不拢。

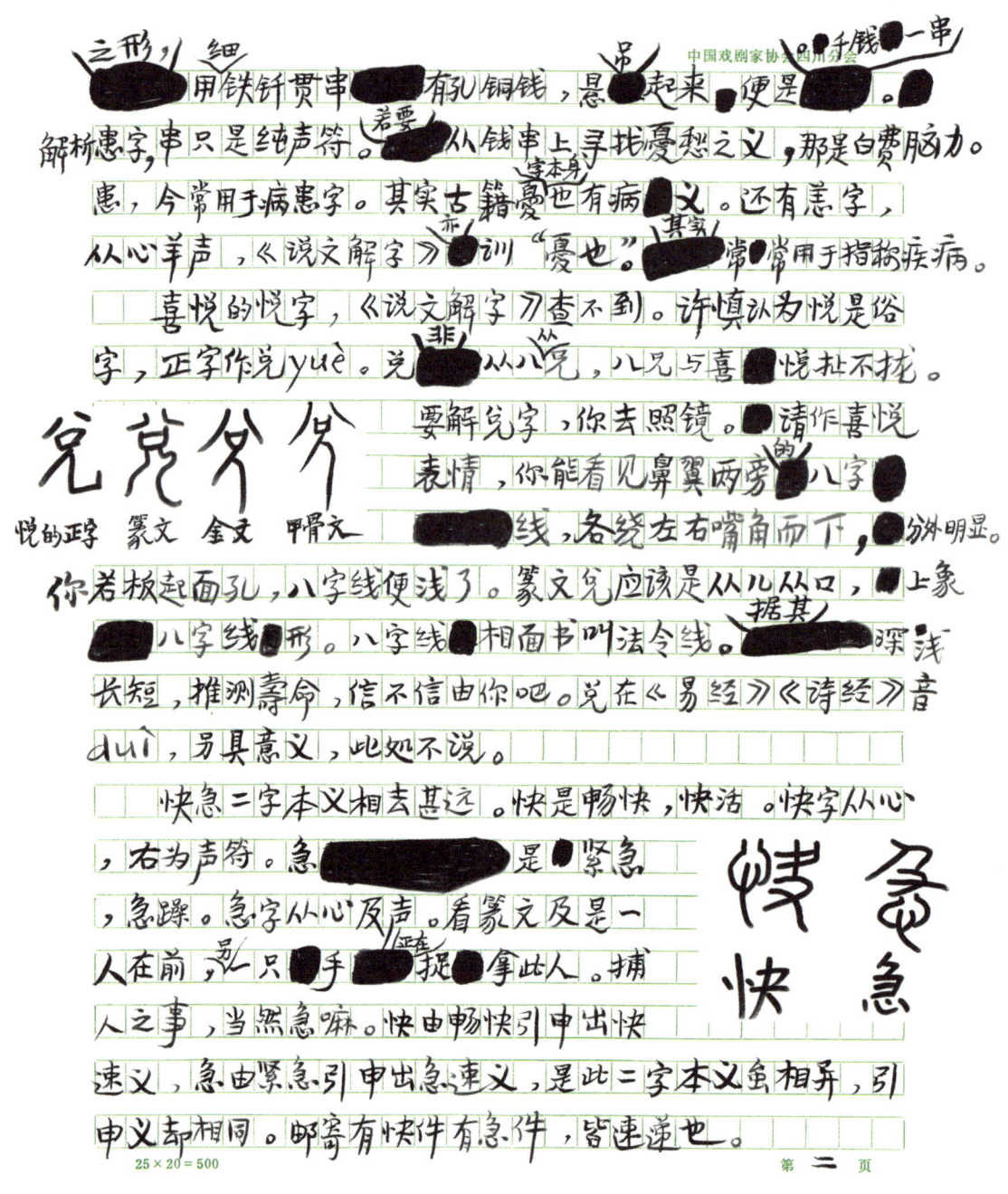

悦的正字 篆文 金文 甲骨文

要解兑字，你去照镜。请作喜悦表情，你能看见鼻翼两旁的八字线，各绕左右嘴角而下，分外明显。你若板起面孔，八字线便浅了。篆文兑应该是从儿从口，上象八字线之形。八字线相面书叫法令线。据其深浅长短，推测寿命，信不信由你吧。兑在《易经》《诗经》音duì，另具意义，此处不说。

快急二字本义相去甚远。快是畅快，快活。快字从心，右为声符。急是紧急，急躁。急字从心及声。看篆文及是一人在前，另只手（又）捉拿此人。捕人之事，当然急嘛。快由畅快引申出快速义，急由紧急引申出急速义，是此二字本义虽相异，引申义却相同。邮寄有快件有急件，皆速递也。

白鱼解字稿本

第三八〇面

古代官员在笏板上记事，用以备忘。甲骨文勿象笏板形，两撇表示书写其上。篆文变形，古义淹没，被误释为旗杆上的飘带。忽字由三笔勿而来，义为忘却。既有笏板在手，要上奏的事项就不必记在心了，可以把它暂的忘了。笏板下一个心，造成忽字，组成忽视、忽署一条条、轻忽、玩忽诸词。

惊字简体，从心京声。京是纯粹声符，惊之事与京城不相干。繁体作驚，从马（简作马），义为马受驚。驚字马上的敬是最初的警字。篆文敬象手拿棍防狗之意，就是所谓提高警惕。后来加人旁成儆字，仍是一人拿棍防狗，《说文解字》训为"戒也"。于是把腾昧此后的敬字派去训"肃也"，才有尊敬、恭敬、敬鬼神诸词。

惕字从心易声。在甲骨文，易字最初象一杯水倾倒入另一杯之意，义为改变，后省署为残杯盛水。到金文渐变形为蜥蜴。蜥蜴类有一种变色龙，能变致体色以退敌，所以命名为易，而加虫旁。人见蜴而警戒，是为警惕。后世遂说易字象蜥蜴形，也算与时俱进。

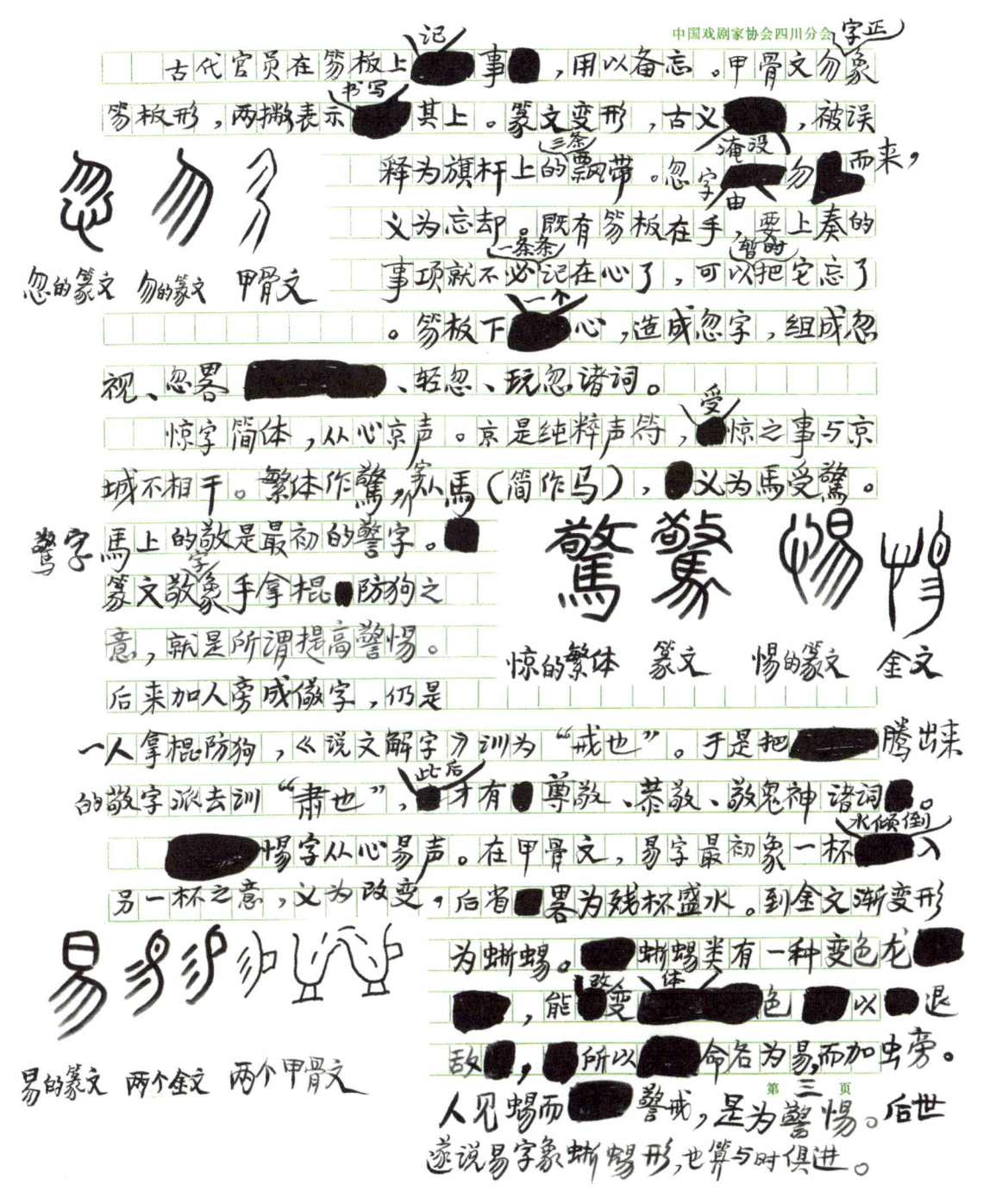

忽的篆文　勿的篆文　甲骨文

惊的繁体　篆文　惕的篆文　金文

易的篆文　两个金文　两个甲骨文

131·怡怠恶惶恭

怡怠二字同为从心台声，本是一字两写，义皆快乐。后乃各立门户：享有快乐为怡，耽于快乐为怠。怡则怡情，怠则怠懒。一好一坏，其义相反，读音亦异，遂成二字。台作声符，在怡音yí，在怠音tái。唉，这是莫可奈何的事，耐烦些吧。且说台字，台yí非臺之简化。台字古已有之。分解开来，从口从厶，厶亦声。韩非认厶为私有之私，不妥。厶音yí，象薏苡子实形。厶是苡的古写。厶加人就是以，以是苡仁（人）。

金文厶有从口从人的，表示苡仁可食。薏苡为禾本科植物，茎叶略似高粱，叶腋生花结子。子实椭圆，坚硬光泽。子仁白色，通称苡仁，用于粥类。薏苡俗呼药玉米，又叫回回米，入药用。以字义为苡仁。苡仁食用可药用大有用，所以以训用。苡仁藏稃壳内，所以以又训因。薏苡之薏，意即心也，谓苡仁藏稃壳内也。《逸周书·王会》有秤苡即稃苡，薏苡也。《诗经·周南·芣苢》为陕南农妇采薏苡之作。芣同稃，苢即苡。今陕南一带在周朝称周南，历来出产薏苡。可注意者，陕南以及

厶的篆文　三个金文　甲骨文

洪，远古时陇南一带为夏民族蕃息之地，治水的夏禹所出自也。夏民族种植薏苡，因而壮大，遂用薏苡做姓，写在书上便是姒姓。薏苡带来快乐，故造怡字如此。

恶（简作恶）字一看就留下坏印象。许慎认为坏就坏在上面的亞（简作亚）。亞古音与恶同。亞字象鸡胸驼背形，其义为醜（简作丑）。恶初义不涉人的道德品质，只是像貌体态醜陋罢了。《孟子》说恶人虽然样子醜陋，只要斋戒沐浴，做到身心俱洁，同样有资格参与拜上帝。许慎做《说文解字》，据《孟子》之说，释恶为形体醜。甲骨文出，真象大白，令人失笑。

恶的繁体　篆文

说亞先说行。金文和甲骨文行是十字交道，原本名词，今训走路。亞是堵死出路，就像街上戒严，禁止通行。亞古音既同恶，详其字形，音应与遏同，就是遏制。所谓鸡胸驼背，活天宽柱。恶字从心亞声，本只是厌恶wù。形体醜，品质岁，皆由厌恶而来。甲骨文无恶字。卜辞有亞，为品位较低的官职。孟子称亞圣，赛事有亞军，出乎此。

行的金文　甲骨文　亞的金文　甲骨文

怡怠恶惶恭

第三八三面

惶恐惶显然同皇帝没关系，正如蝗虫的蝗同皇帝没关系一样，皆取皇做声符而已。今人滥用农药，杀一切虫，早已忘却蝗灾。旧时中原蝗灾可怕，庄稼不但颗粒无收，并秸秆亦啮尽。《尔雅·释虫》蝗类名螽zhōng，分为五类。为害最烈者为飞蝗，飞则蔽天，落则遍野，田间一切，席卷而空。其来也，鼓翅奋飞大声喧哗，全村皆闻（十分恐怖）。先民以其飞声取名曰蝗，也是"其名自呼"。可以推想，惶恐一词来自蝗恐。蝗灾恐怖自成历史，惶恐一词却留下来。

正如怡怠二字同为从心台声，恭恐二字也是同为从心共声。《说文解字》恭训"肃也"，恐训"战栗也"。恭敬严肃与吓得战抖皆从惧怕来，这是古代威权统治下的实情。恭恐二字语源同出，后乃各立门户。人感惧怕，往往拱背（拱背）耸肩，战抖全身。可见二字皆取共做声符，很可能与拱背有关系。《尔雅·释虫》有蛬，就是蟋蟀。蟋蟀鸣时，背翅拱起，抖动摩擦发声。先民睹此鸣虫，推己及物，认为它好像是听得战抖，所以名之曰蛬。后借蛩代替之。

132·从肩到尾

流沙河

人有左右两肩。细看篆文，肩从肉，其上象右肩形。后减一笔，错成从户。肩头与门户扯不拢，从户字不通。膀páng非臂膀bǎng，注意读音。膀在《说文解字》乃指两胁而言。猪两胁肉，蜀人叫包肋肉，肥美可口。胁肉用手，川菜有烧膀，有烧白。据《广雅》，白应作胉字，亦同膀，胁肉也。

肩的两个篆文　膀　胸　胃

膀字从肉旁声。胸在篆文尚无肉旁，匈即今胸字。从包凶声乃，专指胸腔而言。胸腔包住心脏肺脏，所以叫胸膛，或叫藏和胸房。胃字从肉，其上象胃囊形。囊内饭渣菜滓，正在消化，不必问了。篆文肉象猪腿形。造字者以猪腿代指人之肉体，得已也。

篆文腹从肉复声，简单的形声字，很容易认。追溯到甲骨文就麻烦了。甲骨文人从人，而大其肚皮，已暗示其为腹字。犹嫌不明瞭，又在左旁加畐做声符。畐fú是扑满（畐扑古音同），俗呼攒钱罐，象形。难怪富福二字从畐，既取其义，又得其声。畐下又加倒止（趾），便是画蛇添脚，不必要了。另一个甲骨文只从人，不大肚，亦畐声。到篆文用蒸笼置换了攒

腹的篆文　两个甲骨文

从肩到尾

第三八五面

钱罐,意思跟着变了。蒸笼重叠,複(简作复)取得重複义。其下倒止,復(也简作复)取得回復义。畐则不取义于蒸笼和倒止,仅取复做声符而已。《说文解字》不认为畐是攒钱罐的象形字。释畐字云:"畐,满也。从高省,象高厚之形。"意思是上部为高字省略,下部似田者象厚。畐训满,所以攒钱罐名扑满者,盖取畐满也。

脐(简作脐)俗呼肚脐眼。从肉齊声。齊(简作齐)在卜辞为地名,在周代为国名,与人脐不相干。篆文齊象薺(简作荠)形。野生薺可采食,故名荠菜。花白,细小。果荚亦小,倒三角形,扁平。果荚形状在甲骨文、金文、篆文都能一眼认出。不过这仍然与肚脐眼不相干。《说文解字》段注:"尼居中曰脐。"意谓脐等分身高。鄙人身高一米七,而脐高一米,可见不等分,其说不可据。比篆文古老,金文脐尚未从齊,为用次做声符。这与"居中"更无涉了。

腰要为古今字,要字是腰字的古写。其篆文和古文所示者皆女腰。俗话说:"男子头,女子腰。"尊严不可谓具胃犯，所以造字如此。两个篆文都强调腰之细。古文明白从女，可知确指女腰。女子站在对面，双手叉腰，尊严自见。腰部柔弱，易受攻击，生出要紧、要害、重要、机要诸词。后确造腰字，腾出要字代理欲字。于是文說"吾欲""汝欲"白话说成"我要""你要"，要之本义被人遗忘。

腰的古写　两个篆文　古文

　　《说文解字》分得细致，两个篆文同样音，而义有指整体与指局部之分。从肉的为脊字，指脊部。无肉的则仅指脊椎骨。推想起来，读音既同，形亦不异，应是一字，而从肉的晚造篆文。重线象脊椎形。上端折线，颈椎。左右两边象肋骨所在形。横线表示腰部。其下则尾椎也。

脊的两个篆文

　　人类无尾，而有尾字从尸，这就怪了。尸是活人坐着，代表已故先人，接受子孙祭拜。尸也是人，怎能有尾？许慎说古人衣裳有尾饰，或许造字如此。其实不必曲为其说。吾人不妨自己摸尾椎，乃知尾迹尚在，尾骨突出尻上。何况人类偶有返祖遗传而生尾者，哪怕极其罕见，仅占人口百万分之一，亦能轰动俗人耳目，广为传播，终入苍颉法眼而成尾字，何足怪哉。

尾的篆文　甲骨文

从肩到尾

133. 从胯到胯间

流沙河

俗呼大腿，古称股。两股之间为胯。胯字从肉夸声。推测肉旁是后加的，夸字已具备两股之间的意思。夸从大。大象人横使两臂说："这么大！"人两股之间是个于字，做声符用。于古音hua转kua。于即竽，管乐器。金文胯的竽置乐器盒内。夸本指人体两股之间的部位，今则借去作谤的简化字。夸部向上去是奎部，指人体左右髋骨之间的部位。奎字从大圭声。夸字后来加足旁，便是向前跨出去了。

胯的两个篆文　　金文　　甲骨文

俗呼沟子，古称尻kāo，今曰臀tún。沟乃尻之音转，沟子应作尻子。《说文解字》臀训"髀也"。髀股俗作屁股，不通。髀肉复生，刘备感叹久不骑马。常骑马者臀瘦。臀肥而英雄悲，可知髀肉就是臀肉，髀即臀也。篆文臀，笔划繁的从骨殿声，笔划简的先造。的人从尸象人坐形，尸下一横表示腰，两曲线象臀肉之两堆，再其下为坐几。坐几所承载者正是臀也。甲骨文则质朴可笑，乃画臀之侧视。同样可笑还有屎字，甲骨文作尸下四点，象人坐着排便

臀的两个篆文　　甲骨文

屎的古写 甲骨文

之形。《说文解字》无屎，但有屎的古写，训为"粪也"。卜辞记载武丁"屎西单田"谓结禾稼这成，将屎粪肥。是国王亲自实验到西坛田去施肥。古代国王表演农事，实属中似劝农活动而已，历代如此。屎的古写，经籍未露面，早作废了。

《说文解字》释示字云很庄严："天垂象，见吉凶，所以示人也。"篆文示，是上字说从二，二古写的。下三垂线，说是日月星。示字义为天象昭示人类，有吉有凶，必须留意。今释示是为男根之象形，未免太具颠覆性了所以，阻力甚大。一，认为是祭天柱之形，左右两撇是柱上的彩幡。二，认为示与宗同，为供奉的神主。三，认为是石柱的象形，代表神祇。以上三说都有根据，不可妄驳。不过若问一句："祭天柱、神主牌、石柱神出现之前，示又应该是啥呢？"远古人类群居，形成各个部落。一个部落兴衰存亡，取决于成员多增减可知。宗教形成前，先民已有生殖崇拜了。世界各地皆有象男根之石柱存遗至今(成都有天牙石)，是其证也。所以追究到底，示应该为男根之象形。只是后来文明臻进，男根改造为祭天柱，为神主牌，为石

示的篆文　五个甲骨文

从胯到胯间
第三八九面

柱神,为华表,为佛塔,亦与时俱进也。示字本义史前时代已经隐没,古代典籍所见示字竟无一例释为男根,也就不足怪了。与示同音的势字,本义为态势,借去顶替示字,指雄性生殖器。骟牛马曰去势,还算留下一点痕迹,暗示示曾经指男根。古代乡村,男性随地小便,也不避人,遂有"出示""显示"这些说法。让人看曰示,看他人曰视,就这样来的。

（上方批注：为石敢当,为诽谤木）

《玉篇》有了字,其义为悬挂,音liǎo。悬挂就是吊,所以了又音diào。看篆文象男根形。这字《水浒》有骂人的鸟diào,其实应该是了字而音diào才对。俗造屌字,因其下垂悬挂,所以从尸从吊音diào,拿来代替《水浒》的鸟屌。读书人嫌不雅,避免和用这个字。了字本义今亦隐没不彰了。

（左侧批注：了的篆文）

祖宗的祖最和作且,音zǔ。试看组、阻、诅、俎、租、助诸字,皆用且作声符,便明白且字古音zǔ。前人多主张,宜字象神主牌或坟碑。不过甲骨文且字分明保留着男根形,一瞥而知,终难否认。且zǔ音转椎zhuī,便是客家话的椎子,又转槌chuí,便是四川话的槌子,皆指男根而言。

（右下：祖 租 且 且 且 且　　祖的篆文　三个金文　两个甲骨文）

后来文明臻进,家族制度成熟,且字才加示旁作祖,变成祖宗的祖。

134·膝与屈膝

流沙河

古人说的"席地而坐",今人看了说:"明明是跪嘛。"看甲骨文,一人跪在地上,置手于膝,表示这是膝字。到了篆文,结构未变,但是俯首屈身过甚,怕不好认。不得已,在左旁加一个漆树的漆字之古写做声符。这个是正体字。今变成俗体的膝字了。当初造这字,想用膝头代表人体四肢的关節(简作节),所以膝節二字读音相近。简体的节拿掉草头,就与甲骨文膝结构相同,可知膝節同源,曾经为一个字。節指竹关節,与膝关節有相似之处。难怪《诗经·齐风·东方之日》借即为膝,云:"彼姝者子,在我室兮。在我室兮,履我即兮。"所谓"履即"为指男女相对跪坐,用膝触摇对方的膝头。此例可证膝節二字音近。

试看卷邑二字,也能悟到膝節二字曾为一字为啥。卷juǎn字动词,义为状裹成筒。篆文卷从膝,膝关節能蜷屈也。又看邑字,义为城镇。金文和甲骨文用圆圈代表城镇。邑字下面不是巴,而是膝,只因为邑在交通线上好比膝在腿上,都具有关節的性质。篆文邑圆圈变成口,便讲不通了。

膝的正体　两个篆文　甲骨文

卷的篆文　邑的篆文　金文　甲骨文

说到肥字，也要提醒，右边不是巴，而是膝。看篆文便知是人跪坐，置手于膝，肥字从膝。膝在这里代表腿部。膝之上为大腿，膝之下为小腿。肥厚多肉，所以造字如此。肥字从膝，等于从腿。从膝等于从腿，又举一例，就是仰字。仰字人旁是后加的，古写尚无人旁。看其篆文，从匕（妣）指妇人，从膝指腿部。妇人平躺，两腿抬起，就是古写尚无人旁的仰。加人旁使字义一般化，便与男女房事不相干了。仰望，仰慕，瞻仰，景仰，今人常用不过，谁会想到那上头去。

我在前面说过，膝甲骨文那人的姿势，古人说那叫"坐"。古人坐姿有二：尾椎搁后跟叫安坐；尾椎离开脚后跟叫危坐。篆文危为人立山岸边上，象危险意。其下为啥从膝？想惧高危，吓得腿膝战抖，所以造字如此。与安坐比起来，危坐就是"不安"，这是用危字的引申义。古代大官小官同样"席地而坐"。见大官来，表示尊敬，小官纷纷由安坐而危坐。南北朝后，单独自兴坐椅子。你若席地危坐，就矮了一大截，等于自辱。不过《说文解字》已有危加足旁的跪字。从此危坐叫跪，并以下跪为卑贱。

肥的篆文

卬的古写　篆文

危的篆文

从膝等于从腿，一例是还有脚（简作脚）。脚字义指胫部。膝头以下，踝骨以上，这一段谓之胫，俗呼小腿。脚字肉旁是后加的，古写只作卻（简作却）。卻字从膝等于从腿。因为属于腿，所以要从腿。左旁的谷jué为声符，不参与字义。谷与噱jué为古今字。噱字义为大笑。人大笑时，不但嘴角两边纹路深现，脸上多条纹路都展现了。篆文谷字正象面纹大现之形。

脚卻 卻
脚的繁体 古写 篆文

膝字若作动词，其义便是屈膝，出现于抑字与印字的结构里。篆文抑印二字结构相同，不过一正写一反写而已。恐怕最初本是一字，今之摁字是也。看篆文抑与印都是用爪（手）摁头，使之屈膝。距今四十年前搞文化大革命，这类场景到处都能目睹。那时

抑的篆文　印的篆文　两个金文　甲骨文

被揪斗的各类分子都尝过这苦头，看了这两个字应该"倍感亲切"。抑字训摁，好懂。印字也训摁吗？我说可能。印最初是动词，即今之摁，转成到汉代兴用印章，才手是一字名词的。分化为两个字，一作抑，一作印。抑印双声，可以对转，暗示同一语源。

膝与屈膝
第三九三面

135. 从足三组连绵词

流沙河

足zú疋xū今为二字，形音义三者彼此都不同，最初本来是一字，皆指人的足部。足部包括大腿小腿以及脚跟脚趾在内，所以甲骨文足从止（趾），象腿形。那时止和腿连在一起才叫足。篆文求简，用圆圈表示圆柱状的腿。今则字义收缩，足等于脚。其实脚在古代乃指小腿（胫部），现今字义改变为指脚板，等于止（趾）。脚板到此而完，所以说终止。人体到足而尽，所以说满足。

蹉字从足从差，差亦声，义为跌跤。差就是错。脚踩错了跌一跤。蹉跎组成叠韵连绵词，却另有其含义。时光耽误了，谓之岁月蹉跎。蹉跎音转糟蹋，含义相近，为浪费，为损失。凡连绵词不能拆开来讲，其义当以音韵求之。跳踉组成复词同义。踉义同跳。跳踉就是跳来跳去。《庄子·逍遥游》说狸狌"东西跳梁，不避高下"，"跳梁"即是跳踉，并非在梁上跳。梁是同音假借字。

蹉跎 跳踉
cuō tuó tiáo liáng

蹇字义为跛足，俗呼跛子。《说文解字》此字从足，寒省声。看篆文从寒省。窃以为应该是从塞省，似有阻塞而颠跛，不能畅行。正如謇字从塞省，似有阻塞而口吃，不能畅言。篆文蹇也该是蹇都可能写错了。

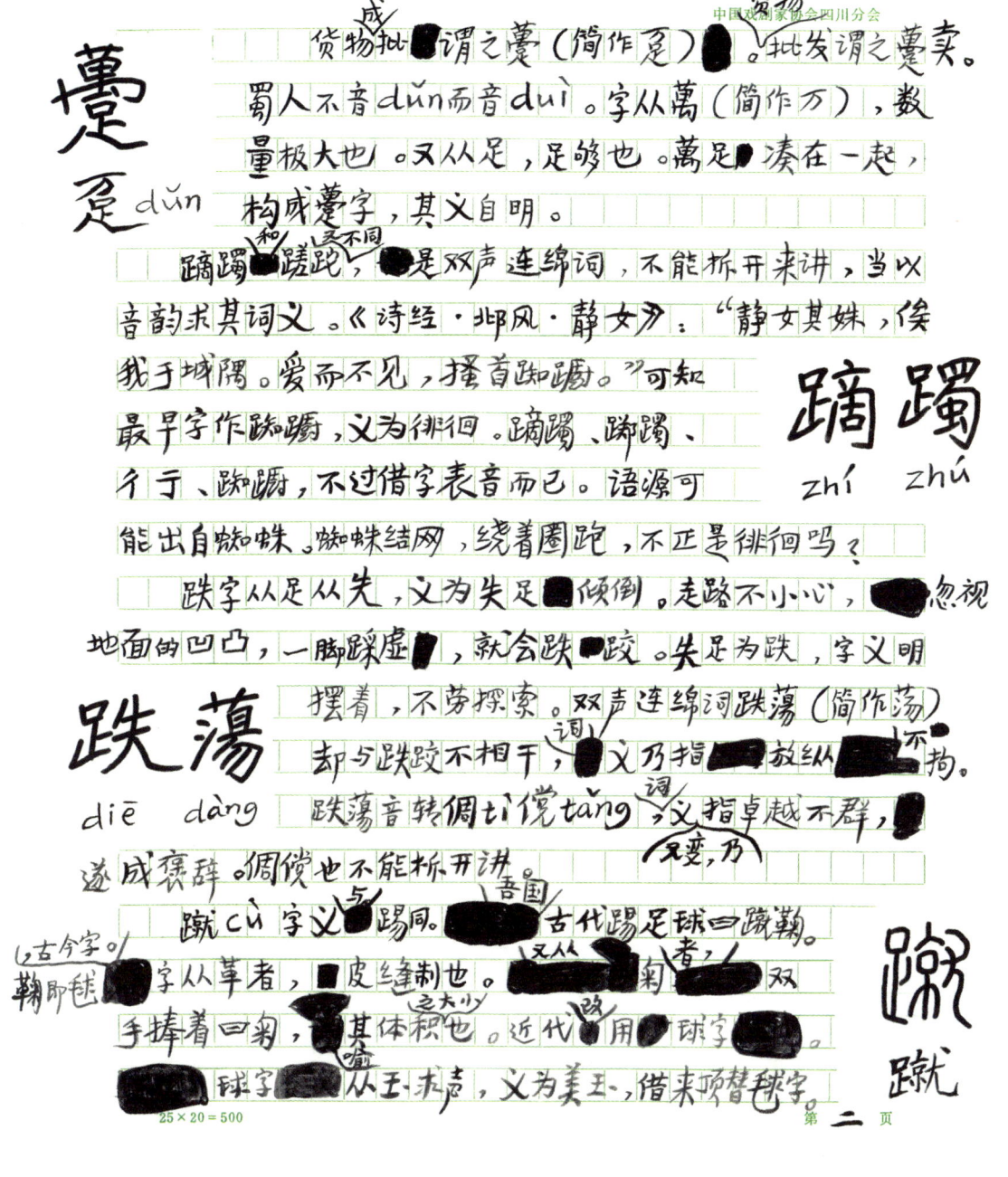

从足三组连绵词

第三九五面

跋字从足，可知与行走有关系。右边是犬，尾巴上一撇，表示此处被外力拖住了，行动不便，艰难爬行。《诗经·豳风·狼跋》用"狼跋其胡，载疐其尾"形容老狼行动艰难，跋字义为踩踏。老狼前行踩着了颈下的赘肉，后退踏住了自己的尾巴。今人说的"处境狼狈"，应作狼跋才对。跋狈古音今沛同，所以错成狈。后世题词在书卷前曰序，在书卷后曰跋，此跋却与踩踏之义无关，或许是表示拖在尾巴上罢了。《新唐书·褚无量传》："贞观御书皆宰相署尾，臣位卑不足以辱，请与宰相联名跋尾。"意即签名于后，如今所谓联署是也。序跋之跋又或许是由跋尾来的吧。

撑（简作撑）字义为支撑。古写从足，尚省声，古写从足而义为支撑，是说足部支撑着我们的身体。如前所述，足部曾经包括大腿小腿以及脚跟脚趾，由上而下连在一起成圆柱状，这样才能起到支撑作用。这个古写字《说文解字》到足部不收，而入止部，恐怕不对。古写被取代，单独造出撑字，右下从牙。齿是共名，凹齿改名牙。进食之际，须赖上下凹齿支撑，以便嚼碎磨细，所以撑字从牙。又考虑到撑船撑篙都用手，所以改从牙为从手，然后再加提手旁，以免与掌字混同，简体字撑就这样面世了。

136·一直走下去

流沙河
四川文艺

走字上面明明是土，篆文却是夭。如果不看篆文，你就认不得这个走。走字从止（趾），趾义为脚。行走要用脚，这好懂。为啥从夭。《说文解字》夭训"屈也"。看其字形，象头部向前倾，屈其颈也。古所谓走，乃今之跑。人跑步时，头部须向前倾，这样跑得更快。走字从夭也好懂了。奔字同样从夭，奔也是跑。其下为卉，声符。

走　奔

趣字从走取声。趣字义为加快脚步。途中加快脚步，总是有所打算。于是趣字有了志趣、意趣、旨趣、意向诸引申义。再引申更有了趣味、有趣、谐趣诸义，距离加快脚步本义已很远了。趋（简作趋）字同趣一样也是形声字，义亦相近，《说文解字》训"走也"也就是跑。跑

趣　趋

步总有方向，生出趋势一词。趋与去音相近，但是字义取向各异。趋往彼地同时，也就离开此地。离开此地正是去字初义。甲骨文去，象人离去洞口。离去可快可慢，不一定奔跑，所以从大不从夭。篆文变洞口为饭筥，筥做声符。华北农村，给田地里送饭，盛在筥中送去。离开此地同时，也就走向彼地，所以又有去到外地的意思。

去的篆文　甲骨文

(去字)

作为偏旁，用于迎、返、速、逃、追、退诸字，俗呼走之，这是啥字？一番考证，这还真是一个字，在《春秋公羊传》里用过，就是今之躇chú，字义为走路。前举迎、返、速、逃、追、退诸字，个个都与走路有关，所以用作偏旁。这个字甲骨文早就有了，从行从止（趾），义为走在行中亦即■十字路上。金文十字路剩一半，从行从止。篆文彳变三撇。隶变■所谓"走之"，更认不出来了。

辵 辵 走 彳 彳
chú
躇 篆文 金文 两个甲骨文

達（简作达）字训通，今一通達。注意走之内不是幸，比幸字多一横。此字篆文从大从羊，音dá，做達字的声符。甲骨文達今写出来便是简体字达，可谓今古暗合。連（简作连）字本义指人力车（简作车）。其制为乘客坐车厢内，前面绳系人拉。字从走之，人在前面拉着走路，从车，客在车中坐着。人车之■间■绳■牵系，乃有连续、连结、连坐诸词。藕花与水下藕连在一起，故名莲花。連字本义隐没，遂造辇■字顶替，仍旧■指人力车。你看，两个车夫正在拉呢。

達 辭 徉 連 車
达的繁体 篆文 瞥文 连的繁体 篆文

在
水上

遣字义为遣送。试与金文比较，便知篆文遣字右边全写错了，以致解说不清。看甲骨文，一手持苡仁送给另一手。其下一口，表示可食。苡的异体作苢，从草，象薏苡形。苡仁滋补入药，可作礼品赠送亲友。加走之旁便俱遣送义了。

追字难道是追薏苡仁么？当然不是。苡苢今音yǐ而古音sì，难怪以声的似和奴呂声的耜都音sì。師（简作师）字左旁薏苡字做声符。甲骨文和金文看来是薏苡形，其实是師之省。从止（趾）从師省，甲骨文和金文追字义为打仗"追奔逐北"。变成篆文又写错了，害得专家误解。

旧说進（简作进）字隹声。隹zhuī指短尾鸟类。zhuī声与進声距离太远了。進字从隹，或许是取鸟类不能退飞之意。《春秋》载"六鹢退飞过宋都"，那是妖异反常。不能退飞，只能進飞，所以進字从隹。退字篆文曰下倒止（趾），太阳有脚，表示"日躔"。太阳在黄道十二宫缓缓移动，自西向东，每月一宫，一年走完十二宫，回到起点。常人看太阳每天自东向西跑。古代读书人懂每天都"日躔"，知道太阳是在自西向东逆行，故造退字如此。

137. 行走在路上

流沙河
四川文艺

正字义为"正行",也就是正步走。正确、正派、正统诸词都从士兵操正步来。甲骨文正从止城声。那个方块是城的象形字。征字义为出师（简作师），多属征战活动。甲骨文征左旁所以是師之省。征字是按照金文写的。若按照篆文写，就不能双人旁，而该是走之旁。

征的篆文　金文　甲骨文　甲骨正

徙字义为迁徙。注意甲骨文是两只左脚（步是左脚在前右脚在后），表示不止一人数。搬家成员走在一路右边，人不少。隶变成徙，仍是两只左脚，忠实于甲骨文。其实篆文细看并未走样，不过移动一只左脚到左旁去罢了。

徙的篆文　甲骨

往字《说文解字》训"之也"。篆文往拆开看，左旁彳，右上之，右下土。之是动词由，象草木滋生意。引申其义为去。由此地去往彼地，曰往。往字右边之成主了错，遂不可解。金文和甲骨文简单许多，从土从止（趾）便是往字。篆文右上的之，在金文里仍旧是止。往彼地去与草木滋生的字拉不上关系，可见篆文往所从之字，实为止之讹变而已。

往的篆文　金文　两个甲骨文

御字本义为迎。甲骨文御从膝，表示膝跪迎接，左旁午做声符。午御古音同，正如吾予皆我，古音同也。顺便说明，午字象有丁字柄的杵锤形，夯地用之。迎宾何用杵锤，必定是做声符若。御字金文加彳加止，表示走去迎接。迎的是鬼神，便加示在其下，字作禦。本是不同的两个字，今则强拉御字做禦字的简体。禦是迎神活动，客有疑问："禦敌也叫迎吗？"答："迎击也叫迎嘛。"又问："御用怎讲？"又答："认真说应该用控马的驭字。御是同音假借用字，也可以。"

御的篆文　两个金文　甲骨文

律起源于市场管理。首先是度量衡要划一。《尚书》说："同律度量衡"亦即尺的长短、斗的大小、秤的斤两必须划一。划一就要制定标准，这便是律。篆文右边握笔表示划一，左旁行省表示执行。

律的篆文　甲骨文

建律二字篆文相似。有以异者，建下自左向右拖一曲线，律篆文没有。对照金文，方知这条曲线乃止字省笔，并无奥秘。建字最初应该是立界桩，立旗杆。到我们能看见的金文建字成形，已经是握笔表示规划，从彳从止表示脚步丈量地面，其义不言而喻是建筑房屋了。

建的篆文　金文

行走在路上
第四〇一面

《说文解字》认为廷建篆文都是左旁从廴，而在其下自左向右拖一曲线。其实并非如此。看金文廷尤其明显，左旁象小船形，是舟之省，右旁人立土上，是停字的古写，声符。

廷的篆文　三个金文

原来这是艇字。被借去做朝廷的廷，左旁自从改装之后，小船就不见了。朝会之处曰廷，谓群臣在这里停留着。

《说文解字》释微为"隐行也"。隐行就是潜逃。篆文从彳表示走小路，从人头上有为遮蔽表示隐姓埋名，潜伏下来，免遭后面追击。金文和甲骨文易被误认象发长形。奈何发长受打击于理不通，所以我以隐蔽释之。

微的篆文　两个金文　甲骨文

囗和韦本一字，繁体作圍和韋。篆文二止绕城行走，已具围城之义。金文四止，其义尤显。后来考虑到韋作皮韋用，才加框成圍字，保持原义。卫繁体作衛，指宫内的守卫。甲骨文从防省，谓防卫也。或茲从防省而从人，则谓保卫主人也。从行谓巡逻也。

圍　韋　韋　韋　韋
囗　韦　篆文　金文　甲骨文

衞　衛　衛
卫　篆文　金文　两个甲骨文

138. 男女好昵孕

流沙河
四川文艺

远古之世，人指男人。女就叫女，女不叫人。后世才有"女人"这种说法。看甲骨文，人字正是男子做爱最一般（，表示动作）的姿势。男字从力从田。力无形，不可象，画胳膊连手掌以象力量之意。

人的篆文　甲骨　男的篆文　甲骨文

女字象黄河流域妇女坐炕上做手工之形。笔划看似复杂，实则仅有三划。母字结构同女，但多两点表示乳房。

女的篆文　金文　甲骨　母的篆文　妣的篆文　甲骨文

奶小孩是当妈的头等大事。造字者区别母女，只须两点便够了，先民不愚。妣指亡母，从女比声。甲骨文匕本象饭匙之形，因字形近似甲骨文人字，便借来指妣母以及一般女性，而与专指男性的人字相映成趣。甲骨文匕，从左看是上柄下瓢，柄端挂钩，饭匙也；从右看是俯身屈膝，手臂下垂，女人也。

子固然象孩子襁褓形，但也借指男子。左女右子为好，音hǎo，义指情爱。《诗经》的"惠而好我，携手同行"和"中心好之，何日忘之"皆咏爱情。至今还有"相好"一说。尼字从尸从匕。尸象高踞形。实则上男下女，暗

（情爱美事，引出美好之义　堪称）

好　尼
好　尼

（匕象女倚卧形）

指做爱。尼即昵，柔昵也。今派昵做暱的简体。做爱须隐匿，暱从匿得义而直得声。

妇（简作妇）在卜辞指商王的配偶。商王武丁有配偶名妇好，统兵打仗，雌声显赫。甲骨文妇字常常不用女旁，使人愕然。原来帚就是妇，遍字音fú。

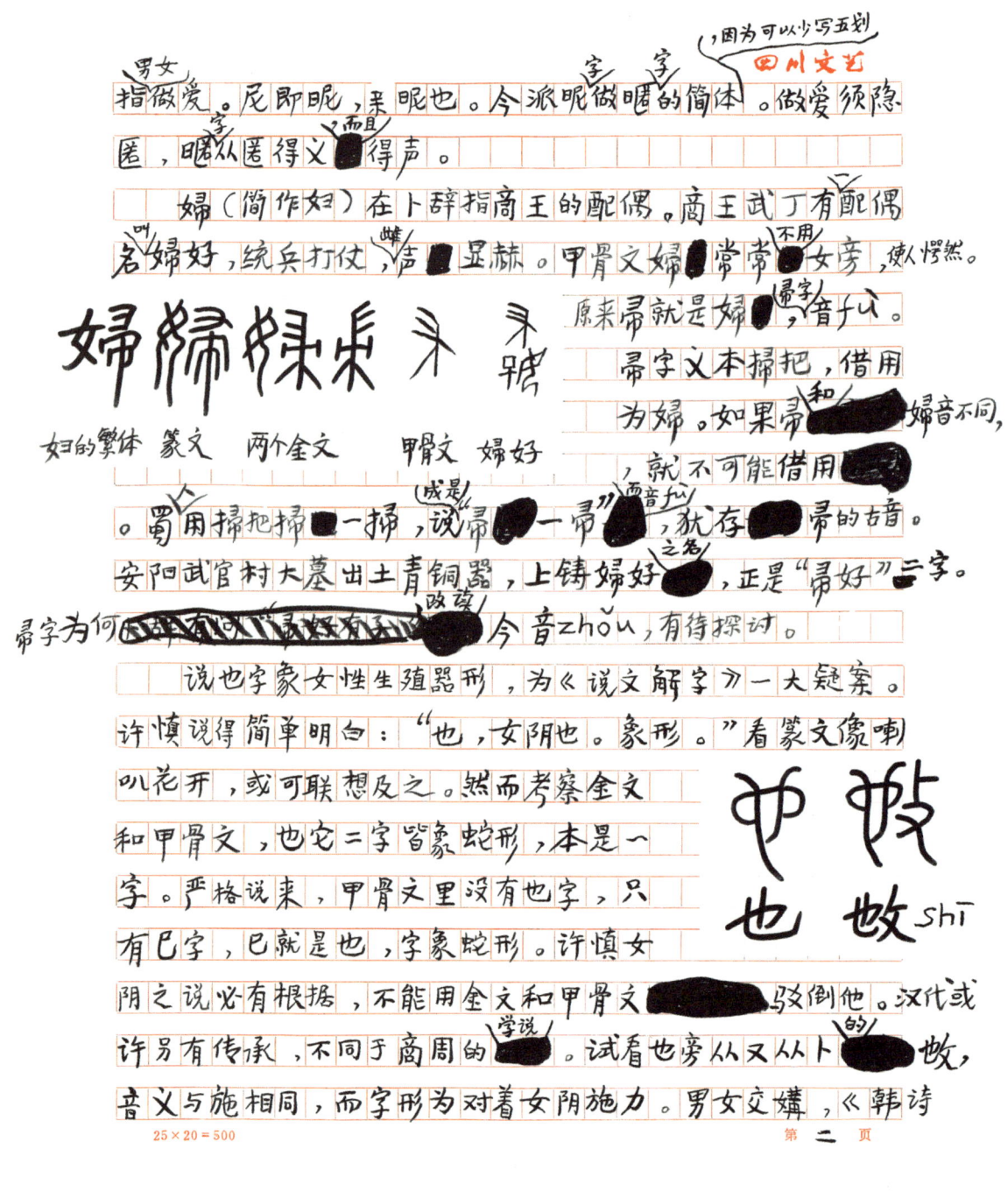

妇的繁体　篆文　两个金文　甲骨文 妇好

帚字文本扫把，借用为妇。如果帚和妇音不同，就不可能借用。蜀用扫把扫或是一扫，说帚一帚，酒音fú，犹存帚的古音。安阳武官村大墓出土青铜器，上铸妇好之名，正是"帚好"二字。帚字为何改读今音zhǒu，有待探讨。

说也字象女性生殖器形，为《说文解字》一大疑案。许慎说得简单明白："也，女阴也。象形。"看篆文像喇叭花开，或可联想及之。然而考察金文和甲骨文，也它二字皆象蛇形，本是一字。严格说来，甲骨文里没有也字，只有巳字，巳就是也，字象蛇形。许慎女阴之说必有根据，不能用金文和甲骨文驳倒他。汉代或许另有传承，不同于商周的学说。试看也旁从又从卜的攺，音义与施相同，而字形为对着女阴施力。男女交媾，《韩诗

外传 乃 说是"施化"。分开来说，施是男施，化是女化。男用力施，字本作妣。从妣字看，作偏旁的也字可能是象女阴之形。还有洗手用的古代青铜器匜，用也命名而形制似女阴，亦可旁证。然后说化，看金文和甲骨文正是成语"颠鸾倒凤"之形。《诗经·邶风·谷风》的"昔育恐育鞠，及尔颠覆"，颠覆亦指男女交媾。化，道教说是化去成仙，儒家说是教化成人，都是用化字的引申义，而交媾本义已隐去。交媾的结果是女子怀孕，一系列因化而出现的生之变，就叫变化。化字由此获得新义，与男施女化无涉矣。

化的篆文　金文　甲骨文

　　篆文身象人身（侧视形），佝脊凸腹，状甚可笑。腹上一横，束带。凸腹胖子腰带下滑到腹部，古今皆然。最可怪者有尾上翘。我想这些或出自造字者的谐谑吧。孕字从乃（奶）或与乳房发育有关。若看甲骨文，身孕二字同形，孕字多一小子在腹。包字今作包裹包含字用，其实包字本义乃是胎儿的胞衣。篆文包正象胎儿在胞衣内之形。原来包是最初的胞字。自人加肉旁造出胞字后，包字就失业了，被借去用于包裹包含。读者见到包字，也忘记了包内的巳象胎儿形。

身的篆文　甲骨文　孕的篆文　甲骨文　包的篆文

男女好昵孕
第四〇五面

139·毓育幺幼乳

流沙河
四川文艺

前面说了，女加两点成母。现在又说，母加小草成每。每字义指草茂盛貌。不过古代可以借作母用，这里不妨认每作母。毓yù篆文象母产子。子头先出产道，所以倒写。头上三毛也可视为从川，川顺流表示顺产。甲骨文简陋，从女，女产倒子，或有两点羊水。育是毓之异体。篆文育从肉从倒子，字义仍是产子。所谓养育，先育后养，该说育养。甲骨文育，小子似从井中喷出。其实不是，井是从也省。前说也象女阴画形，甲骨文仅画其可见部分，到篆文才完整。与甲骨文比较，便知篆文育所从肉原本是女阴，嫌其不雅该，被规范成肉了。

远古之世，部落通过产道繁殖人口，多育努力生猎手和战士，才得强盛起来所以。分娩孩子为头号大事，动词竟有三个，除毓育外，第三个是后字。注意此非繁体後字简化，后比後早出几千年。篆文后从此彼人横置，表示逐个是女人。从口为啥，看了甲骨文才明白，此非嘴巴，乃是小子头部先出产道。甲骨文简陋，男人当人成母。可知造后字时章法尚未严密，后字比毓和育更古老。后字出现于典籍上已失产子本义，转义指"继体君"，见于《说文解字》。继体君，储君也，今曰接班人。接班候补，在君王身边侍候着，所以义又转指王后，从接班人变成了君王的正妻。今又被分身兼任後字的简体。

《说文解字》释幺："小也。象子初生之形。"释幼："少也。从幺力。"小子刚生下，手脚未展开，幺象此形。幼儿虽有，肢体已力，所以幼从幺力。今呼幼小者为幺，幺弟、幺妹、幺儿。季字从禾，禾指小米，颗粒最小。最小的弟弟称季。三兄弟，孟仲季。季在末尾，春末称季春，秋末称季秋。后来颠倒用，乃有春夏秋冬四季之说。

幺的篆文　幼的篆文　子的篆文　三个甲骨　季的篆文　甲骨文

子既育，要喂奶，雅言曰哺乳。《说文解字》认为乳字从乙，乙是玄鸟，从爪，爪是鸟爪。于是下定义人类和鸟类产子都叫乳。许慎未见过甲骨文，故有此误。甲骨文乳绝对与鸟无涉，原来是女人搂抱子喂奶。篆文求简，女人变乙，女手变爪，遂失本义。金文乳同样是喂奶，只是省掉女人搂抱

乳的篆文　甲骨　孔的篆文　金文

毓育幺幼乳

第四〇七面

而已。孔乳二字并非完全同义，孔是孩少，跑来嗪奶。蜀人呼作笑小孩"猴奶奶吃"。猴孔二字古音相近。想想吼字用孔做声符吧。四川文艺

毋字被许慎说得很严重："毋，止之词也。从女一。女有奸之者，一禁止之，令勿奸也。"一禁暴？毋与无与勿皆表wú声以示否定罢了，从字形是找不出否定义的。卜辞有用毋字表达"莫需"和"不得"的。后人终嫌不妥，在金文里就将毋字两点连成一杠，使之有所区别。篆文继承下来，亦无专门为禁止强奸而造字的意思。 难道是声根能够

毋的篆文 金文

奸字从干从女。干，犯也。奸字义指男干犯女，一看字形便懂。可知奸字义明明白白，只能用于性侵犯。姦jiān字《说文解字》训"私也"。盖以为女人们聚在一起必有钩心斗角之事，自私便是姦邪之根。此处不必争论造字者的观念是否正确，还是就字说字。照此说来，奸臣、汉奸、奸猾、权奸都应该用姦字才对。显然，奸姦二字各秉形义，当非一字。奈何奸被指派做了姦的简体，生拉硬扯，不通之至。二十世纪四十年代报刊逗走有鉴于汉奸一词不可改，便将强奸写成强姦，正是要错大家错。 成汉姦（女不答应）同脆

奸 姦 jiān

140·家庭成员与考老

流沙河
四川文艺

古代婚姻制度，一夫一妻之外，尚有妾，地位低一等。《孟子》说故事"齐人有一妻一妾"，那是乞丐。寻常人家有妻有妾实不足怪。夫字从大，头上有横插的发簪。妻字篆文和甲骨文相同，都是有女仆来给她梳头，表示地位。头上那只手乃是女仆之手，非亲手梳。妾低一等，自己梳。篆文妾改发式为从辛。辛本雕刀形，黥面刑具。字从辛表示为罪人，地位低下。后世妇女自称为妾，是说见于小说，那是谦词，当不得真。

夫 妻 妾 （甲骨文）

婢是女仆。婢字从女卑，卑亦声。妙在篆文卑，甲下一小草。甲象豆类萌芽，芽瓣顶着甲皮之形。甲即芽。豆芽根下附生一小草，便是卑字。卑加女旁成婢，字义不言而喻。旧时小姐出嫁，带着丫环，谓之陪嫁。这就是婢，含有依附的意思。奴字从又女，义为女俘，作女仆用。妥字从爪女，爪即今之抓，是说女在掌控之下，表现为顺从。妥协一词由此生焉。

婢 奴 妥

媛字义为美女，难怪女子取名为媛。美女为何叫媛？许慎老夫子回答说："人所欲援也。"别

媛 爰的甲骨文

为"五经博士"就那么古板，此话说得多么有趣。正是美女有难，八方支援。媛字从爰，爰亦声。甲骨文爰，上面的手递来一竿援下面的人，不用加提手旁，已构成援助义。

兒（简作儿）字古音ní同倪。古无er音之字。兒头部囟门未合，所以顶上不封口。又爱哭闹，所以眉眼下斜。

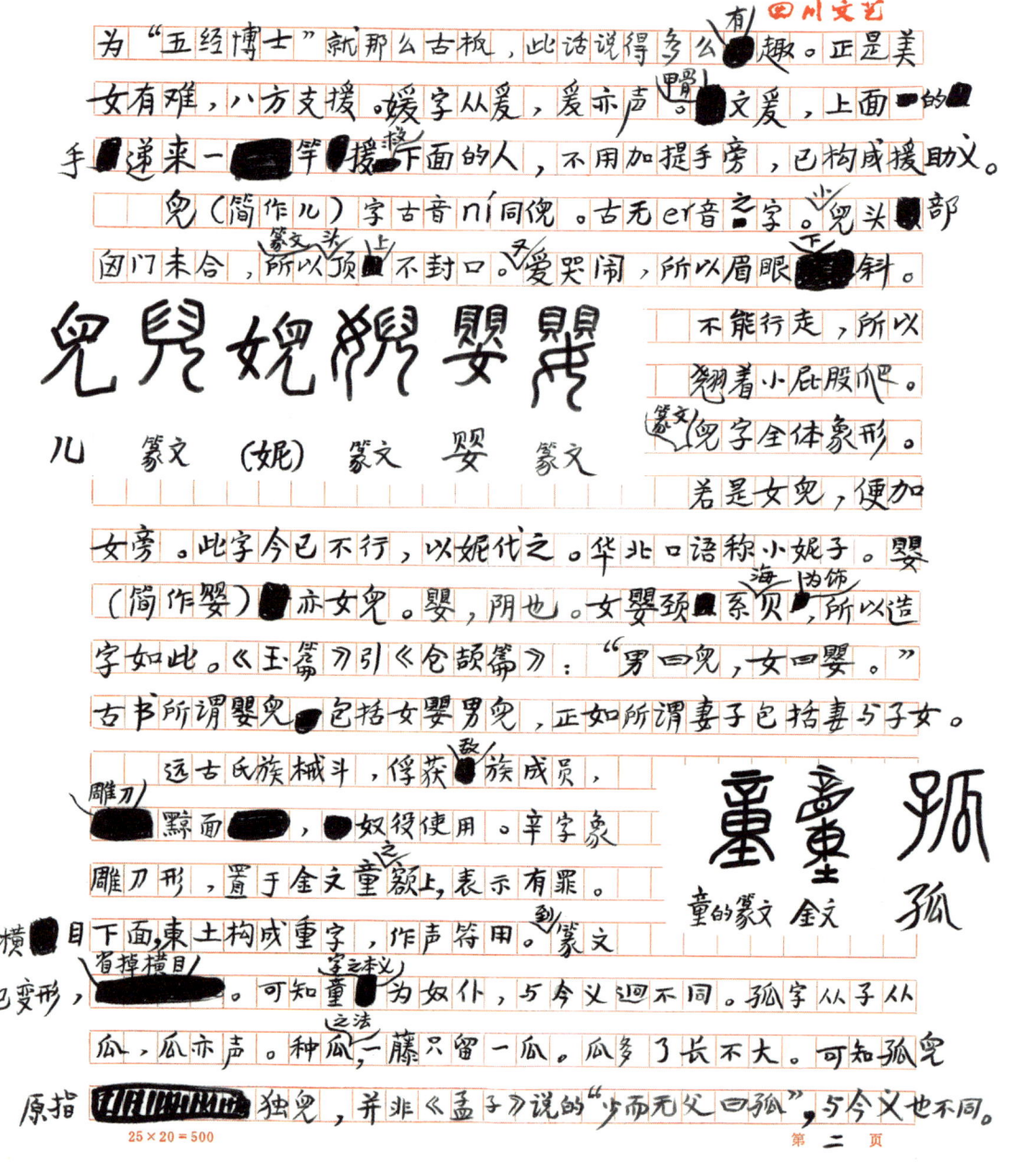

儿 篆文 （妮）篆文 婴 篆文

不能行走，所以翘着小屁股爬。兒字全体象形。

若是女兒，便加女旁。此字今已不行，以妮代之。华北口语称小妮子。嬰（简作婴）亦女兒。嬰，阴也。女嬰颈海系贝肉饰，所以造字如此。《玉篇》引《仓颉篇》："男曰兒，女曰嬰。"古书所谓嬰兒，包括女嬰男兒，正如所谓妻子包括妻与子女。

远古氏族械斗，俘获敌族成员，雕刀黥面，奴役使用。辛字象雕刀形，置于金文童额上，表示有罪。横目下面，東土构成童字，作声符用。篆文童之本义已变形，省掉横目。可知童为奴仆，与今义迥不同。孤字从子从瓜，瓜亦声。种瓜之法，一藤只留一瓜。瓜多了长不大。可知孤兒原指独兒，并非《孟子》说的"幼而无父曰孤"，与今义也不同。

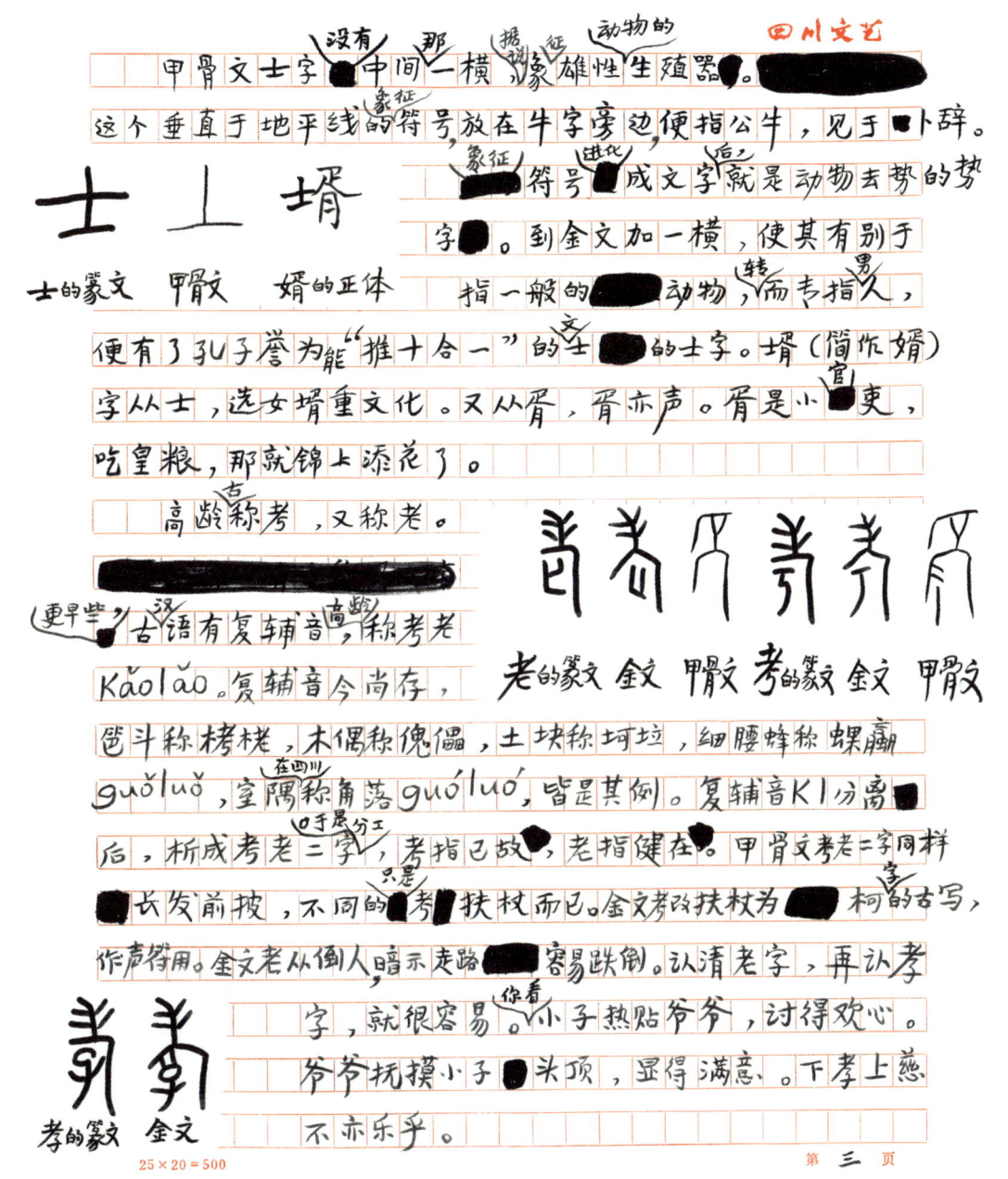

甲骨文士字，中间一横，据说象雄性生殖器。这个垂直于地平线的符号放在牛字旁边便指公牛，见于卜辞。象征符号进化成文字就是动物去势的势字。到金文加一横，使其有别于指一般的雄动物，而专指男人，便有了孔子誉为能"推十合一"的士的士字。壻（简作婿）字从士，选女婿重文化。又从胥，胥亦声。胥是小吏，吃皇粮，那就锦上添花了。

高龄称考，又称老。

古语有复辅音，高龄称考老Kǎolǎo。复辅音今尚存，笆斗称栲栳，木偶称傀儡，土块称坷垃，细腰蜂称蜾蠃guǒluǒ，室隅称角落guǒluǒ，皆是其例。复辅音KL分离后，析成考老二字，考指已故，老指健在。甲骨文考老二字同样长发前披，只是考扶杖而已。金文考改扶杖为柯的古写，作声符用。金文老从倒人，暗示走路容易跌倒。认清老字，再认孝字，就很容易。小子热贴爷爷，讨得欢心。爷爷抚摸小子头顶，显得满意。下孝上慈不亦乐乎。

家庭成员与考老

时间老去　文字不死

老愚工作室